KB239482

부자들의 생활습관

가난한 사람들의 생활습관

부자들의 생활습관

가난한 사람들의 생활습관

다케우치 야스오 지음 | 홍영의 옮김

가림출판사

책머리에

이 책은 경제학의 발상을 기본으로 하여 사람들이 살아가면서 생활에서 생각해 볼 수 있는 '이익을 보는 생활습관 손해를 보는 생활습관'을 생각한 것이다.

다시 말해, 성인이 되고 나서 죽을 때까지의 인생의 갖가지 문제인 자기 투자로서의 교육, 직업 선택, 일, 출세, 돈벌이, 결혼, 자녀와 가족, 육아와 자녀 교육, 소비생활과 취미, 죽는 방법 등의 문제에 대해서 살펴봄으로써 어리석은 행동이나 실패 때문에 좌절을 맛보지 않기 위한 지혜를 탐구하는 것이 이 책을 쓰게 된 목적이다.

원래 인간은 이익을 추구하고 손해를 안 보려고 애쓰는 동물이며 그 생활은 돈을 벌고 그 돈을 사용하여 살아가는 것을 기본으로 하고 있다.

결혼, 이혼, 육아, 교육, 신앙에서 범죄까지 모든 일에 돈이 관련되어 있다. 일반적으로 인간의 행동을 경제학으로 설명할 수 있는 것은 아니지만 그렇다고 경제학의 발상을 제외시키고는 충분히 설명할 수 없는 것이다.

그런데 최근에는 인생의 번거로운 문제를 걸핏하면 '마음의 문제'로 단정지어 버린다. 그러나 그렇게 한다고 해서 자신의 고민이 해결되는 것은 아니다. 문제를 현실적으로 처리해 나가는 것이

최선의 방법이다. 또 최근에는 자신의 불행을 나라 또는 나라 경제가 나쁜 탓으로 생각하는 사람도 많다. 분명히 앞으로의 일본에 관해서 낙관적인 이야기는 거의 없다. 앞으로 나쁜 날씨가 계속되는 것과 같은 것이다. 그러나 날씨가 나쁜 것과 당신의 인생과는 관계 없다. 당신의 인생이 뜻대로 잘 안 된다고 한다면 그것은 날씨 탓이 아니다.

예를 들면, 이노우에 요수이의 노래 중에서 오늘 비가 오고 있는데 '우산이 없다' 라고 한다면 당신으로서는 그것이 바로 문제가 된다. 우산이 없어도 '너를 만나러 가야지… 비에 젖어…' 하고 노래하는 것은 청년의 혈기와 자기 도취이다. 그러나 비를 대비하여 우산을 준비해두면 아무것도 곤란할 것은 없다. 그러므로 우산을 준비해두자고 생각하는 것이 어른다운 생각이다. 다른 사람이 문제를 해결해주기를 바라는 것은 어른의 생각이 아니다. 이와 같은 유아적 발상으로는 앞으로의 시대를 살아가기가 어렵다. 적어도 '우산이 없다' 고 하는 문제 정도는 스스로 해결하는 어른이 되어야 하지 않겠는가. 또 그렇게 마음가짐을 가지는 사람에게는 앞으로는 기회가 많은 재미있는 시대가 아니겠는가 하는 것이 이 책의 메시지이기도 하다.

이 책을 읽고 도움이 될 만한 사항은 다음과 같다.

•성숙도가 높은 사람은 성숙도를 더욱 높이는 데 도움이 될 것이다.

•성숙도가 낮은 사람은 자기 나름대로의 생활 습관을 설계하기 위한 힌트를 얻게 될 것이다.

인간의 행동에 관해서는 이런 경우에 이렇게 하면 반드시 성공한다든가, 이렇게 하면 반드시 돈을 번다고 하는 노하우 같은 것은 없다. 그런데 마치 그것이 있는 것처럼 말하고 당신을 유혹하는 사람이 있다면 그는 사기꾼이다. 또 이것을 믿으면 당신은 틀림없이 행복해진다고 역설하는 사람이 있다면 그 사람은 사이비 종교의 교조일 것이다. 따라서 이러한 사기나 사이비 종교에 빠지지 않는 깨달음을 얻어 어른이 되는 것이 인생을 성공적으로 사는 필요 조건이다.

이 책 본문의 장 끝에 'Q&A'가 실려 있는데, 그 내용에는 풍자적이고 냉소적인 유머가 깔려 있다. 색다른 인생 상담의 예로서 읽어도 좋지만, 일반적인 인생 상담이 '어떻게 하면 될까'를 가르치는데 대해 이 Q&A는 '문제를 어떻게 생각하면 될까'라는 것을 보여주는 것으로 생각하는 힘을 강화시키는 데 도움이 될 것이다.

또 부록으로 여러분의 성숙도나 성숙 지수(MQ)를 측정하기 위
한 테스트 및 '치매도'를 측정하기 위한 테스트를 수록해 놓았으
니 한번 해보기 바란다. 그리고 당신의 MQ가 높게 나오더라도
또 낮게 나오더라도 기뻐하거나 슬퍼할 필요는 없다. 나를 돌아보
고 이 테스트를 바탕으로 하여 자신에게 맞는 생활습관의 기본 전
략을 생각하는 것이 진짜 어른의 태도일 것이다.

다케우치 야스오

1

어덜트 칠드런의 만연

어른이 된다는 것

인생 최대의 문제는 성숙하여 어엿한 어른이 될 수 있는가라는 것이다. 사람은 누구나 생물학적인 의미에서의 성숙, 요컨대 생식 가능한 상태에 도달할 수 있게 되어 있기 때문에 여기서 말하는 '성숙'이나 '어른이 된다'는 것은 그것과는 별개의 것을 가리키고 있다. '어른이 된다'는 것은 남성이라면 일하여 살아갈 수 있는 상태에, 여성이라면 결혼하여 아이를 낳는 상태에 도달하는 것이다. 최근에는 여성도 남성과 마찬가지로 일하여 살아갈 수 있는 상태를 실현하는 것을 중시하게 되었다. 반면에 남녀가 모두 결혼하여 아이를 낳는 것은 어엿한 어른이 되는 필요조건이라고 볼 수 없게 되었다. 자손을 만든다고 하는 생물학적인 의미에서의 성숙의 조건이 탈락된 만큼 오늘날에는 어른이 되는 조건도 폭넓어지고, 옛날이라면 어엿한 어른이라고 볼 수 없었던 미성숙 인간이라도 '성인'으로서 통용되고 있다. 사회는 점점 미성숙 인간을 허용하는 경향으로 흐르고 있다.

전전(戰前)의 일본에서는 일부 '특권 계급'을 제외하면 스스로 일하여 벌지 않는 인간이 존재할 여지는 없었다. 뿐만 아니라 일할 마음은 있어도 일감이 충분하지 않았기 때문에 살아가기 위해서는 고통스럽고 싸구려 일이라도 만족해야 했었다. 여성의 경우는 더욱 한정된 일밖에 없었기 때문에 시집가서 아이를 낳지 않으면 살아가기가 곤란했다. 요컨대 남성이 나잇살이나 먹고 일정한 직업 없이 있는 것도, 여성이 언제까지나 결혼하지 않고 있는 것도 세상의 허용이 문제가 아니었다. 그런데 지금은 다르다. 일정한 직업이 없어도, 결혼하지 않아도 세상이 그것을 허용하지 않는다는 풍조는 이미 없다. 본인이 만족하면 그리고 그것으로 살아갈 수 있다면 세상은 그에 대해 무관심하다.

그래서 사람들은 어른이 되기까지 좀더 유예 기간을 가져도 되지 않은가 하는 이유로 돈을 벌고 결혼을 하여 아이를 낳아 어른이 된다고 하는 과제를 뒤로 미루게 된다. 이것을 '모라토리엄'이라고 한다.

모라토리엄을 계속 연장하고 있으면 결국 그 사람은 어엿한 어른이 되지 못하고 끝나버린다. 일평생 놀면서 지낼 수 있을 만한 재산이 있는 사람이라면 괜찮다. 그러나 대부분의 사람들은 그럴 수 없기 때문에 어디에선가 모라토리엄을 중단하고 어른 측에 끼어야 한다. 몸은 이미 성숙해져 어른이 되어 있으나 의식이나 행동 면에서 미성숙한 어른이 출현한다. 이 사람들이 '어덜트 칠드런'이니 '맨 차일드'라고 일컬어지는 신인류이다.

풍부한 시장 사회로 전환됨과 동시에 이 신인류가 늘어나게 되었다. 옛날에 왕족, 귀족이나 대부호의 일족에서밖에 볼 수 없었던 '성숙 정지 인간'을 지금은 흔하게 볼 수 있다. 특별한 혜택을 입은 환경에 있는 사람은 물론이고 돈벌이나 결혼을 하지 않아도 그런 대로 살아갈 수 있는 조건만 있으면 사람은 어엿한 어른이 되지 않고서 있을 수도 있다.

성숙하여 어른이 될 수 있는가 없는가라는 것이 문제라고 말한 것은 이 유치화가 지배하는 시대라도 유리한 조건으로 인생에 맞서서 사회를 당당하게 걸어가려면 여전히 이것이 중요하기 때문이다. 성공하지 못한 인생으로도 만족하는 사람은 미성숙한 상태 그대로도 살아갈 수 있다. 그것을 선택하는 것도 자유이다. 또 특별한 재능이 있는 사람은 미숙해도 성공할 수 있다. 왜냐하면 시장은 희소한 것에 가치를 부여하기 때문이다.

보통 사람의 경우는 성숙도가 높은 어른이라는 것이 고도를 유지하여 인생을 비행하기 위한 필요 조건이 된다. 어른이기 때문에 자신의 목적지를 정하고 그 목적지를 향해 자신을 이끌어갈 수 있기 때문이다.

'빨리 어른이 되고 싶다'
 VS '어른이 되고 싶지 않다'

 사회 전체가 가난했던 시대의 아이들은 '빨리 어른이 되고 싶다, 제몫을 하는 어른이 되고 싶다'고 생각하

고 있었다. 아이들은 제멋대로 행동할 자유도 없었고 용돈도 타서 쓸 수 없었다. 그 시대에는 어른이 되었는데도 일하지 않고 언제까지나 학교에 다닐 수 있는 혜택을 입은 사람은 극히 소수에 불과했다. 또 아직 반 사람 몫밖에 안 되는 사람은 연애도 뜻대로 할 수 없었다. 그래서 옛날의 소년 소녀에게서 상대에게 털어놓고 이야기할 수도 없는 '짝사랑'이나 상대의 손도 잡을 수 없는 '순애'를 볼 수 있었던 것이다.

아이는 반 사람 몫 이하라고 하여 어른의 감독 아래에 두어야 할 존재로서 취급하였다. 아이에게는 '인권'도, 자유도 없었다. 이런 엄격한 환경이 '빨리 어른이 되고 싶다'라는 열렬한 성숙 지향, 자립 지향을 낳은 것이다.

아이가 어른의 세계에서 쫓겨나, 어른의 감독 아래에 놓여 있는 상태는 아이의 입장에서 보면 '해서는 안 되는 것, 금지되어 있는 것이 많이 있다'는 상태다. 1962년에 일본에서 히트한 코니 프란시스의 노래 'Too Many Rules'는 그것을 가리키고 있다. 일본에서는 이것을 '어른이 되고 싶다'라고 번안하여 불렀다. 요컨대 '규칙이 너무 많다, 해서는 안 되는 것이 너무 많다'는 상태에 대한 아이의 마음은 '빨리 어른이 되고 싶다'고 하는 것이었다. 이 시대의 미국의 청소년들은 빨리 어엿한 어른이 되어 스스로 벌고 자유롭게 연애도 하고 싶었던 것이다.

그 후 미국의 사회는 10대 청소년들에게도 스스로 책임을 지는 한 어른으로서 행동하는 것을 인정하여 청소년들은 피임을 하면서 당당하게 섹스를 하게 되었다. 'Too Many Rules'의 탄식은 사실상 사라진 것이다.

이에 비해서 일본에서는 원래 아이에게는 'Too Many Rules' 의 제약 같은 것은 없고 No Rules의 상태에 있다. 어렸을 때는 자유롭게 멋대로 무엇을 해도 허용되고 어른이 보호해 준다. 용돈을 넉넉하게 타서 쓸 수 있고 원하는 것은 무엇이든 사 달랠 수 있다. 그러나 어른이 되면 스스로 벌어야 한다. 조직 속에서는 멋대로 살아갈 수도 없고 책임도 져야 한다. 어린아이로 있는 것은 편하지만 어른이 되면 괴로운 일이 너무 많다. 그래서 어른이 되고 싶지 않다는 것이다. 여기서 '어른이 되는 것을 될 수 있는 한 미루자' 는 '모라토리엄 증후군' 도 나오게 된다.

이렇게 하여 일본인들은 청년기를 맞아도 No Rules에 가까운 상태에서 마음 편하게 살게 된다. 최근에는 이 경향이 짙어져 부모가 중학생 이상의 자녀에게 '이것을 해서는 안 된다' 하고 규제를 하는 일도 없어졌다.

그래서 심한 경우 아이가 하고 있는 일에 대해 부모의 주의가 전혀 미치지 못한다.

결국 미국 사회는 '아이도 어른이며, 어른과 같은 권리와 책임을 진다' 고 하는 원칙을 들어 아이를 어른 취급했다. 그래서 아이도 자신이 어른이 되었다는 생각으로 자기가 하고 싶은 대로 행동한다.

한편 일본 사회는 아이에게 어른이 되라고 압력을 가하는 것을 포기한 결과 아이는 언제까지나 아이로 있게 되었다. 그리고 아이라고 해서 자기가 하고 싶은 대로 행동한다.

어떤 사회도 이 아이들의 폭주를 제어할 수 없게 되어 있는 점에서는 마찬가지다.

어덜트 칠드런 또는 맨 차일드

 원래 사람은 원숭이 이상으로 네오테니[1]의 경향이 심하다.

예를 들면, 사람과 원숭이는 갓 태어났을 때는 생김새가 비슷하다. 그러나 다 자라면 원숭이는 얼굴생김새가 변하여 어른의 얼굴이 된다(오랑우탄 등은 특히 이 차이가 현저하다). 그에 비하면 사람은 천진난만한 어린아이의 흔적을 남긴 채 어른이 된다. 그 밖에 해부학적으로 보더라도 사람은 어린애다움을 남기고 있다. 사람은 어린아이 그대로 진화된 원숭이다. 그 가운데에서도 일본인은 서양 사람에 비하면 일반적으로 '동안(童顔)'으로, 어른이라도 소년 소녀와 착각할 정도로 어린아이 같은 인상을 준다.

이 유아화의 경향은 사람이 원숭이에서 사람으로 진화한 후 역사와 더불어 일관해서 진행해온 것 같다. 옛날 사람들은 어른이 되는 것이 빨랐다. 남자는 15, 16세가 되면 성인식을 마치고 이엿한 어른으로서 대했다.

최근에는 신체적 성숙도가 빨라지면서 생식할 수 있는 연령이 낮아졌다. 그러나 사회적 성숙은 늦고 언제까지나 아이의 단계에 머물러 있기 때문에 신체와 정신의 성숙 사이에 불균형이 있는 것처럼 보인다. 외모는 어른인데 정신은 어린아이와 같다는 것이며, 이 사람들이 바로 일본식 영어로 '어덜트 칠드런(영어로는 childish adult)' 또는 '맨 차일드'라 일컬어지는 성숙 정지 인간이다.

여성의 경우는 신체와 정신의 성숙 사이에 불균형은 별로 크지 않다. 여성은 원래 사회 활동하는 것을 기대하지 않았고 결혼하여 아이를 낳고 기르면 어엿한 어른이 될 수 있다고 보았다. 가령 16살에 결혼해도 모든 문제는 자신보다 연상이며 어른인 남편이 전부 처리해 주었다. 게다가 여성의 경우, 아이를 낳고 어머니가 되면 싫어도 어른이 되지 않을 수 없었던 것이다.

〈참고 문헌〉 David Jonas and Doris Klein: 『Man-Child』. 1970.

성숙도는 시대와 함께 저하된다

요즘 사람들은 어른이 되었다 해도 성숙도가 충분하지 못하다. 같은 20살이라도 옛날 사람들이 지금의 사람들보다 훨씬 어른이었던 것 같다.

메이지, 다이쇼, 쇼와의 전전(戰前)과 전후(戰後) 그리고 헤이세이…… 시대가 흐름에 따라 인간의 성숙도는 저하되어 오지 않았는가. 어엿한 어른이 되어 성숙도가 최고인 상태에서 비교한 경우도 헤이세이시대의 어른은 성숙도 면에서 메이지시대의 어른에 미치지 못하지 않은가. 이 가설을 나타낸 것이 표 1이다.

다만, 시대와 더불어 수명이 연장되었기 때문에 헤이세이시대의 사람은 오랜 시간에 걸쳐서 성숙해질 수 있다. 그래서 지금은 어른이 되는 것을 연기하면서 고등교육을 받고, 자립할 때까지 4반세기에 가까운 시간을 들이고 있다. 그렇다고 고등교육을 받으면 성숙도가 높아진다는 것은 아니다. 현대인들은 옛날 어른의 성숙도에 이르지 못한 채로 수명만 연장하고 있는 것처럼 보인다.

표 1. 성숙도는 시대와 함께 저하된다

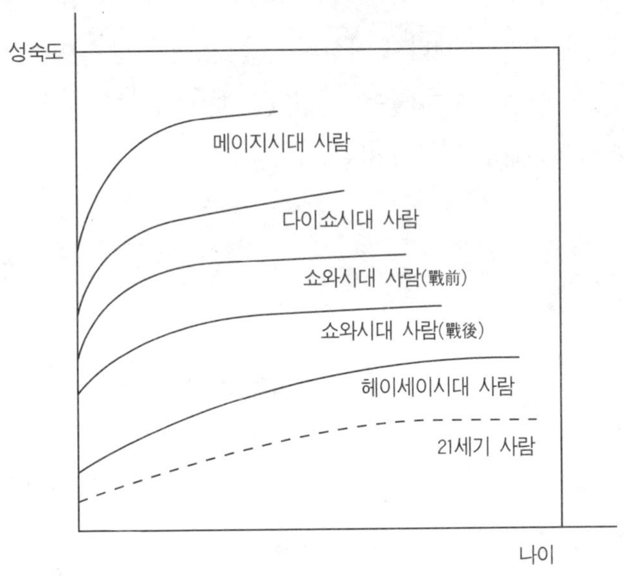

극단적으로 말하면 옛날에는 15살에 어엿한 어른이 되고 특히 엘리트는 20살에 많은 사람들을 다스리는 지위에 앉게 되는 일도 있었다. 그러나 일찍 죽기 때문에 일하는 기간은 짧다. 조숙하고, 성숙도는 높지만 일찍 죽는다. 인간이 살아 있는 동안 하는 일의 총량이 별로 변하지 않는다고 한다면 옛 사람은 단기간에 일평생의 일을 하여 일찍 세상을 떠난 것이다.

한편 현대인은 성숙이 늦고 또 성숙도도 낮은 채로 오래 산다. 그러나 낮게 가로로 늘어난 성숙도 곡선의 아래 면적에서 현대인이 일평생에 하는 일의 양이 나타난다고 하면 조숙하고 일찍 죽었던 옛 사람의 일량과 큰 차이가 없다고 생각된다.

요컨대 인간이 일평생 동안에 할 수 있는 사회적인 일의 양은 옛날이나 오늘날이나 변하지 않는다는 것이다. 성숙도가 낮은 유치한 수준에 머무르는 현대인도 오래 사는 덕택에 옛 사람과 같은 양의 일을 하고 있다는 셈이 된다.

그러나 수명 연장이 서서히 한계에 이르고 있고 성숙도가 더 낮아진다면 어엿한 인간으로서 일평생 동안에 할 수 있는 일의 양은 줄어버린다. 다시 말해서 미래의 사람은 옛 사람만큼 일을 하지 못한 채 일생을 마치게 될지도 모른다. 그렇게 되면 이것은 인간의 '열화(劣化)'라는 것이 된다.

헤이세이시대 사람의 성숙도는 30살 이상이 되어야 겨우 20살의 메이지시대 사람 정도일지도 모른다. 그렇다고 하더라도 30살이 되어도 40살이 되어도 옛날의 15, 16살이라는 것은 약간 곤란하다.

지금 편의점에서 아르바이트를 하고 있는 사람은 옛날에 도제나 사동이라 불리던 견습 점원에 해당한다. 다만, 옛날의 도제나 사동은 어른이 되어 경험을 쌓게 되면 캡틴이 되고 지배인으로 출세하며, 때로는 분점의 주인이 되는 일도 있었다. 그러나 현대의 아르바이트생은 까딱 잘못하면 영원한 아르바이트생으로 40, 50살을 맞게 될지도 모른다.

성숙도의 저하 경향은 남녀 사이에서는 확실한 차이를 볼 수 있다. 같은 연령이라면 남성의 성숙도가 낮고, 낮은 채로 머무는 사람들도 많다.

최근의 초등학생들 가운데 성숙한 여자아이는 놀랄 정도로 사려 깊은 어른의 얼굴을 하고 있는 경우가 있다. 물론 남자아이도 이와 같은 경우는 있다. 그러나 남자아이의 경우는 지적인 조숙이

한 분야에 정통한 사람의 세계로 향해, 어른이 되는 데서 벗어나는 경우가 많다. 여자아이의 경우는 깊은 사려, 강한 의지, 의욕 등이 자신의 인생 설계나 높은 목표에 대한 도전이라는 형태를 취하여 비약적으로 성숙하는 경우가 종종 있다. 남자아이는 성숙이 늦어 정체하는 경향이 있고 대학생 정도 되면 여대생에 비해 미숙, 무기력, 언어 능력과 사교 능력의 빈약함 등이 뚜렷해진다.

성숙도를 판정한다

언젠가 국가 공무원시험에 합격하여 중앙 관청에 갓 입사한 엘리트 관료 수십 명이 텔레비전 방송에 출연한 일이 있었다. 그런데 그들의 얼굴을 보는 순간 느낀 강렬한 인상은 대학을 갓 졸업한 그들이 다른 일반 대학생들에 비해 놀랄 정도로 '늙어 보였다' 는 것이다. 22살 전후인 그들의 대부분은 30살 전후로 보였다. 그 말투와 이야기 내용에서 보더라도 22살의 대학생과는 현격한 차이가 있었다.

나이에 비해 어린 얼굴생김새와 유치한 언동은 그 사람을 바보처럼 보이게 한다. 하지만 나이보다 조숙해 보이는 사람은 매우 사려 깊은 인상을 준다. 그리고 실제로도 사려가 깊다.

성숙이란 간단히 말하면 '아이' 가 '어른' 이 된다는 것이다. 그 것을 판정하여 그 성숙도를 측정하려면 다음 항목을 목표로 하면 된다.

예를 들면, ①~⑭와 같이 말할 수 있으면 성숙하다고 볼 수 있다. 그러나 ◆와 같은 특징이 보인다면 아직 유치하며 미성숙이라 하게 된다.

① 상대의 입장이나 이해, 상대의 의도, 감정 등을 헤아릴 수 있다.

◆ 상대의 입장이나 기분 같은 것은 상상도 할 수 없다.

② 자신의 일은 자신이 결정하고 실행에 옮길 수 있다(잘되고 안되고는 별도로).

◆ 대수롭지 않은 것은 자신이 정하지만 중요한 일이 되면 스스로 아무것도 결정할 수 없다. 부모나 누군가가 결정해 주겠지 하고 생각하고 있다.

③ 자신의 행동이 가져오는 결과를 예상하고 그 결과에 책임을 질 수 있다.

◆ 결과를 예상할 수도 없고 실패한 경우에는 남이나 환경을 탓한다.

④ 자신의 인생에 대해서 어느 정도의 전망과 계획을 가지고 있다.

◆ 앞날에 대해서는 아무것도 생각하고 있지 않다. 자신의 인생을 남의 일처럼 느끼고 있다.

⑤ 주위의 상황을 이해하고 자신이 무엇을 해야 할 것인가(무엇을 해서는 안 되는가)를 판단할 수 있다.

◆ 상황 같은 것은 아무것도 생각하고 있지 않으며 멋대로 행동한다. 예를 들면, 자신이 경로석에 앉아 있을 때 눈앞에 노인이 서 있어도 자리를 양보하지 않는다.

⑥ 어른처럼 행동하거나 말한다.

◆ 태도나 말투가 어린애와 같다. 언제까지나 윗사람 앞에서 '나' 말투로 말한다.

⑦ 예의 범절의 기본이 몸에 배어 있다.

◆ 유아가 하고 있는 행동을 그대로 하고 있다.

⑧ 공손하게 인사할 수 있다.

◆ 제대로 인사도 못 한다.

⑨ (남이 볼 때)자신을 컨트롤할 수 있다.

◆ 자신을 컨트롤할 수 없고 정서 불안으로 자주 상처를 입고 운다.

⑩ 이야기 내용에 사려 깊은 데가 있다(이것은 성숙도뿐만 아니라 IQ와도 관계된다).

◆ 이야기 내용이 유치하다. 흥미 대상, 사물을 보는 견해, 표현 방법 등이 유치하고 어휘가 빈약해서 아이들이 사용하는 말을 그대로 사용한다. 또 중·고생 사이에서만 사용하는 말, 젊은이들끼리 사용하는 말 등을 격식을 차려야 할 자리에서도 사용한다.

⑪ 어른(여기서는 30살 이상의 사람으로 한다)과 함께 또는 그 지시에 따라 일을 할 수 있다.

◆ 이것을 잘 하지 못한다. 문제를 일으키고 곧 싫증나서 일을 팽개친다.

⑫ 윗사람, 특히 노인이나 높은 사람하고도 보통 이야기할 수 있다. 단, 경어를 자연스럽게 사용하여야 한다는 것이 전제되어야 한다.

◆ 경어를 사용하지 못한다. 다른 세대의 사람과 이야기할 때 공통 화제를 찾을 수 없다. 상대의 이야기를 이해하지 못한다.

⑬ 연령의 차이를 불문하고 이성과 자연스럽게 대화할 수 있다.

◆ 이성과는 제대로 대화를 나누지 못한다. 매우 수줍어하고 말을 더듬으며, 어린아이와 다를 바 없게 된다. 또는 대화 내용에 부적절한 말을 무심코 내뱉는다.

⑭ 일상생활의 자기 관리를 정확히 할 수 있다.

◆ 마음이 내킬 때 자고, 마음이 내킬 때 일어난다. 아침 일찍 일어날 수 없으며 불규칙적으로 식사한다. 방의 정리나 청소, 세탁을 하지 않는다. 또한 목욕을 잘 안 하며 의복을 깨끗하게 유지하지 못하고 수염도 잘 안 깎는다. 자주 지각하고 결석하여 학교에 가지 않는 날이 계속되거나 무단 결근을 되풀이한다.

끊임없이 돈이 부족해져서 빚을 진다. 자주 아프지만 착실하게 치료를 받을 뿐 병을 고치지는 않는다. 그러는 사이에 집에 틀어박히는 상태에 빠져든다.

대학에 입학한 후 혼자 지내기 시작한 학생이 학교를 빠지거나 집에 틀어박히는 것도 일상생활의 자기 관리를 하지 못하는 데서 시작되는 경우가 많다. 이것은 부모 슬하를 떠나는 순간 사실은 아직 유아 그대로였다는 것을 말해준다. 이렇게 집에 틀어박히는 상태에 빠져든 '일상생활 불능자'를 정상적으로 생활할 수 있는 어른이 되게 하는 것은 지극히 어려운 일이다.

18살 이상이 되어도 일상생활의 자기 관리를 할 수 없는 사람은 ①~⑬ 사항이 모두 안 될 것이다.

기업에서 사람을 채용할 때 실시하는 면접에서는 이런 점을 체크하여 충분한 성숙도를 가지고 있는지 여부를 판정하고 있는 것이다. 면접에서 언제나 떨어진다고 하는 사람은 대부분이 ◆에 든 것과 같은 경향을 가지고 있다. 그 결과 성숙도가 낮다고 보여져서 불합격이라는 판정을 받게 되는 것이다.

영어를 할 줄 안다, 컴퓨터를 잘 사용한다, 특별한 자격증을 가지고 있다는 메리트 자체만으로는 기업이 사람을 채용하는 충분 조건은 될 수 없다. 그 메리트들이 평가받는 것은 남들과 같은 성숙도에 달해 있을 때의 이야기이다. 유치한 인간이라도 컴퓨터를 잘 하면 좋게 평가해줄 것이라고 기대해서는 안 된다. 만약 평가해서 고용해 준다면 해커 수준의 능력자일 경우뿐이다. 단순한 마니아나 오타쿠2) 정도의 맨 차일드형 인간으로는 그 '차일드성' 쪽이 마이너스 평가의 중대한 이유가 된다.

최근에는 자신의 성숙도가 낮다는 것을 알고 기업에 들어갈 것을 처음부터 체념하는 젊은이들이 많아졌다. 그들은 '어른에 대한 입문식' 이기도 한 기업에의 입사를 피해서 스스로 프리 아르바이트 생활을 하게 되는 것이다. 이렇게 하면 성숙도가 낮다고 마이너스 평가당하는 불쾌한 처지도 피할 수 있다. 그러나 어른에 대한 입문식을 통과하지 않으면 언제까지나 어른의 세계, 특히 조직 세계(기업이나 관청)에는 들어갈 수 없다. 이러한 이유로 그들은 언제까지나 프리 아르바이트를 계속하게 된다.

성숙의 단계설

**공자의 지학(15살), 이립(30살), 불혹(40살),
지명(50살), 이순(60살), 종심(70살)**

『논어』의 「위정편」 속에 공자의 유명한 말이 있다. 그에 의하면 공자는 15살에 학문의 길에서 입신하자고 결심하고, 30살에 그 길에서 자립할 수 있는 전망이 서고, 40살에 자신의 인생에 망설임이 없어지고, 50살에 자신의 운명을 깨닫고, 60살에 무슨 말을 들어도 놀라지 않게 되고, 70살에서는 욕심 나는 대로 행동해도 특별히 도리에 맞지 않는 일이 생기지 않았다고 한다. 이것은 공자의 인간 완성에 이르는 단계를 기술한 것처럼 이해되고 있는데 과연 그럴까? 공자는 그 불우한 인생을 회고하고, 분기점에서 총괄해서 개인적인 감개를 기술하고 있는데, 지학에서 종심까지를 범인(凡人)에서 성인에 이르는 단계처럼 이해하는 것은 좀 우스꽝스럽다.

그러나 사람은 나이를 먹으면서 단계적으로 성숙도를 높여, 완성으로 향하는 것일까? 그와 같은 '인간 성숙의 법칙'이 있다고는 생각할 수 없다.

공자가 나이 50에 '천명을 안다'고 말한 것도 뭔가 절대적인 깨달음의 경지에 이른 것을 기술한 것이 아닌 것 같다. 오히려 자신이 할 수 있는 것도 여기까지였었는가 하고 자신의 인생의 한계를 본 인간의 감개라고도 받아들일 수 있다. '귀가 따른다'는 것도 인격의 완성이나 이상적 성숙을 나타내는 것이라고는 생각할 수 없다. 60살이 되면 기력도, 지력도 쇠퇴되기 때문에 남이 말하는 것에 일일이 반발할 마음도 없어진다. 아무래도 상관없게 된다. 그것이 옆에서 볼 때 이해심이 많은 온화한 노인처럼 보인다. '귀가 따른다'는 것은 그런 것인지도 모른다.

또 노화가 더 진행되면 욕망도 행동의 범위도 저절로 좁혀진다. 그래서 하고 싶은 대로 해도 상식을 벗어난 행동은 하지 않고 주위와 마찰을 일으키는 일도 없다. 다만, 너무 노쇠해지면 마음이 원하는 대로 몸이 움직여지지 않게 되고 반신 불수로 자리 보전하고 눕게 되기 때문에 주위 사람들에게 많은 폐를 끼치게 된다.

인간은 이것이 '완성'이라고 할 수 있는 상태를 향해 착실히 성숙해 가는 것은 아니다. 연령에 맞는 경험을 쌓고 점점 훌륭하게 되는 면과 나이가 듦과 동시에 신체 기능도, 지적 기능도, 의욕도 쇠퇴하여 인간으로서는 쓸모 없게 되는 면이 뒤섞여 있다.

성숙 지수와 인간의 타입

시대가 발전하면서 성숙도는 전체적으로 내려갔다고 생각되는데, 그래도 사람에 따라서 상당한 차이가 있다. 조숙하고 나이에 비해 성숙한 사람도 있는가 하면 그 반대의 사람도 있다. 지능의 발달 차이가 지능 지수(IQ : Intelligence Quotient)로 나타나듯이 성숙도의 차이를 나타내는데 성숙 지수(MQ : Maturity Quotient)와 같은 것을 생각할 수 있다.

IQ가 높다는 것은 같은 나이의 다른 사람보다 지적 능력의 발달 및 성숙이 진행되고 있다는 것을 의미한다.

예를 들면, IQ 150의 아이는 10살에 15살의 '영리함'을 가지고 있는 셈이 된다. '성숙 지수'에 대해서도 마찬가지다.

18살의 학생이라도 27살의 사회인과 거의 같은 성숙도에 달해 있다면 그 MQ는 150이다. 공자가 말하는 '이립'의 나이 30살이 되어도 아직 18살 정도의 믿음직하지 못한 데가 남아 있는 사람의 MQ는 60이 되는 셈이다.

이 MQ는 연령과 더불어 100으로 치는 경향이 있다. 60살이 되면 대부분의 사람은 60살에 맞는 성숙도나 원숙도에 달하는 것이다. 간단히 말해서 겉보기나 실속도 60살에 걸맞게 늙는 것이다. 그러나 그 연령이 되어도 아직 문학 청년 기질이나 젊은이풍의 미숙함을 남기고 있는 사람의 MQ는 100보다 상당히 낮다고 볼 수 있다. 60살에 벌써 의욕도, 호기심도 없어져서 완전히 시들어버린 것처럼 보이는 사람의 MQ는 100보다도 상당히 높다고 할 수 있다. 노인이 되어 MQ가 높아지는 것은 바람직하지 못하다. 그것은 남보다 노화의 진행이 빠르다는 것을 의미할 뿐인지도 모른다.

연령과 더불어 MQ가 어떻게 변화할 것인가에 따라서 인간은 몇 가지 타입으로 나누어진다.

표 2는 연령에 따른 MQ의 변화를 나타낸 것이다. 이 MQ의 형태에서 보면 인간에게는 적어도 5가지 타입이 있다.

①은 보통 사람으로 소년기와 청년기에는 MQ가 높고, 남보다 조숙해 보이지만 나이가 듦과 동시에 그다지 두드러지지 않게 되고 노년기를 맞으면 나이에 상응하는 MQ(=100)에 다가간다.

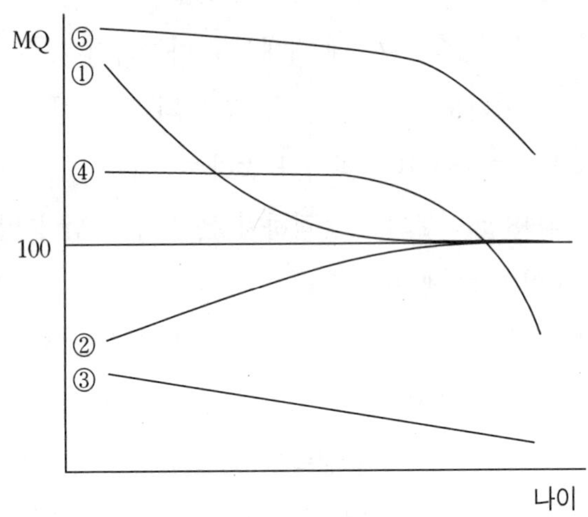

①, ② 보통 사람. 소년기 · 청년기에는 MQ가 높은 듯하거나 낮은 듯해도 나이를 먹으면 나이에 맞는 MQ(=100)에 접근한다.

③ 평생 '절대적 정신 연령'이 그다지 올라가지 않는다. 나이를 먹어갈수록 MQ는 내려간다.

④ 노화, 치매 때문에 유아 상태로 퇴행한다.

⑤ 평생 MQ가 남보다 높은 사람. 예를 들면, 정치가가 여기에 속한다. 지도력과 지배력은 MQ가 높은 것과 관계가 있다. 단, 정치가나 지도자, 조직의 장이 되는 사람에게는 높은 MQ 이외의 능력도 필요하다.

②도 보통 사람이다. ①과는 반대로 소년기 · 청년기에는 MQ가 낮고 어린아이 같아 보이지만 나이를 먹으면서 보통 사람(MQ=100)이 된다.

③은 평생 성숙도가 올라가지 않은 채로 끝난다. 처음부터 MQ는 100 이하이며, 나이를 먹을수록 MQ는 더욱 낮아진다.

예를 들면, 절대적 성숙도가 평생 15살 수준인 사람은 20살에 MQ=75, 30살에 MQ=50, 50살에 MQ=33이라는 식으로 낮아지게 된다.

④는 노화, 치매가 진행되면서 급격히 유아 상태로 퇴행해버리는 사람이다. 고혈압, 알츠하이머병 등으로 불운하게도 이렇게 된 사람은 모든 사회적 활동에서 물러나 유아와 마찬가지로 간호를 받아야 한다. 대다수의 사람이 병으로 죽기 전의 한 시기에는 이와 비슷한 상태에 빠져든다.

사람은 노화되면서 많든 적든 치매에 걸리게 되는 것은 피할 수 없지만 이 치매는 견해에 따라서는 어른이 몸에 지니고 있던 지력과 기타 모든 능력을 상실하여 유아 상태로 퇴보하는 것을 나타내고 있다. 그런 의미에서 치매가 와서 '유아로 돌아가는' 사람이나 몸을 자유롭게 움직일 수 없게 되어 간호를 필요로 하는 사람은 뇌나 신체 각 부분의 노화와 함께 성숙도가 내려간다고도 생각할 수 있다.

⑤는 평생 MQ가 높은 사람으로 예를 들면, 정치가 등이 여기에 속한다. 지도력, 지배력은 MQ가 높은 것과 관계가 있다. 물론 정치가, 지도자, 조직의 장이 되는 사람에게는 높은 MQ 이외의 능력도 필요하지만 높은 MQ는 필요 조건이며 MQ가 낮은 사람은 톱의 지위를 지향하는 경쟁에 끼여들어도 경쟁에서 이기기 어렵다. 정치 세계의 싸움(권력 투쟁)에서는 MQ가 낮은 정치가는 MQ가 높은 정치가에게 맞설 수 없고, 어린아이처럼 취급당해 참패한다. MQ가 낮은 사람은 정치 세계에서는 싸움에서 이길 수 없고 리더도 될 수 없다.

일반적으로 ① 또는 ⑤ 타입의 MQ가 높은 사람이 젊었을 때부터 두각을 나타내고 20, 30대에서 성공의 발판을 굳히는 경우가

많다. 여기에 높은 IQ가 보태지면 그야말로 '범에게 날개를 달아
준' 격이 된다.

MQ를 측정한다

MQ를 측정하려면 각 연령에서 할 수 있는 일을 당연
히 할 수 있는지 없는지, 그런 행동은 하지 않는 것이
당연한데 하고 있지 않는지 어떤지를 조사해야 한다.

인간이 나이를 먹는 것과 비례하여 성숙도와 노숙도가 높아져
서 점점 바람직한 상태로 도달하는 것은 아니다. 요컨대 고령이
되면 될수록 그때까지 할 수 없던 것을 할 수 있게 된다고는 할
수 없다. 오히려 반대다. 건강하기만 하면 50살까지 할 수 있었던
일의 대부분을 60, 70살이 되어도 문제없이 할 수 있다. '연공(나
이 들어 경험을 쌓음)'에 따라서 다소 훌륭하게 일할 수 있을지 모
르지만 이 나이가 아니면 안 된다고 하는 일은 거의 남아 있지 않
다. 고령이 아니면 맡아서 할 수 없는 것은 노인회의 회장직 정도
이다.

보통 사람은 나이를 먹으면서 유아적 단계로 퇴행해 간다. 이것
을 '쇠퇴'라고 볼 수 있는데, 모처럼 달성한 성숙을 잃고 또 어린
아이로 되돌아가는 것이다. 만약 본인이 그것을 자각하지 못하고
있으면 주위에 '노해(老害)'[3]를 끼치게 된다.

이 책 본문 끝에 부록으로 MQ 측정 테스트와 치매도 측정 테스

트를 수록해 놓았으니 한 번 해보기 바란다.

성숙 정지는 대뇌(하드웨어)의 결함

대뇌 전두엽의 연합령[4]이 발달되지 못했거나 장애가 있으면 앞일이나 주위의 상황을 생각하고 행동할 능력을 상실하여 행동은 충동적이고, 자신을 컨트롤할 수 없으며, 자기 중심적이고 의욕도 책임감도 없는 인간으로 된다고 한다. 이것은 17살 전후, 나아가서는 그 이하의 나이에 살인을 하고도 전혀 죄책감을 느끼지 않는 미성년자들에서 흔히 볼 수 있다.

이런 흉악한 범죄는 어린아이는 도저히 할 수 없는 행위라고 생각할지 모르지만 타인을 이해하지 못하고 자신이 하고 싶은 대로 행동하는 유아의 단계에 있기 때문에 할 수 있는 것이다. 어떤 원인으로 전두엽 연합령에 장애가 있고 성숙 정지 상태에 있는 소년이 몸만 성숙해져서 범람하고 있는 정보와 범죄 수단을 이용하는 지혜를 익히면 칼을 이용한 살인이나 인질극 정도는 간단히 할 수 있을 것이다. 미국이라면 총이라는 살인 도구를 더욱 손쉽게 구할 수 있기 때문에 총을 사용하여 다수의 사람을 살상할 수 있다. 이와 같은 청소년 범죄는 바로 미성숙한 아이의 폭발 행동이다. 그러므로 어른에게는 아무래도 이해할 수 없는 행동인 것이다.

'방약무인'이라는 말이 있는데 바로 이 말대로 타인 같은 것은 존재하지 않은 것처럼 행동하고, 타인이 인간으로서의 정감이 서로 통한 존재라는 실감도 없기 때문에 마치 장난감이라도 부수는 것처럼 사람을 '부수고 싶다'고 생각하면 그것을 즉시 실행으로 옮긴다. 이와 같은 행동은 본래 유아에게서 볼 수 있는 것이다. 15살 이상이 되어 이와 같은 행동을 하게 되는 것은 대뇌 전두엽 연합령에 장애가 있거나 덜 발달했기 때문이라고 생각할 수밖에 없다.

그렇다면 대뇌 전두엽 연합령의 미발달이나 장애는 비정상이며, 병이라고 간주해야 할까? 그것은 부모로부터 받은 유전자와 가정환경과 부모의 양육 방법이 복합되어서 생긴 것이지 본인의 마음가짐이 나빴기 때문에 그렇게 된 것은 아니다.

대뇌의 장애나 미발달 때문에 생기는 갖가지 미성숙한 의식과 행동을 카운슬링 등으로 '치료' 해도 효과는 기대할 수 없다고 생각한다.

성숙 정지 인간의 범죄와 두문불출

최근에 자주 발생하고 있는 청소년에 의한 살인 등은 그 결과의 중대성을 합리적으로 설명해줄 만한 중대한 동기가 결여되어 있다. 아무리 따져도 이렇게 중대한 짓을 한 원인이 무엇인지 아무도 이해할 수 없는 것이다. 아마도 소년 자신도 잘 모를 것이다. 매스컴이나 심리학자나 아동 문제 전문가는 그 소년의 '마음의 어둠의 깊이'로 생각해야 한다고 의미가 불분명한 답변을 하는데 거기에 타인이 이해할 수 없을 정도로 깊고 통절한 '마음의 상처'나 '마음의 어둠'이 있는 것처럼 말하는 것은 지나친 생각이며, 전문가의 상투적인 강변에 불과하다. 유아가 난폭해지는 이유를 좀체로 이해할 수 없는 것과 마찬가지로 너무 미성숙한 인간의 의식이나 행동은 어른에게는 이해할 수 없다는 것뿐이다.

거기에 맥락을 맞춘다면 가장 성숙도가 낮은 범죄는 소년의 이해할 수 없는 살인이나 폭력 행위다.

예를 들면, 누구든 상관없으니 사람을 죽여보고 싶었다, 사람을 부숴보고 싶었다, 사람을 죽이는 것이 즐거워서 죽였다, 세상에 대해 보복해 주고 싶었기 때문이라는 이유로서 무차별적으로 대량 살인하는 것 등이 그에 해당된다.

'17세 소년의 살인'으로 대표되는 유아적인 폭력적 비행에는 다음과 같은 특징이 있다.

우선 그것은 단독 행동이다. 타인과 팀을 짜서 계획하여 실행하는 것뿐인 성숙도에 이르지 못한 인간의 행동인 것이다. 그리고 대부분의 경우 그 대상은 아무래도 상관없다. 요컨대 죽일 이유나 동기와 공격 대상과의 사이에 아무 관계도 없는 경우가 많다. 열등감이나 불만이나 막연한 원한 등이 있었다고 해도 그것과 가해 행동이나 가해 대상과의 관계는 불분명하며, 이해하기가 곤란하다. 그 행동은 유아가 울부짖거나 물건을 부수는 것과 비슷한 수준에 있다.

그러나 닥치는 대로 공격을 가하고 있는 것 같으면서도 자세히 살펴보면 그들은 오로지 공격하기 쉬운 약한 상대(자기보다 어린

아이, 여성, 노인 등)를 골라서 공격하고 있다. 유아적 인간이라도 그 정도의 계산은 하고 있는 것이다. 즉 자기 방어적 본능은 정확히 작용하고 있다고 보이며, 범행을 은폐하고 도망치는 노력을 하는 경우가 많다. 일반적으로 자신이 한 행위에 대해 반성이나 죄의식 같은 것은 일체 없고 피해자나 사회에게 준 피해에 대한 자각도 결여되어 있다. 그 대신 자신의 행동을 정당화하고 싶다는 의욕만은 있어 보이며, 유치하고 지리멸렬한 이유를 늘어놓은 수기를 남기곤 한다. 그들은 철저히 자기 중심적이며 자기 이익을 위해 행동한다고 하는 동물로서의 원칙에서는 조금도 벗어나 있지 않다.

남에게 주는 고통이나 결과의 중대성에 대해 아무것도 상상할 수 없고, 사람을 죽이는 것을 물건을 부수는 것과 똑같이 생각하고 있는 것 같은 유아적 인간에게 '생명의 존엄'이라는 관념을 가르치려는 것은 난센스다. 왜냐하면 그들의 전두엽 연합령은 타인의 고통을 상상하는 능력을 가지고 있지 않기 때문이다.

최근 주목되고 있는 '사회적 두문불출'도 발달하지 못한 전두엽 연합령이 낳은 행동 장애이며, 성숙 정지 인간이 사회에 나와 어른으로서 살아가는 것을 회피한 경우의 가장 편하고 자연적인 해결이다. 대부분의 경우 두문불출은 집안에 틀어박히는 것과 동시에 유아 상태로 퇴각하여 머물러 앉아 있는 것이기도 하다.

양친 등 가족이 있는 경우의 두문불출은 부모에게 일상사의 돌보기나 용돈을 요구하여 부모가 만약 들어주지 않으면 난폭해져서 자신의 요구를 주장하며 모친을 혹사시키면서 멋대로 생활하는 스타일을 확립하기에 이른다.

발달하지 못한 전두엽 연합령에 알맞은 생활 방식이 이 두문불출이다. 대뇌의 장애를 치료할 수 없다면 두문불출도 치료가 힘들 것이다.

그러나 부모는 언젠가는 사라지는 존재이기 때문에 두문불출을 가능하게 했던 조건도 언젠가는 없어진다. 그렇게 되면 두문불출도 파멸에 직면한다. 그 경우 범죄나 폭력적 비행(예를 들면, 사회에 대한 무차별 공격)에 돌입하여 자멸하는 것이 파탄의 한 형태다.

표 3. 여러 가지 폭력적 비행과 성숙도

성숙도

국가 간의 전쟁
정규군 대 게릴라의 전쟁
쿠데타
정부군 대 반정부 게릴라의 내전
민족, 종교 대립으로 인한 내전
과격파, 종교 단체 등의 테러
폭력단끼리의 항쟁
학생 데모, 경찰관과의 충돌
대학 분쟁
폭주족의 싸움, 폭주족과 경찰의 충돌
아버지 사냥
집단폭력　　　　　　린치 살인
괴롭힘
교사에 대한 보복
괴롭힘에 대한 보복
억제하지 못한 폭력 행위
가정 내 폭력　　　　　　가정 내 살인
소년의 이해할 수 없는 살인(체험 살인, 쾌락 살인 등)

폭력의 규모

또 유아화가 진행됨과 동시에 폭력적 비행도 저 연령의 소년 및 아이들이 하는 일이 늘고 또 어른의 범죄도 성숙도의 낮음을 특징으로 하는 것이 늘게 된다(표 3). 앞으로는 높은 성숙도를 필요로 하는 국가 간의 정규전은 점점 하기 어려워지고, 대신에 표 3의 왼쪽 아래 또는 오른쪽 아래에 위치하는 유치한 인간의 폭력 범죄 등이 늘게 될 것이 틀림없다.

성숙도를 높이려면

IQ도 그렇지만 MQ를 극적으로 높이는 방법은 유감이지만 찾을 수 없다. 성숙도가 낮은 사람을 특별 훈련시켜 조금이라도 남들과 같은(MQ 100) 수준으로 끌어올릴 수 있을지는 모르지만 MQ 60을 100으로 올리거나 MQ 100을 150으로 올리거나 하는 것은 일반적으로 불가능하다고 여겨진다. 예를 들면, '골목대장'이나 '반장'이었던 아이는 그룹 속에서도 단연코 MQ가 높은 아이인데, 부하나 부반장이었던 아이가 마음을 굳게 먹고 노력하여 갑자기 MQ를 높이고 자신이 톱의 자리에 앉는다는 일은 거의 있을 수 없다.

엄한 환경이 아이의 성숙을 가속시킨다는 것은 있을 수 있는 일이다.

일찍 아버지를 여읜 아이들이 모진 고생을 하는 어머니를 돕고 놀랄 정도로 어른처럼 믿음직하게 행동하고 있다고 하는 예는 적지 않다. 또 같은 처지라도 가정의 붕괴를 초래하여 아이들은 비행에 빠지고, 어린 나이에 범죄자가 되는 경우도 있다.

아무튼 '곤란과 필요는 인간을 성숙' 시키는 것이다.

꽤 부유하지만 모자(母子)만이 사는 가정에서는 반대 결과가 되는 경우가 있다. 예를 들면, 홀어머니에 외아들인 가정에서(애덤 스미스도 평생 그런 상태였다) 어머니가 아들을 소중히 키우면 극단적인 모친 의존형의 '성숙 정지 인간'이 되는 경우가 많다.

결국 사람은 10살 정도에서 거의 정해지는 자신의 MQ 곡선을 가지고 인생을 살아갈 수밖에 없다. 대부분의 사람이 ①이나 ② (표 2)로 나이 들면 MQ 100으로 머문다고 해도 인생의 초반에서 중반에 걸쳐서 남보다 성숙도가 높은가(MQ가 100을 넘는다) 또는 낮은가(MQ가 100을 안 넘는다) 하는 차이는 인생의 게임의 전개를 좌우한다. 보통 사람으로서는 MQ가 높은 것은 분명히 유리한 조건이 된다.

어린아이 그대로 산다

사람은 어른이 되지 않으면 살아갈 수 없다고 하는 것은 아니다. 어린아이처럼 기발한 행동을 일삼으면서 평생을 마치는 사람도 있다. 다만 그런 것이 허용되는 것은 좋든 싫든 특별한 재능이 있는 사람의 경우이거나 그렇지 않으면 IQ가 어린아이처럼 낮은 사람의 경우다.

낮은 MQ를 가진 천재의 너무 기발한 행동에 종종 'XX'(사용 금지된 말)가 아닌가 하고 간주한다. 일반적으로 '천재와 XX는 종이 한 장'이라고 하는 것과 같다. '저 사람은 마치 XX 같다'는 말을 들을 정도가 되면 이미 성숙도가 낮다는 차원을 넘어버린다. 이런 사람은 성숙도를 높여서 보통의 어른이 된다거나 타인과 잘 타협해 갈 필요 같은 것을 느끼지 않고 주위 사람들도 그런 것을 요구하지 않게 된다. 일상생활에서는 15살 이하의 정신연령 그대로 세상을 살아갈 수 있다. 무슨 일이든 어중간해서는 안 되며 여기까지 철저히 하면 무서운 것도 모른다.

그렇다면 이런 재능과는 전혀 상관 없는 보통 사람은 어떨까? 세상은 보통 사람들도 할 수 있는 보통의 일을 준비하고 있다. 시급 몇 천 원의 아르바이트에서 시간당 몇 백만 원의 변호사 일까지 다양하지만 지금은 이런 일들은 특별히 높은 성숙도를 필요로 하지 않는다. 세상 사람들 전체의 성숙도가 낮아지고 있기 때문에 당신도 보통의 성숙도(MQ 100)가 있으면 충분하다. 상하 관계 속에서 일하지 않으면 안 될 회사나 관공서와 같은 조직에서는 상당히 높은 MQ가 필요하다. 조직에 맞지 않는 사람은 MQ가 낮아도 해나갈 수 있는 일을 찾으면 된다.

1) **네오테니(neoteny)** : 동물이 유생(변태 동물의 어릴 때를 이르는 말)형 그대로 생식소가 성숙하여 번식하는 현상

2) **오타쿠** : 한 분야, 내 일에 이상할 정도로 정통한 사람을 일반적으로 가리키는 젊은이들의 말

3) **노해** : 기업이나 정치에서 지도자층이 고령화되어 원활한 세대 교체를 하지 못하고 조직의 젊은층의 교체가 방해 받는 상태

4) **연합령** : 대뇌 피질의 운동령과 감각령의 주변에 있으면서 다른 중추와의 연락을 위해서 여러 가지 정보를 통합하여 보다 고차적인 정신 기능을 영위하는 중추의 총칭

2

자신을 교육한다

당신은 왜 교육을 받는가

당신은 왜 교육을 받는가. 초등학생이라면 '학교라는 것이 있어서 모두 가고 있으니까 나도 간다'고 대답할 것이고 초등학생의 부모도 '의무교육이기 때문에 나도 보내고 있는 것뿐이다'라고 대답할 것임에 틀림없다. 나라가 교육 제도를 만들고, 학교가 교육이라는 서비스를(무료를 원칙으로 한다) 공급하고 있기 때문에 그 서비스를 받는 것뿐이라는 것, 그것이 교육을 받는다는 것이라고 사람들은 생각한다. 중학생(그리고 그 부모)까지는 그 이상의 것은 생각하고 있지 않을 것이다. 그러나 의무교육은 여기서 끝나게 되므로 고등학교에 갈 것인지 안 갈 것인지는 스스로 결정해야 한다. 그렇게 되어도 대다수의 사람들은 '요즘 세상에 고등학교는 누구나 가니까'라는 것으로서 고등학교에도 간다. 그리고 욕심만 부리지 않는다면 가고 싶은 사람은 거의 모두 진학할 수 있다. 또 '대학은 졸업해야 하는 세상이니까 나도

가는 것이 좋겠지'라는 것으로 대학 진학을 원하지만 들어가고 싶은 대학에 들어갈 수 없는 사람도 많아진다.

여기에 이르러 대학에 들어갈 수 없었던 사람은 '나는 무엇 때문에 대학에 가는가. 정말 대학에 갈 필요가 있는 것일까?' 하고 생각해본다. 그 결과 '역시 가지 않으면 안 돼' 하고 생각하는 사람은 재수하여 다시 도전한다. 그러나 갈 필요가 없다고 생각한 사람은 대학을 포기하고 다른 길을 찾게 된다.

제대로 지망 대학에 입학한 사람도 '나는 무엇 때문에 대학에 들어갔을까, 대학을 나와 내가 무엇이 될 수 있을까?' 하고 조만간 생각하기 시작한다. 지금까지는 대학을 나온 사람들은 대부분이 샐러리맨이 되었기 때문에 그것을 보고 '나도 샐러리맨이 될 수 있을까? 샐러리맨이 되자'는 결론을 내린 사람은 그 이상 생각하는 일도 없다. 대학은 샐러리맨이 될 때까지의 4년간을 지내는 곳에 불과하다. 친구를 만들어서 즐겁게 지내고, 적당히 학점을 따서 졸업만 하면 되지 않은가. 결국 무사히 졸업해서 어디든 회사에 들어가는 것만이 문제가 된다. 결국 '왜 교육을 받는가'라는 최초의 질문에 대답할 것도 없이 당신은 샐러리맨이 된다.

그러나 회사에는 일류부터 가장 열등한 것까지 있다는 사실을 알아야 한다. 일류 기업에 들어가는 것은 쉬운 일이 아니다. 일류 기업에 들어가기 위해서는 일류 대학을 나오는 것이 유리한 것 같다. 그래서 대부분의 사람들은 '좋은 회사에 들어가려면 좋은 대학에 들어가야 한다, 좋은 대학에 들어가려면 좋은 고교에, 좋은 고교에 들어가려면' 하고 역산한다. 그리고 우선은 좋은 초등학교에 들어가야 한다는 결론에 도달한다. 그래서 자신의 아이를 명문 초등학교(사립학교)에 입학시키려고 한다.

사람은 자기 투자를 싫어한다

당신이 15살이라고 하자. 공자라면 '지학'을 결심한 해가 된다. 당신은 아직 백지 상태에서 앞으로의 인생은 어떻게 되겠지, 가능성은 무한히 크다고 생각할지도 모른다.

그러나 그렇지 않다. 당신의 인생은 이때 이미 거의 결정이 나 있는 것이다. 당신이 부모나 선조로부터 이어받은 유전자, 당신이 태어나 성장한 가정, 지금까지 받은 교육 등은 이미 결정난 조건이며, 그것을 백지로 되돌려 출발할 수는 없다.

예를 들면, 당신이 앞으로 어떤 노력을 하더라도 도쿄대학교에 들어갈 수 있을지 의문이다. 정말로 들어갈 생각이라면 15살까지 상당한 것을 해두지 않으면 늦다.

'지금부터 분발하면 어떻게 되겠지' 하고 생각할지 모르지만 그것도 사실은 일시적인 위안에 불과하다. 당신은 별로 분발할 수 없다. 젊은 사람이나 아이는 시간이 남아돌아도 미래를 위해 사용하지 않는다. 체력이 있는 만큼 맹렬히 노력하는가 하면 그렇지도 않다. 시간과 체력이 남아돌고 있는 당신은 10시간도 12시간도 잠잘 수 있다. 그러나 노인은 체력이 없기 때문에 그렇게 오랜 시간 자지 못한다. 젊은이는 충분히 수면을 취한 뒤에도 남아도는 시간을 친구와 지내거나 놀거나 아르바이트를 하며 보내곤 한다.

이렇게 '청춘' 을 무위로 지내고 그 사실을 깨달았을 때의 당신은 어느덧 30살이 되어 있다. 15살 때에는 무한한 가능성이 있다고 생각하고 있던 당신의 미래는 거의 완전히 막혀버리고 당신은 변변하게 일도 해보지 못한 채로 40살을 맞고, 50살을 맞는다.

이렇게 되지 않기 위해서는 '지학' 에 해당되는 것을 될 수 있으면 일찍 하여야 한다. 지향하는 목표가 '학문' 이 아니더라도 좋지만 옛날부터 중국, 일본에서는 훌륭한 인물이 되려면 학문을 익혀야 한다고 했다. 그 때문에 학교에 가서 배운다. 특별한 기술을 습득하기 위해서는 전문 학교에서 배우거나 수련을 쌓는 것이 필요하다. 머리로 공부한 것을 끊임없이 되풀이하여 몸으로 익힌다. 공자도 이것을 "배우고 때때로 이것을 연습하면 또 기쁜 일이 아니겠는가"라고 말하고 있다. 이렇게 교육을 받아 학습하고, 연습하는 것은 말하자면 자신의 '능력이라는 자산' 을 늘리기 위한 투자이다. 공자는 그것을 기쁜 일이라고 말하고 있다.

분명히 좋은 교육을 받아 열심히 공부하는 것은 자신의 능력을 높이기 위한 투자이고 자신에게 보탬이 되는 것이기 때문에 사람들은 기꺼이 그렇게 할 것이라고 생각하고 싶다. 그러나 사실은 그렇지 않다. 보통의 사람들은 고갯길을 올라가는 것은 괴로우니까 싫어하고, 내려가는 것은 편하니까 반긴다. 좀더 편한 생활에 젖어 아무것도 하지 않는 것이다. 이러한 생활방식을 택하는 사람도 적지 않다.

일반적으로 투자는 지금 쓰고 싶은 돈을 저축하고 지금 하고 싶은 것을 뒤로 미루어, 그 돈이나 시간을 장래의 이익을 낳기 위해 사용하는 것이다. 장차 얻을 수 있는 이익을 위해서 지금 참는다는 행위가 '참을 수 없는' 사람은 미래를 위한 투자는 할 수 없다.

학교에서 공부하는 것은 아무리 생각해도 '지금 하고 싶은 것'이 아니다. 가능하다면 그것은 하고 싶지 않은 것이며, 지금은 하고 싶은 것만 하며 놀고 싶다. 놀지 못하는 것도 괴롭지만 공부하는 것은 더욱 괴롭다. 때문에 공부만은 하고 싶지 않다고 말하는 사람들이 많다. 사람들에게 지금은 하기 싫은 일이라도 해두면 장래에 이익이 된다고 말해도 실천하는 사람은 많지 않다.

이런 점에서는 인간도 개와 별 차이가 없다. 잘 훈련된 개는 주인이 '기다려' 하고 명령하면 참고 견딘다. 눈앞에 있는 먹을 것이 가까운 장래의 이익이라는 것은 의심할 여지도 없다. 그것은 곧 자신의 것이 된다. 먹을 것이 눈앞에 있으면 개도 그 정도 것은 이해할 수 있는 것이다.

좋은 학교에 들어가 공부하는 이익은 개의 눈앞에 놓여진 먹이처럼 확실하게 눈에 보이는 것은 아니다. 그것은 단순한 말이며 현시점에서는 아무 고마움도 느낄 수 없다. 실감할 수 없는 것, 눈앞에 보이지 않는 것은 사람을 움직이게 하지 않는다. 이런 점에 관해서는 사람도 개와 큰 차이가 없는 것이다.

그러므로 많은 사람들은 자신의 장래에 이익이 된다는 말만 듣고는 공부에 마음을 쏟으려 하지 않는다. 우선 공부 같은 것은 하지 않아도 어떻게 될 것이라고 자신을 타이르고 공부를 게을리 한다. 다음에 공부를 해야 한다는 것은 알고 있지만 '아직은 시간이 있다, 여유가 있다, 좀더 나중에 본격적으로 하면 되겠지' 하고 멋대로 정한다.

스스로 성실하게 공부하는 사람도 장차 얻을 수 있는 이익을 분명히 확인하고 열심히 공부한다기보다는 공부를 하지 않음으로써 초래될 불이익이나 싫은 것을 피하기 위해 어쩔 수 없이 공부를 하고 있는 경우가 많다. 예컨대 좀더 싫은 것(부모에게 야단맞는다, 낙제한다, 시험에 실패한다, 남이 무시한다 등)을 피하기 위해서는 싫은 공부라도 하지 않을 수 없다는 생각에 공부를 하는 것이다. 그 가운데에는 그러는 사이에 공부하는 것이 습관이 되어 매일 일정한 작업이나 근행(불도의 실천에 노력하는 것)하도록 하여 공부하는 사람도 나오게 된다.

공부하는 습관이 몸에 배어 '근면한 수험생'이 되면 이로운 점은 무엇일까? 앞날을 생각하고 인생 설계에 대해 고민하지 않아도 된다. 밤낮으로 공부에 주력한다. 그것은 종교의 수행과 비슷해서 잡념을 없애준다. 그렇게 되면 수행, 싫은 공부를 하고 있는 것 자체가 일종의 구제가 된다. 그러나 대학에 들어간 후 언젠가는 잡념으로서 받아들이지 않았던 문제가 눈앞에 나타난다. 나는 무엇 때문에 대학에 들어왔는가, 대학에서 무엇을 공부하는가, 대학을 나와 무엇을 할 것인가 등의 해답을 언제까지나 구하지 않고 그대로 둘 수는 없을 것이다.

무엇 때문에 대학에 들어가는가

 사람들은 뭔가 좋은 것이 있다, 가는 것이 이익이 된다고 생각하기 때문에 대학, 대학원에 가려고 한다. 그러

나 무엇이 좋은 것인가에 대해서는 사람에 따라서 사고방식이 다르다.

① 장래 높은 사회적 지위와 높은 소득을 얻기 위해서 대학에 들어간다.

좋은 직업을 가지고 고수입을 얻기 위해서는 일류 대학 졸업이라는 학력이 필요하다. 자격을 취득하는 것, 전문적인 지식을 익히는 것도 필요하다. 좋은 회사에 들어가서 출세하기 위해서도 일류 대학 졸업이라는 학력이 필요하다. 이렇게 생각하는 사람은 그것을 추구하여 대학에 들어간다.

② 인간관계라는 자산을 축적하여 장래에 도움이 되는 인맥을 만들고 싶기 때문에 대학에 들어간다.

이것은 ①의 목적과도 연관되는데 그것을 의식하지 않은 사람이라도 대학의 모임에서 좋은 친구를 얻고 싶다, 나아가서는 좋은 결혼 상대를 만나고 싶다고 생각한다. 이 경우도 좋은 친구나 반려자를 만나기 위해서는 좋은 대학에 들어가야 한다는 것이다.

③ 즐거움과 만족을 얻기 위해서 대학에 들어간다.

대학생활을 즐기기 위해서 또는 하고 싶은 공부를 하기 위해서도 좋다. 이것을 위해서 들어가는 대학은 이 사람에게는 '고급 레저 랜드'라는 것이 된다.

④ 남들과 같은 레벨의 인간이 되고 싶어서 대학에 들어간다.

주위 사람들이 전부 대학에 가기 때문에 그리고 대학을 졸업하지 않으면 남들보다 뒤처져 보이기 때문에 자신도 '우선'은 대학에 들어간다. 높은 사회적 직위나 높은 소득을 지향하는 것이 '우월 소망'에 기인하는 것이라고 한다면 이것은 '평등 소망', 즉 남들과 같은 레벨이기를 바라는 소망에 기인하는 것이다. 이것도 대학에 가는 충분한 동기가 된다. 실제로 대부분의 사람들은 이와 같은 동기에서 대학에 가는 것이다.

⑤ 모라토리엄으로서 대학에 들어간다.

이것도 '우선' 팀으로, 우선 대학에 들어간다. 그리고 대학에 있는 동안에 자신이 무엇을 하고 싶은가, 자신이 무엇을 할 수 있을까라는 것을 확인하기 위해서라고 한다. 요컨대 대학에 있는 기간을 일종의 모라토리엄(지불 유예)으로 하려는 것이다.

이런 목적을 위해서는 도쿄대학교처럼 대학의 전반적인 과정을 '교양과정'으로 하는 사고방식을 확실하게 제도화하고 있는 대학이 적당할지도 모른다. 도쿄대학교의 경우, 입학할 때는 문(文)Ⅰ ~문 Ⅲ, 이(理)Ⅰ ~이 Ⅲ이라는 식으로 대충 분류되어 있어서 얼마 동안 공부해본 후에 최종적으로 세분화된 학부, 학과를 택해서 들어간다. 이에 반해 다른 대부분의 대학에서는 처음부터 세분화된 특정한 학부, 학과를 택해서 시험을 치르기 때문에 입학 후 1, 2년 동안 학교생활을 하고 나서 자신의 지적 능력이나 관심분야를 파악하여 자신의 진로를 결정한다고 하는 것은 실행하기 어렵다.

사람들이 대학에 들어가려고 하는 이유는 위의 ①~⑤ 가운데 어느 하나일 것이다. 대부분의 사람들은 ①~⑤의 어떤 것인가를 절충해서 대답을 준비하겠지만 실제로 지금까지는 '아무 생각 없이 우선' 대학에 들어가고 있었다. 일반적으로 일본인들은 명확한 목표를 세워서 거기서 역산하여, 가장 필요하고 도움이 되는 수단을 산출하여 그것을 손에 넣기 위해서 어떠한 행동을 취하는 것을 싫어한다. 목적이 막연한 이상 대학이 무엇을 손에 넣기 위한 수단인가 하는 것도 막연한 채 '아무 생각 없이 우선' 대학에 진학한다. 그러나 대학에 들어가면 뭔가 좋은 것, 유리한 것이 있겠지 하는 막연한 기대가 있는 것만은 확실할 것이다.

세 가지 설

 경제학에서는 교육의 의미를 세 가지 설로 준비하고 있다.

① '교육은 인간 자본에 대한 투자이다'라는 설 : 휴먼 캐피털 가설.

사람이 교육을 받아 공부함으로써 학력을 배양하고 전문적인 지식을 익혀 일하는 능력을 높인다고 하는 효과를 강조한다. 교육에 돈을 들이고, 시간을 들이고, 에너지를 쏟아 붓는 것은 자기 자신의 '능력 자산'을 축적하기 위한 투자라고 볼 수 있다. 그리고 보다 큰 능력 자산을 가진 사람일수록 고도의 일을 하고 고도의 성과를 낳을 수 있기 때문에 보다 높은 보수를 얻을 수 있다. 좀더 정확하게 말하면 고도의 일을 할 수 있는 능력은 희소하기 때문에 그 일에 대해 시장은 높은 보수를 지불하는 것이다. 이런 의미에서 고등 교육을 받는 것은 자신의 인생에 있어서 분명히 유리하며 이익이 된다.

그와 동시에 국가와 사회가 비용을 부담하고 사람들에게 고등

교육을 제공하면 높은 능력을 갖춘 '휴먼 캐피털'이 형성되며 그 것은 국가와 사회 전체로서도 이익이 된다고 하는 사고방식도 성 립된다. 이 입장을 취한다면 고등 교육에 쓰이는 비용의 전부 또 는 상당한 부분을 세금으로 부담하는 것도 정당화된다. 영국, 프 랑스, 독일 등은 이 입장을 취하고 대학 교육의 비용 대부분을 세 금으로 조달하고 있다. 이에 대해 일본이나 미국에서는 대학 교육 의 비용 중 상당한 부분(일본은 약 30%, 미국은 약 20%)을 수업료의 형식으로 학생에게 부담시키고 있다. 여기에는 교육이 자신의 장 래의 이익과 결부되는 자기 자신에 대한 투자인 이상 그 비용을 자신이 부담하는 것은 당연하다고 여기는 사고방식이 포함되어 있다. 일본이 이 사고방식을 버리고 유럽형의 계급 사회에 맞는 '엘리트의 국비 양성'으로 전환하는 일은 없을 것이다.

② '학교 교육 시스템은 인간의 능력을 선별하는 기능을 하고 있다'는 설 : 적격 심사(screening) 가설.

교육이나 공부의 결과 그 사람이 어떤 능력 자산을 형성했는가 하는 '내용'의 문제보다 상급 학교에 진학함으로써 능력에 관한 '선별'을 받은 것을 중시하고, 이 선별의 결과는 기본적으로 신용 할 수 있다는 입장을 취하고 있다. 다시 말해서 고졸보다 대졸, 대졸보다 대학원에서의 학위, 기타 자격을 취득한 사람 쪽이 보다 높은 능력을 가지고 있는 것이 경쟁, 선별의 과정을 거쳐 실증되 고 있다고 생각하는 것이다. 학교 교육 시스템은 전체로서 이와 같은 능력 선별의 기능을 하고 있다고 본다. 사회는 이 선별의 결 과를 신용하고 또 이용하는 것이다.

③ '학교 교육 시스템은 인간의 능력에 등급을 매겨 그것을 사

회에 표시하는 기능을 하고 있다' 라는 설 : 시그널링(signaling) 가
설.

②와 같은 선별의 결과가 학력이나 자격이라는 형태로 사회에
대해 표시되는 것에 주목하여 학교 교육 시스템이 이와 같은 정보
제공 기능을 하고 있다고 생각한다. 이 사고방식은 ②의 사고방식
과 밀접한 관계가 있다.

②, ③의 사고방식에 의하면 교육을 받은 결과 각자가 익힌 '학
력'은 평생 없어지지 않는 '문신'과 같은 것으로 그 사람의 능력
표시 기호가 된다. 학력이라는 숨길 수 없는 '문신'을 보기만 해
도 그 사람의 능력의 등급을 알 수 있다는 것이다. 일본에서는 표
면상의 '학력'이 말하는 현실을 인정하지 않으려는 경향이 있는
데 사회나 기업에서 보면 '학력'이 크게 이용 가치가 있는 정보라
는 것은 부정할 수 없다. 대학원을 나온 사람의 지적 능력이 중
졸, 고졸인 사람의 지적 능력보다 위라는 것은 실제로 테스트나
면접을 해볼 것도 없이 분명하다고 판단할 수 있다. 이와 같은 학
력의 이용 가치를 부정하고 학력 무용론을 주장하는 것은 현명한
태도라고는 할 수 없다.

미국 사회에서는 이 학력이라는 정보를 정당하게 평가하기 때
문에 초일류 대학이나 대학원을 나온 사람에게는 그렇지 않은 사
람보다 훨씬 높은 보수를 제시한다. 이에 관한 한 ②의 적격심사
가설이나 ③의 시그널링 가설을 받아들이고 있는 것이다. ①의 휴
먼 캐피털에 대한 투자의 효과, 다시 말해서 능력의 내용은 실제
일에 있어서 경쟁을 통해서 분명해진다. 학력만으로 실력이 수반
하지 않은 사람은 본색을 드러내서 탈락할 뿐이다. 그러나 그것은

대졸, 대학원 졸업의 사람이 중졸의 사람 이하의 능력밖에 없었다는 것은 아니다. 대졸, 대학원 졸업이라는 같은 높은 능력 수준에 있는 사람들 가운데서의 경쟁에 졌다는 것이다. 변호사는 변호사의 세계에서 경쟁하여 무능한 변호사가 탈락할 것이고 의사는 의사 세계에서 경쟁하여 무능한 의사가 탈락할 것이다. 그러나 변호사나 의사는 평균적으로는 트럭 운전기사보다 훨씬 높은 소득을 벌게 되어 있다. 이 격차는 후쿠자와 유키치(게이오 대학의 설립자) 류로 말하면 '많이 공부했는가, 변변히 배우지 않았는가의 차'이며 바로 학력의 차이라는 것이다.

학교 교육 시스템 중에서는 크게 보면 의사나 변호사가 될 수 있는가 아니면 프리 아르바이트에 머물 것인가라는 '큰 경쟁'이 행해져 그런 의미에서의 선별이 행해지고 있다고 생각해야 할 것이다. 일본에서나 미국에서나 이 경쟁은 대학에 들어가기까지는 거의 결정된다. 특히 일본에서는 대학 입학 시점에서 인생의 큰 '갈림 게임'은 거의 완료된다. 대학에 갈 것인가 포기할 것인가, 또 들어간 대학이 일류 대학인지 아닌지에 따라서 그 사람의 인생은 거의 확정되고 각각 크게 달라진다. 미국에서도 이 점은 마찬가지인데 빈부의 차는 일본보다 더욱 커진다. 게다가 미국에서는 대학에 들어간 후의 공부, 다시 말해서 자신의 능력 자산의 본격적인 형성을 둘러싸고도 치열한 경쟁이 계속되고 사회에 나와서도 각각의 분야에서 라이벌과의 경쟁은 치열하다.

대학 선택

지금의 일본에서 학력은 여전히 무시할 수 없다. '능력 자산'인 이상 랭크가 높은 대학에 들어가는 것이 좋다. 그러나 그것은 사람에 따라서는 불가능에 가까운 것이기 때문에 실제로는 '자신이 들어갈 수 있는 대학을 찾아서 들어간다'고 하게 된다. '들어갈 수 있는 대학'을 찾으려면 그 대학의 편차치(합격자 또는 입학자의 최저 편차치)를 알고 자신의 편차치를 아는 것이 무엇보다 중요한데 그 정보는 예비학교가 제공해 준다.

편차치를 조사하여 들어갈 수 있는 대학을 찾았으면 다음에 그 안에서 자신의 취향에 맞는 대학의 학부, 학과를 찾게 된다. 이 단계에서 오늘날의 수험생이 생각하는 것은 그 나름대로 '합리적'이다.

① 될 수 있는 한 지명도가 높고 이미지나 입지 조건이 좋은 대학을 선택한다.

② 시설, 설비가 충실하고 쾌적한 캠퍼스 생활을 할 수 있는 대학을 선택한다.

③ 취직에 유리한 곳을 선택한다.

④ 학부, 학과에 대해서는 될 수 있는 한 편하게 졸업할 수 있는 곳을 선택한다.

⑤ 특정한 자격을 취득하는 데 유리한 학부, 학과를 선택한다.

⑥ 자신이 지향하는 특정한 전문 능력을 익히는 데 맞는 학부, 학과를 선택한다.

①~⑥ 중 어떤 것을 중시할 것인가는 사람에 따라 다르다.

대부분의 사람들이 도쿄의 대학에 구애받는 것은 ①을 중시하고 있는 사람들이 많기 때문이다.

④에 대해서는 최근의 학생의 고생 회피형 발상은 훌륭하다고 할 정도로 철저하다. 우선 이공계나 문과를 택해야 하는데 이것은 고등학교 또는 중학교의 상당히 빠른 단계에서 결정난다. 이 중요한 선택은 통상 놀랄 정도로 단순한 형태로 행해진다. 다시 말해서 자신은 수학이 서툴고 싫으니 이공계에는 갈 수 없다, 공부나 실험이 까다로운 것도 싫으니 이공계는 싫다, 때문에 문과 계통으로 갈 수밖에 없다는 것이다. 그리고 문과 계통에서도 경제계는 수학이 얽힌 어려운 이론이 나오니까 싫다(경영이나 회계 쪽이라면 견딜 수 있을 것 같다), 법률계도 기억해야 할 것이 많고 육법 전서 같은 건 보기도 싫다, 국문학 같은 것은 내 취미가 아니다라는 식의 소거법으로 선택하면 편하게 인기있는 학부, 학과는 정해진다. 다만 아이러니하게도 그런 편하고 인기있는 학부, 학과는 편차치가 올라가서 이번에는 들어가는 것이 쉽지 않게 된다.

⑤, ⑥에 관해서 대학이 제공하고 있는 교육 서비스가 특정한 직업을 갖는 데 필요한가, 또 그것만으로 충분한가 하면 대개의 경우 답은 'NO'이다.

대학 교수처럼 대학, 대학원에 가서 학위를 취득하는 것이 필요조건으로 되어 있는 직업도 있다. 그저 가기만 하면 대학 교수가 될 수 있는 것이 아니라 대단한 경쟁에서 이겨야 한다. 또 대학을 졸업하지 않으면 시험에 응시할 기회조차도 주어지지 않는 경우도 있다. 판사, 검사, 변호사, 공인회계사, 외교관, 일부 국가 공무원, 의사, 치과의사 등이 그 예이다. 그러나 이들 자격시험에 합격하려면 대학에서의 공부만으로는 충분하지 못하다. 전문 예비학교에라도 가서 시험 공부를 하는 것이 보통이다.

결국 지금까지 일본의 대학은 샐러리맨, 직장 여성이 될 사람이 가는 곳이었다. 고도 성장기를 통해서 회사의 경영층까지 승진할 가능성이 있는 '제1종 샐러리맨'으로서 대졸 학력은 거의 필요 조건이 되며, 1980년대에는 대졸 여성도 직장 여성으로서 대량 고용의 기회를 얻게 되었다. 일본의 대다수의 대학생들은 샐러리맨, 직장 여성이 되는 것이 당연하고, 그리고 대학에 들어가기만 하면 샐러리맨, 직장 여성이 될 수 있다고 하는 시대가 도래한 것이다. 이렇게 되면 문제는 간단하며 부모는 자신의 아이를 어느 대학이든 보내기만 하면 안심이 된다. 그 다음은 될 수 있는 한 좋은 대학을 지향하여 수험 전쟁에서 싸워 이길 수 있도록 하면 된다. 이것이 단순 명쾌한 진학 경쟁의 도식이다. 그리고 이 상황에 대처한 대답은 '자신의 학력에 맞는 대학에 들어간다'는 것이었다.

기업이 요구하는 인간

기업은 샐러리맨, 직장 여성으로서 어떤 사람을 원하고 있는가. 기업이 원하는 사람은 이공계의 기술자, 연구원 등을 제외하면 전문적인 지식, 기술을 가진 사람이 아니다. 문과 계통 대졸 샐러리맨은 다음과 같이 생각하고 채용한다.

① 고졸자보다 대졸자가 일반적으로 학력, 기타 지적 능력이 높으며 성숙도도 높다고 생각해도 틀림없다. 옛날과 달리 경제적인 이유에서 대학 진학을 포기해야 할 케이스가 별로 없는데도 대학에 가지 않은 사람에게는 갈 수 없었던 이유가 있고, 그것은 주로 본인의 능력이나 의욕 등이 떨어졌기 때문일 것이라고 추정된다. 따라서 약간 높은 임금을 지불하더라도 고졸자보다 대졸자를 채용해야 할 이유가 있다. 요컨대 고졸이나 대졸이라는 학력의 차이는 능력 평가에 관해서 확실한 정보를 제공해 준다.

② 대학에 학력 편차치에 의한 등급이 있는 이상 ①과 같은 추론에 의해 상위권 대학의 졸업생을 채용하는 것이 유리하다. 여기서도 어떤 대학을 나왔는가 하는 것은 학생의 능력 정도를 판단하는 데 무시할 수 없는 정보이다.

③ 기업은 학생이 대학에서 익힌(또는 학점만은 어떻게든 취득했다) 전문적인 지식을 거의 필요로 하지 않고 또 실제 일과도 관계없다. 특히 법률, 경제·경영, 어문 등의 문과 계통 학부에 대해서는 그렇다. 이공계의 경우는 대학원 석사 과정까지 공부하는 것이 바람직하다. 그러나 어떻든 정말로 필요하고 바람직한 사람은 사내 교육을 실시해 양성하게 되므로 어중간한 전문가는 필요 없다. 오히려 앞으로 어떤 일도 할 수 있는 초보자가 바람직한데, 기본적 능력이 뛰어난 사람이 바람직하다. 기업에서 ①, ②와 같은 견해를 취하는 것도 이 기본적 능력의 우열로 사람을 선별하고 싶기 때문이다. 종신 고용과 연공 서열이 붕괴되고 일본적인 '회사'와 샐러리맨의 종말이 찾아오는 것과 동시에 이런 태도도 통용되지 않게 된다. 앞으로는 ③과 같은 사고방식도 포기하지 않을

수 없게 될 것이다. 기업은 채용한 사람을 자사(自社)의 문화, 기풍에 맞도록 회사 비용을 부담해가며 교육시키고, 도제 수업처럼 여러 가지 일을 경험시키면서 승진시킨다고 하는 방침을 취하고 있을 여유도 시간도 없어진다. 그것보다는 바로 도움이 되는 전문 지식이나 기능을 가진 사람을 채용하고 싶거나 전문가의 서비스를 시장에서 조달하고 싶다는 시대가 된다. 그러나 현재의 대학은 기업에 맞추어 법률, 경제·경영, 기술계의 전문가를 육성하고 공급하는 제도가 갖추어져 있지 않다. 특히 문과 계통에서는 전문가 축에도 끼지 못하는 사람들을 샐러리맨, 직장 여성으로 무수히 배출시켜온 데 불과하다. 그래서 다급하게나마 산학협조체제를 갖추어야 한다고 하여 각 대학이 시작하고 있는 것이 컴퓨터와 영어 회화 수업을 늘리고, ‘국제 ○○’이라고 하는 이름의 학과나 코스를 신설하거나 다른 국가의 대학과 교환 학생 제도를 신설하는 것 정도이다. 그러나 이 정도의 대응으로서는 컴퓨터를 약간 사용할 수 있고 영어회화도 조금은 할 수 있는 샐러리맨, 직장 여성을 공급하는 데 불과하다.

실제로는 전문적인 능력에 대한 기업의 수요도 명확하지 않은 것이다. 또한 그런 것은 있을 것 같지도 않다. 일본의 기업에서는 비즈니스 스쿨에서 M.B.A.를 취득한 사람을 기업 경영의 전문가로서 처음부터 관리자층에서 활용하는 방법은 쓰지 않는다. 대학원에서 공부한 전문적 능력을 갖춘 사람을 채용하는 확실한 수요도 없다는 것이다(이공계의 경우는 별개이다). 한편 대학에서 가령 명확한 수요가 나왔다 해도 그에 대응할 수 있는 체제가 되어 있지 않다. 대학의 교수는 각각 그 분야에서 업적을 겨루고 명성을 얻으려고 하는 '연구' 의 전문가이지 비즈니스나 법률, 창작, 연극 등의 분야에서 실제로 도움이 되는 것을 가르치는 실학의 전문가는 아니다. 대학 교수가 할 수 있는 유일한 일은 자신과 같은 연구가를 양성하는 것이다. 그러나 연구가가 될 수 있는 학생은 0.1%도 안 된다. 그렇기 때문에 지금까지의 대학은 연구가를 양성하는 흉내를 냈을 뿐 연구가도 아니고 전문가도 아닌 사람을 샐러리맨, 직장 여성으로 배출하고 있었다는 것이 된다.

앞으로 대학에 들어가려고 하는 고등학생은 이런 사실을 잘 확인해 둘 필요가 있다. '대학에 들어가면 열심히 공부하여 전문적인 지식을 익혀 자격을 취득하고 싶다. 그렇게 하여 다른 사람과 차별성을 갖게 되면 유능한 전문가로서 기업에서 맞아 주겠지' 라는 기대를 가진다 해도 그대로는 안 될 것 같다. M.B.A.에 대해 이야기하고 싶은 사람은 대학 과정에서 미국으로 가서 일을 찾는 것이 최선일 것이다. 일본은 기업도 대학도 아직 미국처럼 되어 있지 않다. 기업 측에서 대학 및 대학원에서 익힌 전문 지식이나 기술을 수용하여 완전하지는 않지만 그나마 성과를 올리고 있는 것은 이공계의 기술자, 연구가의 경우에 한정된다.

그렇다면 이공계 대학이나 학부에 들어가서 공부하면 유리하지 않은가라는 말이 나오는데 학생은 노력에 비해 특별한 보수가 보장되어 있는 것도 아닌 이공계를 싫어한다.

일본에서는 학생들이 수학을 기피하고, 이공계를 떠나고 있는데 기업 또는 기타 부문에서 이 분야의 능력을 반드시 필요로 한다면 사람을 끌 만한 매력이 있는 대우를 준비하는 방법밖에는 없다. 일본의 기업은 지금까지 능력의 평가 및 선별을 각 개인의 능력별로 한 것이 아니라 회사라는 조직 속에 모아놓고 일률적인 평가방법으로 평가, 선별해왔다. 그리고 우수한 능력이나 성과를 저비용으로 이용해온 경향이 있다. 앞으로는 그런 '회사'를 우수한 능력의 소유자가 싫어할 차례다. 기업은 이 사실을 빨리 깨닫고 적당한 평등주의를 청산해야 할 것이다.

대학에 가지 않는다는 선택

사람들은 술집에서 주문할 때 왠지 '우선 맥주'라고 한다. 무난하고 선택의 여지가 없는 것을 우선 선택하여 두고 좀더 고도의 선택은 차분히 하고 싶다는 것일 것이다.

대학 진학의 문제도 지금까지는 위의 설명처럼 대부분의 사람이 '우선 대학'이었다. 그러나 맥주가 곤란하다, 비싼 것 같으면 사람들은 '우선 맥주'라고는 하지 않고 처음부터 맥주 이외의 것을 고려하게 된다.

대학에도 이런 시대가 다가오고 있다. '우선'이 통용하지 않게 되면 사람들은 대학에 가지 않는 방법도 생각하게 된다.

대학에 가지 않고 살아갈 방법을 찾는 것은 진지하게 생각해보면 무난하게 대학에 들어가는 것보다 10배는 어렵다. 그러나 형편에 맡겨두자, 인생에서 성공하지 않아도 괜찮다고 여기는 사람으로서는 정말로 편하고 간단한 방법이기도 하다. 선택할 수 있는 직업은 그야말로 무수히 많다.

아무튼 당신은 17살까지 이미 인생의 큰 선택— '대학에는 가지 않는다'고 하는 선택—을 했다. 보통 이 선택은 대학에 진학하는 사람들보다 빨리 어른이 되고 싶은 의사 결정을 의미한다.

어른이 되는 것을 미룰 생각이라면 그 모라토리엄은 프리 아르바이트가 된다고 하는 형식으로 대학에 가든 가지 않든 어른이 되는 것은 자신의 직업을 찾아 돈을 벌어야 한다.

대학에 대한 Q&A

Q 무엇 때문에 대학에 입학했는지 모르겠습니다.

A 그래서 등교 거부, 아니 등교 거부 분위기에 들어갔다는 거군.

Q 아직 거기까지는 가지 않았습니다. 과에는 완전 등교 거부한 사람도 몇 사람 있지만요.

A 그래서 자네는 매일 아침 몇 시에 일어나지? 수업은 착실하게 받고 있나?

Q 수업에 늦지 않도록 일어나서 일단 출석하고 있습니다.

A 그렇다면 정상이군.

Q 하지만 수업은 조금도 재미가 없습니다. 가끔 재미있는 것도 있지만 대부분의 수업은 재미가 없고 무엇 때문에 이런 것을 공부해야 하는지 전혀 모르겠습니다.

A 대다수의 학생들도 자네와 마찬가지야. 자네만이 특별한 건 아냐. 수업이 재미없는 것은 자네 탓이거나 선생 탓이거나

아니면 양쪽 탓이거나 어느 하나일 거야.

Q 두 번째가 아닐까요? 예를 들면, ○○ 교수님은 노교수님인데 강의 내용이 거의 안 들려요. 다른 ×× 교수님은 강의 노트를 보면서 그저 단조롭게만 강의하고 있을 뿐입니다. 꼭 녹음기를 틀어 놓은 것 같은 말투로 어떻게 노트를 해야 할지 모르겠습니다. 또 다른 교수님은 학생들을 무시하고 있는지 수식을 나열해 놓았다가 금방 지워버립니다. 좀더 열의 있게 설명해 달라고 하면 바보 취급하는 말투로 화를 냅니다. 그 밖의 수업도 모두 비슷해서 대부분의 학생들은 듣지 않아요. 잡담하거나 휴대 전화로 메일을 주고받고 있습니다.

A 그래, 요즘 잡담이 다소 줄어든 것은 휴대 전화를 걸고 있는 탓인가. 덕분에 수업이 쉽게 되었다? 휴대 전화를 만지작거리거나 졸고 있어 주면 고맙겠군.

Q 그런 수업이 대부분이니까 출석을 부르지 않는 수업에는 이제 출석하지 않겠다는 학생들도 많습니다. 하지만 저는 일단 수업에는 출석하고 있습니다. 뭔가 도움이 되는 게 있을까 하고……. 그런데 출석해 보면 시간만 낭비한다는 느낌이 듭니다.

A 자네도 흥미를 가질 수 있는 분야라는 것이 있나?

Q 무엇에 흥미를 가질 수 있는지 제 자신도 모릅니다.

A 아마도 자네는 어떤 분야든 책을 읽거나 생각하거나 자료를 모으거나 계산하거나 글 쓰는 것을 좋아하지 않는 사람인지도 몰라. 아마도 태어나기 전부터 그렇게 되어 있을 거야.

Q 실은 제 아버지는 그런 일을 하고 계신데, 모 대학의 교수입니다.

A 이거 실례했군. 정확히 말하면 유전자는 필요 조건이긴 하지만 충분 조건은 아냐. 게다가 어머니의 유전자 건도 있어.

Q 어머니는 전업 주부입니다. 그러나 어머니 쪽이 머리가 좋은 것 같아요.

A 그것은 그렇다치고 자네는 아버지와 같은 일을 할 생각은 없나?

Q 대학 교수 말입니까? 될 수 있으면 하고 싶어요. 그러나 간단하게 될 수 없잖습니까?

A 그럴 수도 있지. 지금의 자네를 보면 자네가 스모선수로 입문하여 요코즈나(스모의 제일 높은 계급)가 되는 것과 마찬가지로 어렵지.

Q 편하고 시간도 있고, 좋은 직업이라고 생각하는데요.

A 편하지는 않지. 이 세계도 지위를 확보할 때까지는 경쟁이 치열하다네. 그 다음은 그 사람에게 달렸지. 아무것도 하지 않고 편히 살려면 할 수 있지. 자네 아버지가 어떤 교수인지 모르겠지만.

Q 틀림없이 재미없는 수업을 하고 계실 것입니다. 아버지가 쓴 논문을 한 번도 읽어본 적이 없기 때문에 연구에 대해서는 모릅니다.

A 그래, 자네는 장차 무엇을 할 생각인가?

Q 교수도 요코즈나도 무리라면 회사에 취직할 수밖에 없잖습니까?

A 샐러리맨이라. 지금까지는 그것이 가능했지만 앞으로는 어렵네.

Q 하지만요, 지금도 샐러리맨이 되는 사람이 제일 많아요. 다시 말해서 그것은 제일 되기 쉽다는 게 아니겠어요. 저도 될 수 있을 것 같다는 것입니다.

A 그건 일단 현명한 판단이야. 그러나 뭔가 특기를 가지고 있지 않으면 안 돼. 누구나 할 수 있는 일이라면 아르바이트로 쓸 수 있으니까.

Q 특기라면 영어회화 실력과 컴퓨터 사용능력을 말합니까?

A 그건 지금은 최소한의 조건이야. 옛날에 비유한다면 읽고 쓸 수 있으며 주판도 합니다라는 정도의 것이야.

Q 지금은 그 '영어회화와 컴퓨터를 가르칩니다' 라는 것을 어느 대학에서나 '간판' 으로 내걸고 있지 않습니까?

A 바보 같은 소리 하지 말게. 그런 것을 배우고 싶다면 학원에 다니면 돼.

Q 컴퓨터 정도는 보통 혼자서 배우지 않나요? 저도 남들 하는 만큼은 익혔습니다. 지금은 아버지를 가르치고 있습니다.

A 그래. 그렇다면 자네도 대학 교수를 할 수 있겠군. 아무튼 대학 교수를 가르치고 있으니 말이야.

Q 그래도 대학은 영어회화와 컴퓨터 이외에 도움이 되는 것을 가르치고 있습니까?

A 신랄한 질문이군. 그건 학부나 학과에 따라서 다르지. 자네는 내가 있는 학부, 학과가 아닌가. 별로 기대할 수 없겠는 걸.

Q 요즘 전과해서 이공계의 정보 관련 학과나 유전자 공학과나 아니면 법학부, 금융 공학을 할 수 있는 학과로 갈까 생각중입니

다. 최근에 컴퓨터, 신시사이저(Synthesizer)로 음악을 만들고 있는데 이것도 재미있어요. 그래서 제 방을 스튜디오로 개조했습니다. 이 방면으로 계속 나간다면 음대로 옮기는 것이 좋을지도 모르겠습니다.

A 음대에 대해서는 나는 전혀 모르네. 아까 금융 공학이라고 했나? 자네는 수학을 착실히 공부하고 있나?

Q 센터 시험을 받을 정도는 하고 있습니다. 수학이 싫지는 않습니다. 금년에 읽은 책들 가운데에서는 미첼 워드프로세스의 『복잡계』가 제일 재미있었습니다. 페르마의 정리를 이해할 수 있을 때까지의 이야기를 쓴 엑젤의 책도 재미있었습니다.

A 그래. 나는 아직 읽지 못했는 걸. 그러나 자네는 뭐든지 대충은 할 수 있을 것 같군. 굳이 내게 상담할 것은 없어. 하고 싶은 것을 하면 돼.

Q 그 하고 싶은 것을 잘 몰라서 애먹고 있는 것입니다.

A 우선 여러 가지 강의를 들어보면 좋을 거야. 대학은 각국의 요리를 맛볼 수 있는 레스토랑 같은 것으로 일본, 서양, 중국의 전통 음식까지 메뉴는 풍부하니까.

Q 현재 맛을 보는 중입니다. 하지만 어느 것이나 끝까지 먹고 싶은 생각이 없습니다.

A 건방진 소리 하지 말게. 자넨 그렇게 입맛이 까다로운가.

Q 어렸을 때부터 세계 각국의 요리를 먹어 왔으니까요. 그러나 대학이라는 레스토랑은 이상한 곳입니다. 회원제로 손님을 받고 입회비와 연회비를 받으면서 그 메뉴 속에서 좋아하는 것을 골라 마음껏 먹으라는 겁니다. 지금의 대학이란 그런 방식이잖습

니까?

A 어떤 방식이라면 마음에 들겠나?

Q 많은 요리사들이 각각 자신의 이름으로 요리를 내놓는 것입니다. 손님은 스스로 맛있다고 생각하는 것을 골라서 먹고 그 요리값만을 지불합니다. 주문량이 적은 주방장은 자연도태됩니다. 물론 손님 쪽은 어떤 레스토랑에서 어떤 요리사의 음식을 먹든 자유입니다. 요리사들은 치열한 경쟁을 하게 되겠지만요.

A 애덤 스미스도 교사는 그 방식으로 경쟁하는 것이 제일 좋다고 말하고 있었지.

Q 그건 18세기의 이야기군요. 과연 애덤 스미스는 좋은 말을 했습니다. 그러나 그 이후 대학은 반대 방향으로 나아가서 점점 나빠졌습니다. 저는 역시 대학을 그만두는 것이 좋을지도 모르겠습니다.

A 그만두면 어떻게 할 건데?

Q 대학이 시시해서 대학을 그만두는데 교수님께 상담해도 더 이상 어쩔 도리가 없잖습니까?

A 그 말도 일리는 있어. 아무튼 분발하게. 그래, 한 가지 잊고 있었는데 내 수업은 어떤가, 재미있는 편이 아닐까?

Q 노 코멘트하겠습니다.

3
직업 선택과 인생 설계

- 자신을 알다
- 능력, 노력, 운
- 직업에 귀천이 있다
- 직업 선택의 전략
- 여성에게 맞는 직업, 맞지 않는 직업

자신을 알다

자신의 직업을 선택하고 자신의 인생을 설계할 때 중요한 것은 '자신을 안다' 는 것이다.

이것은 자신이 경솔하다든가 우유부단하다든가 질투가 강하다는지의 '성격' 을 아는 것이 아니다. 이런 것이라면 누구나 할 수 있고 주위 사람들의 평가에 귀를 기울여보면 곧 알 수 있는 것처럼 '타인이 그렇게 생각하고 있는 자신' 이 '자신' 인 것이다.

여기서 문제가 되는 것은 그것보다 훨씬 고도의 자기 평가인 자신의 능력의 레벨을 아는 것이다.

인간의 재능이나 기량의 크기는 1, 2, 3…… 10, 11, 12…… 식으로 차이가 있는 것이 아니라 10^1, 10^2, 10^3…… 식으로 차이가 있다고 생각된다. 다시 말해서 1~9 레벨의 사람, 10~99 레벨의 사람, 100~999 레벨의 사람, 1000~9999 레벨의 사람…… 식이다. 물론 1에도 이르지 못한 사람도 있다. 이 사람은 스스로의 힘으로 살아가기가 어렵다. 1~9의 사람은 보통 사람이다. 대부분의 사람들이 이 레벨에 속하고 1~9의 범위에서 세밀하게 차이가 있다. 다시 말해서 보통 사람은 모두 비슷비슷하여 큰 차이는 없는 것이다.

여기서 나는 내 자신을 1의 보통 사람이라고 가정한다. 그 다음 자신을 기준으로 하고 또 독단과 편견에 의거하여 역사상 유명한 인물의 능력의 레벨을 추정해보면 대략 다음과 같다.

공자	100
플라톤	100
아리스토텔레스	100
알렉산더	1000
진시황제	100
사마천	100
시저	100(1000에 가깝다)
측천무후	100
토마스 아퀴나스	100
레오나르도 다빈치	100
바하	1000
모차르트	1000
베토벤	100
나폴레옹	1000
탈레랑(Talleyrand : 프랑스의 정치가)	1000
흄	100
애덤 스미스	100
가우스(Gauss)	100
마르크스	100
스탈린	10(변질도로는 100)
히틀러	10(변질도로는 100)
처칠	100
케인즈	100

모택동	100
저우 언라이(周恩來)	10(100에 가깝다)
아인슈타인	100
폰 노이만(von Neumann : 미국의 수학자)	100
비틀스(그룹으로서)	100
레이건	10
서처	10
고르바초프	10(그 파괴적 능력으로는 100)
도요토미 히데요시	100
도쿠가와 이에야스	100

레벨 1의 사람도 8이나 9라면 레벨 10의 사람에 한없이 가까운 것처럼 보인다. 그러나 비록 9라 해도 레벨 1의 사람이 레벨 10의 사람을 앞지르는 일은 없다. 마찬가지로 레벨 90의 사람은 레벨 100의 사람을 웃돌 수 없다.

같은 레벨의 사람이라도 우열의 차이는 상당히 크다.

이와 함께 시대에 따라서 인간의 스케일이 작아졌다는 것은 부정할 수 없다. 20세기의 세계를 움직인 각국의 정치 지도자도 레벨 100의 인물은 손에 꼽을 정도밖에 없다. 그래도 세계의 주요 국가의 지도자로 선출되는 인물들의 대부분은 10 레벨에 있다. 그에 미치지도 않은 1 레벨의 인물이 수상에 취임하고 있는 나라는 일본 정도다.

사람은 자신의 능력이 어느 레벨에 있는가를 될 수 있는 한 빠른 단계에서 확인하는 것이 중요하다. 확인을 하지 못하고 자신의 능력을 과대 평가하여 실패한 것은 자신 때문이 아니라 세상 때문이라는 피해 망상에 빠져들게 되면 그 사람의 인생은 파멸하고 만다.

1 레벨의 사람은 자신의 능력 레벨을 알고(그것을 할 수 있는 것만으로도 대단한 결과가 나온다) 노력해서 능력을 9에 접근시키는 생활방식으로 살아가면 좋다. 9의 능력을 가지고 있으면 어느 곳에서나 최고의 자리에 설 수 있게 될 것이고, 세상에서 좋은 평가를 받는 일도 충분히 할 수 있다. 그 이상의 레벨에 속하는 사람, 예를 들면, 10 레벨의 사람은 1만 명에 한 명꼴도 안 된다. 100 레벨의 사람은 1억 명 가운데에 몇 사람이 안 된다. 따라서 그런 사람과 경쟁할 필요는 전혀 없다. 다만, 그와 같은 레벨의 인물도 있다는 것을 인정하고 경의를 표하는 것만 잊지 않으면 된다.

능력, 노력, 운

인생이라는 게임의 성적을 좌우하는 것은 능력과 노력과 운이다. 스포츠 경기에서도 마찬가지다. 그런데 그 능력, 노력, 운 가운데 결정적인 것은 어떤 것일까?

일본인들은 원칙으로서는 노력을 강조한다. "盡人事待天命"이라고 하는데, 그 '진인사' 라는 것이 노력에 해당된다. 최선을 다해 노력한 후 그 다음은 천명 다시 말해서 운에 맡긴다. 이것은 언뜻 보기에 떳떳한 태도처럼 보이지만 실제로는 노력에 의해서 운까지도 바꿔 놓으려고 애쓰는 경향이 있다. 또 남에게는 어디까지나 노력을 요구한다. 결과가 나빴을 때는 그것을 천명 때문이라고는 보지 않고 노력이 부족했던 탓이 아닌가 하고 분별 없이 비난한다. 예를 들어 운동시합에서 홈팀의 대표가 지면 응원하고 있던 사람들이나 관계자들 사이에서는 '칠칠치 못하다, 좀더 분발해야 한다, ○○ 때문에 졌다' 고 '능력에 관한 것' 을 왈가왈부하는 소리가 끊이지 않는다. 이렇게 하여 남의 실수는 오로지 노력이나 기력의 부족으로 돌린다. '잘 했다' 는 말을 듣기 위해서는 선수들은 어떻게든 '죽을 힘을 다하였다' 는 연기를 해야 한다.

그런데 자신의 일이 되면 인생의 게임에서 성공하고 못 하고의 여부는 주로 운에 따른다고 생각하고 싶어한다.

청년의 의식 조사에서도 미국인은 인생이라는 게임의 성공과 실패는 능력에 의해 결정된다고 생각하는데 일본인은 능력도 노력도 아닌 오로지 운에 의해 결정된다고 생각하는 것이다. 이러한 의식은 언뜻 보기에 수동적이며 될 대로 되라는 것처럼 보이지만 모든 것을 운 탓으로 해두면 제일 편하게 도망칠 수 있다는 것이다. 능력에 따라 승부가 정해진다고 생각하는 것은 괴로운 일이고, 노력에 달렸다고 한다면 실패한 경우에 노력 부족을 비난받게 되기 때문에 이것도 돌파구가 없다. 그리고 남의 성공에 대해서도 '운이 좋았을 뿐' 이라는 것으로 해두면 질투나 열등감을 억제하는 데 편리하다.

그런 이유 때문에 일본인은 능력이나 노력에 대해서는 뒤로 젖혀 두고 모든 것은 운에 달렸다고 생각하고 싶어한다. 그러나 노력 부족을 추궁받는 것은 싫어서 적당히 노력하는 것도 게을리 하지 않는다. 적어도 남에게 노력하고 있는 것처럼 보이도록 노력한다. 어떤 경우라도 능력을 들추어내는 것은 금물이다. 특히 남의 실패 원인이 그 사람의 능력 부족에 있다고 지적하는 것은 허용되지 않는다. '자네의 IQ로는 이 성적이 당연하지. 더 이상 분발해도 합격할 가망은 없네'라는 지적은 허용되지 않는다. 그리고 분발하면 된다는 일시적인 위로의 한마디라도 말해야 한다. 능력에는 타고난 우열 같은 것은 없다고 하는 말투가 일본인의 행동 문법인 것이다.

그러나 사람의 능력에는 분명히 차이가 있다.

능력이라고 말하지만 그것이 타고난 것인가 아니면 그 사람의 노력으로 형성된 자산과 같은 것인가. 후자는 능력도 노력으로 환원할 수 있다고 하는 노력 만능론의 입장인데 유감이지만 이 사고 방식에는 무리가 있다. 한 자릿수 레벨의 사람이 아무리 노력해도 그 능력을 8이나 9까지 높이는 것이 고작이며 두 자릿수 레벨의 사람, 세 자릿수 레벨의 사람을 앞지를 수는 없다. 능력의 레벨은 선천적으로 정해져 있다고 생각하는 것이 좋다. 그렇다면 능력도 운으로 환원되는 결과가 되지 않겠는가.

선천적인 능력은 유전자에 의해서 결정된다. 당신이 타고난 능력은 선조로부터 이어받은 유전자에 의해서 주어지고 있으며 그 유전자를 몇 대 거슬러 올라가서 변경할 수 없는 이상 능력도 결국은 운으로 귀착하는 것이다.

태어났을 때 그 사람의 능력의 큰 테두리는 정해져 있다. 한 자릿수의 사람인가, 두 자릿수의 사람인가, 또는 세 자릿수의 사람인가의 '초기 조건'은 이미 정해져 있다. 그러므로 이렇게 생각하면 오히려 마음이 편하지 않을까? 운명을 저주하고 몸부림쳐도 소용없다. 한 자릿수의 사람은 아무리 노력해도 두 자릿수, 세 자릿수로 될 수는 없다.

그런데 태어나서의 운은 또 다르다. '초기 조건'이라는 주어진 패가 좋고 나쁘고는 말하자면 '숙명'이지만 그 사람의 인생의 게임에서의 운, 다시 말해서 그 이후에 돌아올 패가 좋고 나쁘다는 의미에서의 운은 얼마든지 있다. 타고난 능력은 한 자릿수라도 운이 있는 사람은 때로는 두 자릿수의 사람을 능가하는 성공을 거두는 일도 있을 수 있다. 실제로 최근의 일본에서는 아무리 봐도 한 자릿수인 사람이 운 덕분에 수상까지 되고 있지 않은가.

또 이렇게 생각할 수도 있다. 남보다 배나 노력할 수 있다는 것도 능력의 일종이다. 그리고 그 노력할 수 있다고 하는 능력도 타고난 것이라고 한다면 그것 역시 운이 아닌가. 당신이 노력하는 사람인지의 여부 역시 당신에게 주어진 운인 것이다. 요컨대 능력도 노력도 모두 운으로 환원된다. 이렇게 하여 사람은 한 번은 철저한 운명주의자가 됨으로써 하나의 '깨달음'에 도달하는 것이 좋을 것 같다. 이 깨달음에서 출발하면 필요한 노력을 하는 것도 어렵지 않게 된다.

직업에 귀천이 있다

직업의 종류는 그야말로 무수히 많다. 도저히 열거할 수 없고 매일 새로운 일이 등장하고 그에 따라 새로운 직업이 등장하고 있다. 다른 한편에서는 옛날에 있던 직업의 대부분은 이미 소멸되고 그 직업을 가리키고 있던 이름도 지금은 사어

(死語)가 되어 있다.

일본에서는 직업의 이름에 일정한 '법칙'이 있어서 일의 성질이나 그에 대한 세상의 평가가 그 이름을 붙이는 방법에 스스로 나타나고 있다.

'○○ 집안'이라는 이름으로 불리는 것은 일반적으로 그 분야에서 실적을 올려서 '한 집안을 이루고 있다'고 할 수 있는 사람이 됨으로써 비로소 그렇게 불린다. 예를 들면, 이제 글을 쓰기 시작해서 원고 청탁도 별로 없고 생활도 유지하기 어려운 사람이 '작가'를 자칭하는 것은 약간 우습다. 이 경우는 '신인 작가'라든가 '갓 쓰기 시작한 작가'라고 단서를 붙일 필요가 있다. 물론 사람이 작가를 지향하는 것은 자유다. 대문호가 되고 싶다고 생각하는 것도 자유다.

이 가운데에서 정치가만은 '천업(천한 직업)' 가운데 제일 천업이기 때문에 다른 '○○ 집안'과는 이질성을 띤다는 의견이 있을지도 모른다. 그러나 그것은 지나친 생각이며, 일반적으로 세상의 평가에서는 정치가도 훌륭한 사람이라 말하고 있다. 그 증거로 정치가도 주위에서 '선생님'이라 불린다.

'○○ 집안'은 출판사, 기타 관련 업계의 사람들이나 일반인으로부터 '선생님'이라 불릴 만한 직업이다. '선생님'이라고 불리지 않는 사람들은 은행가, 실업가 등 비즈니스에 관계하고 있는 사람들이다.

'사(士), 관(官), 사(師), 부(夫), 부(婦)' 등이 붙는 직업은 각각 공통된 성격을 띤 것으로 이들의 호칭은 아무렇게나 붙어 있는 것이 아니다.

예를 들면, 사(師)가 붙는 직업은 대부분이 손을 사용하는 일로서 기능을 장기로 내세우고 있다. 의사, 기사, 미용사, 요리사 등이 모두 그렇다.

교사는 약간 성격을 달리하고 있으며, 이것은 손보다는 입을 사용하는 장사라고 할 수 있다.

아무튼 '○○사(師)'라는 이름의 직업은 대인 서비스를 일의 내용으로 하고 있다는 것을 이것으로 알 수 있다.

전후는 외래어를 사용하는 직업이 늘었다. 최근에는 그 경향이 가속화되어 국적을 알 수 없는 일본제 영어의 이름이 잇따라 등장하고 있다. 일의 내용은 다르지 않아도 외래어 직업명을 붙이면 왠지 한층 더 근사하다고 생각하는 모양이다.

전후(戰後)에 기업에서 일하는 여성을 여사무원이라고 불렀고, 비즈니스 걸(BG)이라고도 했지만 이윽고 오피스 레이디(OL)로 바뀌었다. '비즈니스 걸'이라고 하면 특수한 직업의 여성을 가리킨다고 생각되기 때문이겠지만 '레이디'를 사용하여 여성의 지위 격상을 꾀한 것이기도 하다. 그러나 옛날의 '청소부'에 해당되는 단어에까지 '클린 레이디'라는 등 '레이디'를 사용하는 감각에는 어이가 없다. 일하여 돈을 버는 여성은 아무리 생각해도 레이디는 아니다. 샐러리맨도 오피스 레이디도 일본제 영어이지만 미국에서는 남녀 구별 없이 '오피스 워커(office worker)'라고 한다. 요컨대 '노동자'에 속하지만 야외에서 육체 노동을 하는 노동자와는 달리 기업에서 사무계의 일을 하는 노동자가 이 오피스 워커다. 은행에서 일하는 오피스 워커가 '은행원'이며 은행원을 고용하여 일하게 하는 은행의 소유자, 경영자가 '은행가(은행장)'이다. 샐러리맨은 어디까지나 고용되어 일하는 노동자이지 '비즈니스맨'의 일종인 양 볼 수는 없다. 노동자나 샐러리맨을 활용하여 사업을 하는 사람이 비즈니스맨인 것이다.

직업 선택의 전략

표 1은 직업 선택에 따라 인생 설계의 큰 테두리가 어떻게 되는가를 나타낸 것이다. 그런데 사람은 어떻게 직업을 결정하는 것일까?

① 취업하지 않아도 하고 싶은 대로 살아갈 수 있기 때문에 직업은 갖지 않는다. 아니면 하고 싶은 것을 직업으로 삼는다.

19, 20세기의 프랑스의 저명한 작가, 시인들 가운데에는 돈을 벌지 않아도 될 부르주아지 출신이 많다. 문학은 본래 놀며 지낼 수 있는 인간이 좋아서 하는 일이며, 돈을 벌기 위한 직업은 아니라는 것이다. 일본에서도 시가 나오야를 비롯한 시라카바파(白樺

派)[1]의 세상 물정 모르는 작가에게는 이 타입이 있다.

② 태어났을 때부터 자신의 직업은 정해져 있다.

표 1. 직업 선택과 인생 설계

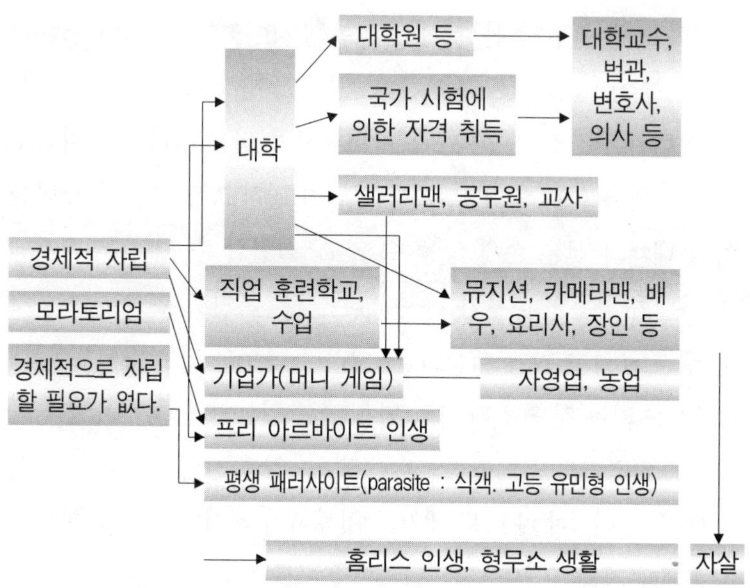

에도시대에 발달한 일본의 전통적 민중 연극의 하나인 가부키 배우의 세계에서는 이런 예가 많다. 철 들었을 때는 이미 아버지나 할아버지 밑에서 수업을 시작하고 있으며 가부키 배우 이외의 직업을 갖는다는 것은 처음부터 생각할 수조차 없는 것이다. 유럽형 계급 사회에서도 자신이 태어난 계급을 떠나서 자유롭게 산다는 것은 어렵기 때문에 직업 선택의 큰 테두리는 처음부터 정해져 있다. 장인의 자식은 장인이 되는 경우가 많고 농민의 자식은 농민이 된다. 그들이 변호사나 대학 교수가 되는 일은 거의 생각할 수 없다.

③ 어렸을 때부터 되고 싶었던 것이 된다. 하고 싶었던 일을 한다.

어렸을 때 우연히 본 것이나 경험한 것이 계기가 되어 어른이 되면 '○○이 되자, ○○을 하고 싶다'고 생각하고 정한 그 '꿈'을 실현하는 사람이 있다. 우주 비행사가 되고 싶다고 생각하고 그대로 된 사람도 있다. 뭔가를 강렬히 원하고 또 필요한 노력을 하면 대개의 것은 손에 넣을 수 있고, 실현할 수 있다. 샐러리맨의 자녀가 가부키 배우가 될 수 없는 것은 본인도 부모도 그런 것은 생각도 하지 않기 때문이다. 그러나 아무리 되고 싶어도 절대로 될 수 없는 것도 있다. 1억 명을 넘는 일본인 중에서 올림픽 육상 100m 경기의 금메달리스트가 될 수 있는 사람이 있다고는 생각할 수 없다. 이 새로운 세기의 첫해째에 태어나는 남자 아이들 가운데에 장래 요코즈나가 될 수 있는 사람이 한 사람 있을지 없을지 확실하지 않다. 그에 비하면 도쿄대학의 학생이 된다는 것, 의사나 변호사가 되는 것이라면 마음먹고 노력하면 실로 많은 사람들에게 그 가능성이 있다. '구하라 그러면 얻을 것이다'라는 것은 이 정도의 목표에 대해서 적용되는 것이다.

④ 주위의 누구나가 되는 것은 자신도 된다.

지금까지는 대부분의 사람들이 대학을 졸업하고 샐러리맨이 되었다. 때문에 자신도 남들처럼 샐러리맨이 된다는 것으로 이것은 ②의 경우와 비슷하다. 넓은 의미에서의 직업 선택의 문제는 처음부터 존재하지 않고 어떤 회사에 들어간다고 하는 선택만이 있다. 이런 시대는 종말을 고하려 하고 있지만 당분간은 '우선 샐러리맨'이라는 방침도 안 되는 것은 아니다.

그런데 ①~④의 어떤 항목에도 들지 않은 사람은 어른이 되기 전에 자신이 장래에 무엇이 될 것인가를 생각하고 어떤 직업을 택할 것인가를 정하게 된다. 그 직업 선택의 자세에는 다음의 ⑤~⑩과 같은 것이 있다.

⑤ 전문성이 있는 직업을 선택한다.

사회적 위치가 높고 수입도 높으며 자타가 모두 전문성이 있다고 생각하는 직업은 나름대로 짐작이 갈 것이다. 다만 그 직업에 취업할 수 있을 만한 능력이 당신에게 있는지 없는지는 당신 자신이 판단하여야 한다.

연예인이나 스포츠 선수로 성공하여 '유명인'이 되어 일본의 '상류 사회'에 들어가는 것이 여기에 속한다고 볼 수 있다. 그렇게 되면 전문 직업이 무엇인가는 아무래도 상관없게 되고 '유명인'이라는 것이 직업이 된다. 유명세가 떨어지지 않기 위해서는 가끔 스캔들도 일으켜야 한다.

⑥ 고수입의 직업을 선택한다.

목표로 하는 것이 고수입이라면 '우선 샐러리맨'이라는 방침으로는 안 된다. 작가 · 화가 · 사진작가 · 건축가 등 '가'가 붙든가 변호사 · 공인회계사 등 '사'가 붙든가, 의사와 같은 국가 자격이라는 공급 제한에 의해서 고수입이 보장되어 있는 직업을 지향해야 한다. 물론 ⑤와 같이 전문성이 있는 직업을 선택해도 고수입은 얻을 수 있지만 당신 자신이 볼품 있을지 그것이 문제다. 전문적인 일은 전문가가 하게 되어 있는 것이다.

⑦ 돈벌이를 하고 싶다.

당신은 빌 게이트나 손정의처럼 되고 싶다는 것이다. 이만큼 확실한 목표가 있고 여기에 집중하면 자산 13자리(1조 엔)의 '조 부호'는 무리라 해도 10자리(10억 엔) 정도의 부자는 될 수 있을지도 모른다. 아무튼 당신은 기업가나 투자가가 되어 머니 게임이라는 도박의 세계에 나아가게 된다. 실패하면 장절하거나 비참한 죽음이 기다리고 있을지도 모르지만 일확천금의 세계란 그런 것이다.

⑧ 사회 봉사형의 일이나 운동을 하고 싶다.

재해나 예기치 못했던 사고가 있을 때 수시로 현지에 가서 자원봉사를 하고 싶다면 당신은 프리 아르바이트의 상태로 있을 수밖에 없다. 환경 보호 단체 같은 곳으로 들어가 활동하는 방법도 있다. 종교 단체 안에도 사회 봉사형의 활동을 하고 있는 사람이 있다. 난민 구호 활동 등 국제적인 규모로 일을 하려면 국제연맹의 직원이 되는 길도 있다.

생각해 보면 정부가 하고 있는 일은 '퍼블릭 서비스'이며 공무원은 '공복'으로서 국민에게 봉사하는 것이 일이다. 이것을 믿을 수 있는 사람은 공무원이 되면 된다. 그러나 자신의 일을 국민에 대한 봉사라고 믿고 있는 공무원이 얼마나 있을까. 중앙 관청의 관료 등은 자신들이 봉사자라고는 생각하고 있지 않다. 나라를 움직이는 엘리트이며 국민이나 기업을 지도하는 입장에 있다고 생각하고 있다. 그들은 국가라는 추상물에 봉사하고 있는 것이지 국민이라는 구체적인 존재에 봉사하고 있는 것은 아니라고 하는

'엘리트 의식'을 가지면서 결과적으로는 특정한 그룹을 위해 남의 돈(세금)을 사용하여 이익을 뿌린다고 하는 '봉사 활동'을 하고 있는 것이다. 이런 현실과 의식의 괴리를 깨닫고, 가소롭기 짝이 없다고 생각하는 사람은 공무원이 되지 않는 것이 좋다.

⑨ 사람들을 지배하는 일을 하고 싶다.

당신은 정치가나 종교가(교조)가 되고 싶다는 것이다. 그렇게 생각한다면 당신은 남보다 훨씬 강렬한 지배욕을 가지고 있을 것이다. 그러므로 그 지배욕에 사로잡혀 매진해 가면 당신은 정치가나 종교가가 될 수 있다.

⑩ 정해진 직업을 갖지 않는다.

이른바 정직을 갖지 않고 그때 그때 아르바이트로 벌어서 살아갈 수도 있다. 1990년대에 확립된 이 프리 아르바이트는 지금은 그런 이름의 직업이 되어 있다. 다만 프리 아르바이트는 처음부터 목표로서 지향해야 할 직업이라고는 보지 않는다. 단순한 서비스 노동이기 때문에 연공 서열의 혜택은커녕 나이가 들면서 임금 면에서도 취업 기회 면에서도 불리하게 되는 것은 피할 수 없다. 따라서 프리 아르바이트를 직업으로 하고 결혼해서 자식을 낳고 내 집을 갖는다는 인생 설계를 세우기는 어렵다.

실제로는 직업 선택이라 해도 다양한 직업의 종류 속에서 자신에게 가장 유리한 것이나 최적한 것을 선택하고 있는 것은 아니다. 당신이 찾을 수 있는 직업은 우연히 당신이 알고 있는 몇 가지 직업에 한정되어 있고 그 가운데 어느 하나가 자신에게 제일 맞는가 하는 것도 해보지 않고서는 잘 알 수 없다. 그래서 실제 선택은 다음과 같이 행해진다.

① 하고 싶지 않은 것은 하지 않는다. 예를 들면, 대부분의 사람들은 도둑질을 하고 싶다고는 생각하지 않는다.

② 감히 할 수 없을 것 같은 것은 하지 않는다. 예를 들면, 야구 선수라도 대부분은 진심으로 메이저 리그 등의 선수가 되려고는 생각하지 않을 것이고 대부분의 사람들은 자신의 학력을 생각하여 어느 시기부터 의사나 변호사 또는 외교관이 될 것을 생각지 않게 된다.

③ 할 수 있을 것 같은 것을 선택한다. 그러나 그것은 무수히 많아서 실제로는 잘 모르지만 많은 사람들이 하고 있는 일이라면 자신도 할 수 있을 것이라고 판단할 수 있다. 대개의 사람들이 샐러리맨이 되어 있기 때문에 자신도 '우선 샐러리맨이 되자' 하고 생각하는 것이다. 다만 사람은 할 수 있을 것처럼 생각될 뿐만 아니라 실제로 잘 할 수 있는 일을 찾고 있다. 주저하는 것은 그 때문이다. 다시 말해서 어떤 일이든 '앞으로 잘 할 수 있다'라는 자신감을 쉽게 가질 수 없는 것이다.

여성에게 맞는 직업, 맞지 않는 직업

영국의 여류 대작가인 P. D. 제임스의 『여자에게는 맞지 않는 직업 *An Unsuitable Job a Woman*』이라는 소설이 있다. 여기서 여자에게는 맞지 않는다고 하는 것은 사립탐정의 일이다. P. D. 제임스는 이 소설에서 아가사 크리스티의 미스 매플과 같은 아마추어 탐정이 아닌 프로 탐정을 처음으로 탄생시켰다. 그 후 미스터리 소설에서는 계속해서 여성 사립탐정이 등장하여 활약하게 되었다. 수 그래프턴의 킨지 밀혼이나 사라 팔레츠키의 V. I. 워쇼스키는 성공하고 있는 하드 보일드(hard boiled)[2] 형의 여성 탐정이다. 일본에서는 기리노 나츠오[3]의 『천사에게 버려진 밤』에서 여성 탐정 무라노 미로가 개업하고 있다.

이 직업이 여성에게 맞지 않는다고 생각하는 이유는 범죄에 관계된 조사이기 때문에 위험도가 높고, 사람들이 감추고 싶어하는 것을 물어서 알아내야 하는 인간으로서도 불쾌도가 높은 일이라는 것, 안정된 수요가 있는 것이 아니어서 수입도 불안정하다는 것, 그리고 일이 힘들다는 것, 요컨대 남자로서도 '3K'의 대표가 될 것 같은 일이기 때문에 여성에게는 거의 맞지 않는다는 것이다. 그러나 탐정의 일이 여성에게 맞는 일면도 있다. 여성은 남성에 비해서 붙임성이 있고 말이 유창한데다가 쓸데없는 경계심이나 반발을 부추기는 일이 적기 때문에 남에게서 이야기를 유도해내는 데에는 맞는다. 끈기가 필요한 자료 조사, 서류 조사 등에도 맞는다.

미국의 여성 하드 보일드 탐정처럼 권총을 가지고 다니는 활약을 기대하는 것이 아니라면 개인 정보 탐색 비즈니스로서의 사립탐정은 오히려 여성에게 맞는 일일지도 모른다.

오늘날에는 절대적으로 여성에게 맞는 직업이나 여성에게 맞지 않는 직업이 분명하게 확립되어 있는 것은 아니다. 특별하게 체력이 필요한 일이나 위험한 일 등을 제외하고 전통적으로 남자의 일이라고 생각하고 있던 것이라도 여성이 해서 안 될 것은 거의 없기 때문에 지금은 대부분의 분야에 여성이 진출하고 있다.

판사, 검사, 변호사, 의사, 공인 회계사 등의 고급 전문직으로 여성이 진출할 수 있는 여지가 많이 남아 있다. 이 직업들은 시험에 의해서 자격이 부여되는 직업이기 때문에 장래에 여성이 이 분야에서 차지하는 비율이 50%를 넘었다 해도 놀랄 필요는 없다.

또한 옛날에는 남성밖에 하지 않았던 스포츠의 대부분을 지금은 여성도 하는 시대가 되어 있다. 다만, 스포츠의 세계에서는 남녀가 같은 게임에 함께 참가하여 경쟁하지 않는 것을 규칙으로 하고 있다. 남성은 남성을, 여성은 여성을 상대로 하여 경쟁하게 되어 있기 때문에 어떤 스포츠에나 여성이 진출할 수 있는 것이다.

1) **시라카바파**(白樺派) : 1910년대에 문예 잡지 『시라카바』를 중심으로 활약한 인도주의적 작가의 한 파

2) **하드 보일드(hard boiled)** : 제1차 세계대전 후 미국 문학에 나타난 창작태도. 현실의 냉혹함, 비정함을 정서 표현을 억제한 간결한 문체로 묘사해 나가려고 한다.

3) **기리노 나츠오** : 나오키 상 수상작가. 『OUT』, 『부드러운 볼』이 번역 출판되었다.

4

출세와 돈벌이

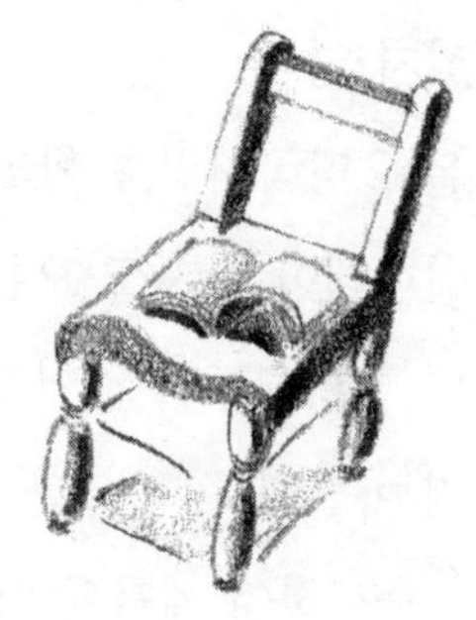

출세의 경제학

출세하는 것은 세상에 나가는 것, 많은 사람들에게 이름이 알려지는 존재가 되는 것이다. 예를 들면, 높은 지위에 오르거나 세상이 놀랄 만한 업적을 올리거나 큰 부자가 되는 것 이외에 사람들이 몹시 놀라는 나쁜 짓을 하여도 유명해진다. 다만, 이 경우의 '유명한'은 '악명 높다'는 뜻이다.

훌륭한 인물이 되는 것이 세상에 이름이 알려지는 것이라면 그 높은 지위나 지명도는 한정된 사람들일 수밖에 없다.

영국처럼 귀족 계급이 있는 사회에서는 명문 귀족의 출신인 사람은 그만큼 세상에 이름이 알려진 유명한 사람이며, 그런 의미에서 훌륭한 사람이다.

왕정을 인정하는 국가의 여성이라면 누구나 왕비나 황후가 되는 길이 열려 있다. 한편 영국처럼 여왕을 인정하는 제도 아래에서는 남성이라면 누구나 '여왕의 남편'이 되는 길도 열려 있다.

그러나 일본의 남성에게는 '여성 천황의 남편'이 되는 길은 열려 있지 않다. 이런 점에서 불리한 입장에 놓여 있는 남성을 위해 일본도 영국처럼 천황의 아내 또는 남편에 관한 '남녀 기회 균등'을 실현해야 할지도 모른다. 황위를 계승해야 하는 왕세자가 없어지면 천황제도가 없어질 위험을 피하기 위해서도 그 편이 합리적이지 아닐까.

출세하여 예를 들어 기업의 최고 경영자가 되는 것은 힘든 육체노동(labor)이나 장인의 일, 제작(work) 등 다른 종류의 공적 성질을 갖는 활동(action)을 자신의 일로서 살아갈 수 있다는 것을 의미한다. 한나 아렌트에 의하면 그리스인이 최상위에 두었던 것이 이 활동이었다.

기업의 최고 경영자(CEO)는 리더로서 많은 사람들을 움직인다. 또 그렇게 하기 위해서 자신의 권한으로 의사 결정을 할 수 있다. 또한 일상생활은 같은 레벨에 있는 재계나 정계, 관계의 중요 인물들과의 교섭이나 정보 교환, 친목, 사교라는 '활동'으로 이루어져 있다. 이와 같은 '활동'에 종사하는 사람들이 '유명인'이며 훌륭한 사람이다.

그런데 보통 사람은 우선 회사 안에서 높은 사람(훌륭한 사람)이 되어야 한다. 회사는 '사다리' 구조로 되어 있다. 현기증이 날 정도로 높고 계단이 많은 '접사다리'와 같은 구조로 되어 있는 경우도 있다. 그 꼭대기까지 올라가는 것은 쉽지 않고 대부분의 사람들에게는 처음부터 그 기회가 없거나 있다 해도 동기나 라이벌들을 모두 이기고 제1인자가 되는 구조로 되어 있다.

업적을 올리기만 하면 CEO의 자리까지 올라갈 수 있다고 생각해서는 안 된다. 업적은 대부분의 경우, 필요 조건은 되지만 충분 조건은 아니다. 다시 말해서 업적만 있으면 자동적으로 출세한다는 것은 아니다. 업적이란 다른 사람의 평가이지 자신이 자신을 평가한 것은 아니다. 아무리 애를 써서 일을 했다고 해도 남이 평가해 주지 않는다면 그것은 업적이 될 수 없다. 업적을 올리는 것 자체가 자신의 노력만으로 될 수 있는 것이 아니다.

그런 의미에서 본다면 회사 안에서의 경쟁은 오로지 재능과 운이 함께 있어야 하는 시장에서의 경쟁과는 차원을 달리 하고 있다. 조직 속에서 순조롭게 출세하려면 그 밖의 넓은 시장에서의 성공의 발판인 능력과 별개의 '저급한' 능력도 필요하다. 예를 들면, 높은 사람에게 아첨하고 주위 사람을 배려하고, 경쟁자를 곤경에 빠뜨리는 기술, '모난 돌'이 되지 않는 요령, 이미지 만들기에 뛰어나야 한다는 것 등이다. 다시 말해서 조직 속에서 성공하려면 거기에 있는 사람들과 잘 어울리는 것이 무엇보다도 중요한 것이다.

타인과 교제하기 위한 전략

타인과 교제하기 위해서는 잘 어울리든, 잘 어울리지 못하든 자신의 전략이라는 것이 필요하다. 그 전략에는 다음 6가지 패턴이 있다.

① 기브 앤드 테이크를 기본으로 한다.

② 일방적으로 타인을 이용한다.

③ 일방적으로 타인에게 이용당한다.

④ 타인을 지배한다.

⑤ 타인에게 지배당한다.

⑥ 타인을 이용하지 않고, 이용당하지 않고, 지배하지 않고, 지배당하지 않고 타인과 관계하지 않고 살아간다.

이 중에서도 가장 기본적인 것은 ①이다. 이것은 언제까지나 또 어디에 가도 통용되는 것으로 시장의 거래 관계에서 친구 관계, 남녀 관계, 부부 관계에 이르기까지 기브 앤드 테이크를 기본으로 하지 않는 한 정상적인 인간 관계는 성립되지 않는다. ②는 예외적으로 나타나는 전략이다. ③의 관계는 누구나 거절하고 싶다.

조직에서는 상하 관계가 있기 때문에 ④, ⑤의 관계가 중요해진다. 당신은 조직 속의 지위에 따라서 일정한 권력을 가지고 아랫사람을 지배하고 또 윗사람에게 지배당한다.

⑥은 ①~⑤를 모든 일마다 부정하고 타인과의 관계를 갖지 않는 것을 기본으로 하는 것이지만 물론 이것만으로는 살아갈 수 없다. ①과 ⑥을 합친 것이 '시장에서만 사는 개인주의자'의 기본 전략이 된다.

회사와 같은 조직 속에서는 항상 ①을 원칙으로 하고 기회가 있으면 ②를 활용하고 ③을 피해서(다만, 상대에게 이용당하는 척하면서 이쪽이 이익을 얻는 고등 전술도 있다) 윗사람에 대해서는 ⑤를 잘 적용하여 최종적으로는 ④를 실현하는 것이 '성공 법칙'이다. 당신이 자신에 대해 생각하고 이런 고도의 복잡하고 그러나 어떤 의미에서는 '저급한' 인간끼리의 게임은 용납 못 하며 조직 속의 사람들과 잘 어울릴 수 있을 것 같지 않다고 생각한다면 당신은 취직보다는 혼자서 살아갈 수 있는 일을 하여 살아갈 것을 생각해야 할 것이다.

출세와 성공에 관한 Q&A

Q 관리(공무원)가 되고 싶은데 주의해야 할 일을 가르쳐 주세요.

A 그렇다면 스에히로 이즈타로[1]의 「관리학 3개조」를 읽어보십시오. 이것은 지금도 그대로 통용됩니다. 그 3개조는 다음 세 가지입니다.

제1조, 일반적으로 관리(공무원)가 되려는 사람은 모든 일에 대해 될 수 있는 한 넓고 또 얕은 이해를 하는 데 노력해야 할 것이며, 특수사항에 특별한 흥미를 가지고 주의를 집중하는 것처럼 무사할 것을 요한다.

제2조, 일반적으로 관리가 되려는 사람은 법규를 핑계삼아 형식적 이론을 말하는 기술을 습득할 것을 요한다.

제3조, 일반적으로 관리가 되려는 사람은 평소부터 세력 범위를 고수하여 남의 간섭이나 개입을 받아들이지 않는 완고한 기질의 함양에 노력할 것을 요한다.

Q 뭔가 냉소적이군요.

A 사실의 관찰에 의거한 교훈은 싫어도 신랄한 것이 됩니다. 그런데 이 제1조는 전세기의 샐러리맨에게도 준용할 수 있었습니다. 아무튼 여러 가지 일을 경험하면서 연공서열에서

승진해 가는 조직 속에서는 전문가가 되어서는 안 됩니다. 제2조는 법률을 핑계삼아 당치 않은 이유를 내세우는 달인이 되라는 것인데 이 제2조의 '계(系)'로서 나오는 것은 '무슨 일에도 우선 선례에 따라야 한다'는 것입니다. 선례는 관리가 일을 하기 위한 매뉴얼일 뿐만 아니라 관공서의 존속을 유지하는 유전 정보이기도 합니다. 선례를 될 수 있는 한 정확하게 따라함으로써 관공서라는 조직은 성립되어 있는 것입니다. 선례를 의심하여 좀더 좋은 방법이 있는 것은 아닐까 하고 생각을 하는 것은 안 됩니다. '수구(守舊)'야말로 관리의 본분이라는 것을 잊지 말아야 할 것입니다.

Q 앞으로는 관료도 국민의 입장에 서서 창조적인 일을 해야 한다고 하는데요?

A 그런 말을 당신 자신이 진정으로 받아들여서는 안 됩니다. 분명히 고도 성장기에는 사용할 수 있는 돈이 해마다 늘어나기 때문에 관료들도 국민들을 위한 것이라고 칭하고 여러 가지 새로운 일을 만들 수 있었습니다. 이것을 창조적인 일이라고 생각해서는 안 됩니다. 마치 부잣집 아들의 심심풀이에 불과합니다. 그런데 좋지 않은 것은 관료가 심심풀이로 만든 일이나 제도가 그대로 영속되고 있습니다. 복지 국가의 여러 가지 제도를 비롯하여 관료가 창조적인 일이라 생각하여 만든 것이 지금 돈만 드는 무용지물이 되어 국민의 부담이 되고 있습니다.

Q 하지만 관료가 공복이라고 하는 본래의 모습으로 되돌아가는 것은 필요하겠죠?

A 분명히 일선 관리는 서비스업입니다. 다만, 손님이 아무리 줄 지어 있어도 내가 일하는 속도로 일을 하면 된다고 하는 특별한 서비스업입니다. 아무튼 '매상'과는 관계 없는 일이어서 관리는 편한 직업이었습니다. 이것이 민간의 서비스업과는 근본적으로 다릅니다. 그러나 유감스럽게도 최근에 와서는 국빈늘이 서비스를 불평하게 되었습니다. 그래서 이제는 일선 관리들이 국민들에게 고개를 숙이는 입장이 되었습니다.

만약 그것이 싫다면 당신은 빨리 출세하여 엘리트 관료가 되는 것입니다.

Q 꼭 되고 싶습니다.

A 그렇게 하기 위해서 주의해야 할 것이 바로「관리학 3개조」입니다. 물론 그것만으로는 충분하지 않습니다. 엘리트 관료가 되려면 무엇보다도 자신이 엘리트라는 강렬한 의식을 가져야 합니다. '우리들은 현명하고 훌륭하다. 우리들 이외의 사람은 모두 어리석고 훌륭하지 못하다'는 절대적인 신념을 가져야 하고, 이런 신념을 굳히기 위해서는 종교 수행과도 같은 정진을 매일 해야 합니다. 엘리트 관료는 그런 수행을 거듭하여 훌륭하게 되어 가는 것입니다.

Q 그렇군요. 훌륭한 수행입니다.

A 그러니까 관료가 되는 이상 출세를 하지 않으면 안 됩니다.

Q 용기가 생겼습니다. 열심히 하겠습니다.

A 또 앞에서 말한 3개조에 더해서 1개조가 더 있습니다. 관료

는 '국민을 위정자의 방침에 따르게 할 수는 있지만 전 국민에게 시정의 방침을 이해시키는 것은 어렵다'고 하는 지혜에 의해서 그 힘을 유지하고 있습니다. 자기들만 알고 있는 것이 중요하며 그것을 국민에게 알릴 필요는 전혀 없다. 또 국민은 어리석으므로 설명해도 모른다는 것이 공자가 한 말의 속뜻입니다.

걸핏하면 정보 공개를 요구해 오지만 어차피 상대는 잘 모르는 것이고 분석도 할 수 없으니 어려운 정보를 많이 제공해 어리둥절하게 하는 것이 현명합니다. 그렇게 하기 위해서는 당신도 관청의 용어와 문체를 빨리 배워야 합니다. 자세한 것은 다케우치 야스오의 『일본인다움이란 무엇인가』를 읽어주기 바랍니다. 거기에 당신에게 도움이 되는 정보는 전부 공개되어 있습니다.

Q 제게 샐러리맨 3개조를 가르쳐 주십시오.

A 제1조, 관리의 3개조의 제1조를 준용할 수 있을 것.

제2조, 싫은 일도 아무렇지 않은 얼굴로 할 것.

제3조, 남의 미움을 사지 않고 항상 두드러질 것.

제1조는 아시겠죠. 회사에서는 남이 할 수 없는 특기를 가지고 있으면 진중하게 여겨서 그것만 하고 있는 사이에 출세의 길에서 벗어나게 됩니다. 창도 없는 특별실에 갇혀 버립니다.

Q 하지만 앞으로는 전문가의 시대잖습니까?

A 그렇게들 말하고 있지만 그것은 정확하지 않습니다. 높은 보수를 주면서 요구하는 것은 특별히 우수한 경영 능력입니

다. 전국시대로 말하면 확대 노선을 달릴 수 있는 무장의 능력이지 검객의 특수 능력은 아닙니다. 무예가 뛰어난 무사라면 어떤 주인도 섬길 수 있다는 사고 방식을 가지고 있지만 그 무예를 가진 사람을 활용하는 무장 쪽이 훌륭한 것입니다.

Q 미움 받는 일은 구체적으로 어떤 것입니까?

A 번거로운 인간 관계의 처리를 포함한 갈등의 해결입니다. 누구나 싫어하고 있는, 될 수 있으면 하고 싶지 않은 일들 말입니다. 이것을 잘 정리하려면 높은 성숙도가 필요합니다. 그리고 이 일을 할 수 있으면 귀찮은 교섭이나 설득, 해명, 사죄, 기타 대부분의 일은 할 수 있습니다.

Q 사죄말입니까? 그건 싫은 일이군요.

A 앞으로는 사죄의 시대입니다. 텔레비전 카메라 앞에서 사죄하거나 폐를 끼친 사람이나 화내고 있는 사람에게 사과하는 일이 많아집니다. 그러므로 이 일을 능숙하게 해내지 않으면 안 됩니다. 위기 관리, 리스크 관리, 말 때문에 생긴 사고 처리를 위해 매스컴이나 관계자에게 잘 대처할 수 있지 않으면 안 됩니다. 훌륭한 사죄 퍼포먼스를 할 수 있다는 것은 톱이 되기 위한 조건의 하나입니다.

Q 최근에는 그런 대단한 위치의 톱은 되고 싶지 않다, 출세 같은 것은 하지 않아도 좋으니 편하게 일하고 싶다는 사람들이 늘고 있습니다.

A 그런 사람도 제2조는 없어서는 안 됩니다. 싫은 일을 하고 싶지 않다는 사람은 맨 먼저 정리 해고됩니다. 일반적으로

조직에는 사규 등의 원칙이라는 것이 있어서 조직에 저항감을 가져서 쉽게 상대할 수 없는 사람은 미움을 받습니다. 무엇을 부탁해도 명령해도 쉽게 들어 주는 사람이 진중하다는 말을 듣습니다. 다만, 능력이 있고 자신이 있기 때문에 대개의 것은 태연하게 받아들인다는 정도가 아니면 안 됩니다.

Q 결국 능력의 문제라는 거군요.

A 당연한 말입니다. 오랜 세월에 걸쳐 사다리 오르기 경쟁을 시켜서 능력의 순위를 결정하는 것이 회사라는 존재입니다.

Q 요컨대 사람들이 싫어하는 일을 솔선해서 하면 된다는 겁니까?

A 아니죠. 누구나 싫어하는 일을 자처해서 하는 것은 손해입니다. 강요에 못 이겨 하는 것은 바보입니다. 당신은 '표면에 나타나지 않고 그늘에서 일하는 사람' 취급을 당해 버립니다. 싫은 일, 어려운 일을 하지 않을 수 없을 때는 태연하게 또 훌륭하게 처리하는 것입니다. 그럼으로써 당신은 사람들에게 존경받고 미움 받지 않으며 두각을 나타낼 수 있는 것입니다.

Q 지극히 어려운 일이군요.

A 모든 것은 평소의 각오와 수련에 달렸습니다.

Q 뭔가 수행의 길에 들어선 것 같은 식이군요.

A 조직 속에서 한 걸음 한 걸음 계단을 올라가는 것이 바로 수행입니다. 그 수행의 성과가 큰 사람부터 차례대로 중역이 되는 것입니다. 사장이 된다는 것은 그 수행의 성과가 가장 뛰어나다는 증명입니다.

Q 그래서 훌륭하군요.

A 당장은 그 회사에서는 그렇겠죠. 그러나 그 훌륭한 것은 그가 유능한 경영자임을 증명하는 것은 아닙니다. 그 회사라는 우물 속에서 톱의 개구리일 뿐입니다. 우물 밖에는 시장이라는 넓은 바다가 있습니다. 넓은 바다에서 증명된 능력의 소유자라면 어떤 우물에 가더라도 톱의 개구리로서 군림할 수 있습니다. 미국에서는 그렇게 되어 있습니다.

Q 제3조는 '모난 돌이 정 맞는다' 는 것입니까?

A 제3조의 취지는 '돌은 모가 나서 나오지 않으면 얘기가 안 된다. 그러나 맞아서는 안 된다' 는 것입니다. 맞아도 움츠러들지 않을 정도로 강해지라고 말하고 싶지만 이것은 무리입니다. 가볍게 떠 있는 풍선들 속에서 자신만은 언제나 위에 머리를 내놓고 있다는 느낌으로 상승해 가는 것이 중요합니다. 파킨슨은 이것을 '경박의 법칙' 이라고 부르고 있습니다. 이와 반대되는 것은 '중력의 법칙' 입니다. 이것은 중력으로 인해 스스로 가라앉아 버리는 경향입니다. 알겠습니까?

Q 잘 모르겠습니다.

A '경박의 법칙' 에서 잘 해 나갈 수 있을지 어떨지는 결국 그 사람의 능력과 성격에 달려 있습니다.

Q 일본에서는 오히려 두드러지지 않는 곳에서 부지런히 노력하여 타인을 뒷받침해 주고 있는 사람이 최후에는 톱이 되는 것으로 생각되는데…….

A 그렇게 믿고 있는 사람들이 많을수록 출세의 가도를 달려가는 사람으로서는 고마운 일입니다. 주위 사람들이 이 사람

을 뒷받침해주고 있으니까요. 당신은 어느 쪽이 될 생각인지 잘 생각해 볼 필요가 있습니다.

〈참고 서적〉 N. C. 파킨슨 : 『파킨슨의 성공 법칙』

＊　＊　＊

Q 작가가 되고 싶은데 성공 3개조를 가르쳐 주십시오.

A 간단합니다.

제1조, 좋은 작품을 쓸 것.

제2조, 잘 팔리는 작품을 쓸 것.

제3조, 병이나 부상으로 쓰러지지 말 것.

Q 너무 당연한 말이라 전혀 참고가 되지 않습니다. 그건 성공하기 위한 노하우라기보다 성공하는 작가의 정의와 같은 게 아닙니까?

A 맞는 말입니다. 좋은 작품을 쓸 것인가, 잘 팔리는 작품을 쓸 것인가를 목표로 어느 한쪽 또는 드물지만 양쪽을 모두 달성할 수 있으면 작가로서 성공한 셈이 됩니다. 그러나 두 마리 토끼를 쫓을 필요는 없습니다. 한 마리 토끼를 얻으면 더할 나위 없다고 해야 할 것입니다.

Q 좋은 작품과 잘 팔리는 작품과는 별개라는 말이군요. 잘 팔릴지 어떨지는 시장에서 정해지는 문제입니다. 하지만 좋은 작품이란 어떤 것입니까? 누가 정하는 겁니까?

A 내가 정합니다.

Q ……?

A 그래서 시장의 결론과는 다릅니다.

Q 그것은 그렇다치고 그럼 잘 팔리는 작품을 쓰려면 어떻게 하면 됩니까?

A 팔리는 상품을 잘 연구해 보십시오. 소비자가 재미있다, 읽기 쉽다고 환영하는 것은 어떤 소설인가, 이것을 아는 것이 우선입니다. 무슨 일이 있어도 좋은 작품을 쓰겠다고 욕심을 부리면 안 됩니다.

Q 그렇다면 좋은 작품을 쓰려면 어떻게 하면 됩니까?

A 작가에게 그런 질문을 하면 큰일을 당합니다. 팔리기만 하면 된다고 하는 작가는 별개지만 대부분의 작가들은 밤낮으로 좋은 작품을 쓰고 싶다, 써야 한다는 목표만 있고 실제로는 어떻게 하면 좋을지 몰라서 괴로운 나머지 쓰고 있는 것입니다.

Q 왜 좋은 작품을 쓸 수 없는 것입니까?

A 어떤 것이 좋은 작품인지 모르고 있습니다. 모르면 쓸 도리가 없습니다. 간혹 알고 있는 사람이 있지만 그 사람은 작품을 쓸 만한 재능이 없고…….

Q 어려운 문제군요. 그렇다면 좋은 작품을 쓰는 것과 팔리는 작품을 쓰는 것 가운데 어느 쪽이 어려울까요?

A 좋은 작품을 쓸 수 있을지 어떨지는 자신의 재능 문제입니다. 거기다 창의성과 노력도 필요합니다. 그러나 좋은 작품이 잘 팔린다고는 할 수 없습니다. 잘 팔릴지 어떨지는 별개 문제로 시장의 사정에 달렸습니다.

Q 좋은 작품을 써서 나오키 상도 타고 그것을 발판으로 팔리는 작가가 되고 싶은데요.

A 그만큼 목표가 확고하다는 것은 좋은 일입니다. 조금은 그
것에 다가갈 수 있을 것입니다.

Q 그렇게 하기 위해서 대학도 그만두고 작가 수업에 전념할까 하
고 생각중입니다. 모든 것이 배수의 진을 치고 임해야 합니다.

A 왜 배수의 진이라고 하는지 아십니까? 아무 대책도 없이 그
저 죽을 힘을 다해서 하면 활로가 열리겠지 해서는 '필승'
이 아니라 '필패(必敗)'의 태세가 될 뿐입니다. 보아하니 당
신은 천재도 아닌 것 같은데, 앞으로 제대로 배운 것도 없이
프리 아르바이트라도 하면서 해외를 돌아다니면서 체험한
이야기를 자료로 소설을 쓴다 해도 성공은 미덥지 않을 겁
니다. 현재의 위치에서 장기적인 계획을 세워서 공부하는
것이 좋습니다. 공자가 '30에 이립'이라고 말한 것은 프로
로서 그 길을 갈 수 있는 확신을 가질 수 있게 되었다는 것
입니다. 당신도 그렇게 되고 나서 전문 작가가 되면 됩니다.
대장성을 그만둔 미시마 유키오처럼 현명한 사람은 그렇게
합니다. 물론 모리 오가이처럼 관리로 있으면서 겸업 작가
를 계속해도 좋습니다.

Q 겸업 작가라는 것이 가능할까요?

A 가능합니다. 옛날부터 대학 교수이면서 소설을 쓰고 있던
사람은 많이 있고, 주부이면서 작가인 사람도 많이 있습니
다. 그러나 뭐니해도 사상 최대의 겸업 작가는 모리 오가이
입니다. 미시마 유키오도 모리 오가이의 흉내는 내지 못했
습니다. 일반적으로 주부 작가 이외의 겸업 작가로서 글을
쓰려면 능력이 매우 뛰어나야 합니다.

Q   모든 것이 결국은 능력의 문제가 된다는 거군요.

A   당연하죠. 능력을 제외시키고 3개조 같은 것은 찾아봐도 무의미하다고 생각하면 됩니다.

＊　＊　＊

Q   정치가가 되고 싶은데요.

A   그래요. 정치가가 되고 싶은 분이 이런 곳에 상담하러 온다면 곤란한데요. 당신의 최종 목표는 뭡니까?

Q   부끄럽지만 수상이 되는 겁니다.

A   뜻은 훌륭합니다. 큰 뜻이라고 말할 수 있군요. "Boys, be ambitious!"라고 말한 클라크 박사도 기뻐할 것입니다. 옛날의 남자아이들은 장차 수상, 대장이 된다고 하면 칭찬을 들었습니다. 지금은 수상이 되겠다고 장래 희망을 말하는 아이는 한 사람도 없습니다. 씁쓸한 일입니다. 그래, 당신은 어떤 계획을 갖고 있습니까?

Q   오늘은 그것을 묻고 싶어서 왔습니다.

A   좋습니다. 어차피 허왕된 얘기니까 나도 허풍을 떨어봅시다. 그런데 당신은 긴요한 것을 가지고 있습니까?

Q   무슨 말씀입니까?

A   '3반' 말입니다. 정치가 요컨대 국회의원이 되려면 세 가지가 필요합니다. 옛날부터 말하고 있는 '3반'이란 건 알고 있겠죠?

Q   부끄럽지만 상세한 것은…….

A   설명하는 나도 약간 부끄럽지만 '지반, 간판, 가방'을 말하

는 겁니다.

Q 지반은 알지만…….

A 간판은 당신의 유명세를 말합니다. 예를 들면, 당신이 이시하라 유지로(지금은 사망했지만 가수와 배우로서 인기가 있었음)라면 어떤 선거에 입후보해도 최고의 지지를 얻어서 당선됩니다.

Q 이시하라 신타로 씨는 유지로 씨의 형님이죠.

A 이시하라 신타로 씨는 아쿠다가와 상 수상작가로 오랫동안 국회의원을 역임했고 대신도 역임했습니다. 간판은 나무랄 데 없습니다.

Q 그렇다면 가방은 뭡니까?

A 가방 속에 들어 있는 돈다발입니다. 지반도 간판도 약한 사람에게는 가방은 반드시 있어야 합니다. 그러나 돈만 있다고 당선되는 것은 아닙니다. 선거에서는 직접 표를 살 수는 없으니까요.

Q 현재 나는 그 세 가지가 모두 없습니다.

A 그러고도 정치가가 되겠다는 겁니까? 대단하군요. 아니, 어떻게 목표를 이룰 작정입니까?

Q 지금 내가 생각하고 있는 것은 우선은 시의원부터 시작해서 현의원, 그리고 국회의원을 거쳐서 장관이 되고, 파벌의 리더가 된 다음 당수가 되고 수상이 되는 것입니다.

A 그렇다면 어림잡아도 100년은 걸리겠군요. 다나카 가쿠에이도 국회의원을 거쳐 수상이 될 때까지 25년 걸렸습니다. 당신의 경우는 우선 국회의원이 되어야 합니다. 그리고 수

상이 될 때까지 다시 반세기 이상 걸릴 것입니다.

Q 요컨대 내가 수상이 되는 것은 불가능하다는 말이군요.

A 아니, 불가능하다는 건 아닙니다. 가능성은 한없이 0에 가깝지만……

Q 좀더 짧은 코스는 없습니까?

A 네 가지가 있습니다.

① 우선 억만장자가 되어 가방을 확보한다. 다음에 그 돈을 공익사업에 사용하여 훌륭한 간판을 내세우는 것입니다. 당신의 돈으로 당신을 지지하는 ○○당의 당원을 만들어서(당비를 당신이 대체하는 겁니다) 비례 선거구의 명부에 올라가게 하고 우선은 국회의원이 됩니다. 그 다음은 돈을 이용하여 당신의 파벌을 만들고 총재 선거에서는 다른 파벌을 매수하여 ○○당 총재가 됩니다. 1천억 엔쯤 있으면 가능하겠죠. 이것을 10년에 할지, 30년에 할지는 당신의 실력에 달렸습니다.

② 유력한 정치가의 비서가 된다. 거기서 그 다음은 당신의 기지에 달렸습니다. 그러나 선거에 나가 국회의원이 되는데 30년이 걸린다면 이 길도 험난할 것입니다.

③ 국가 공무원 시험의 난관을 돌파하여 ××성에 들어간다. ××성의 스타라고 촉망받았을 때 ○○당의 유력한 정치가의 딸과 결혼합니다. 그리고 ○○당 공천으로 선거에 나가 국회의원에 당선됩니다. 그 다음은 당신의 실력에 달렸습니다.

④ 예능계, 스포츠계, 기타 다른 분야에서 대성공하여 유명

인이 된다. 강력한 간판이 생기면 입후보하여 어딘가의 지사를 거쳐 국회의원이 됩니다. 그 다음은 당신의 실력에 달렸습니다. 미국에서는 이 노선으로 대통령이 되는 것이 빠릅니다. 그런데 일본의 수상은 민선제가 아닙니다. 당수, 수상이 되려면 우선 연공서열형의 정치계에서 출세하지 않으면 안 됩니다. 그렇게 되려면 시간이 걸립니다.

Q 나는 그 네 가지 모두가 안 될 것 같습니다.

A 왜죠? 이 네 가지는 모두 그 사람의 능력이 말해주는 노선입니다.

Q 능력은 둘째 치고 앞에서 말한 '3반' 가운데 지반과 간판은 2세 의원이 되면 가능하겠군요.

A 좋은 것을 알아냈습니다. 아들이 없는 유력한 정치가의 사위가 되는 수도 있으니까요. ③을 응용하는 것입니다. 그러나 그 장인이 당신을 거기까지 밀어줄지 어떨지는 당신의 기량이 문제가 됩니다. 대체로 그 정치가가 상당한 거물이라면 딸도 아버지의 능력을 물려받은 뛰어난 인물일지도 모르죠. 그렇다면 딸이 그 대를 이어 2세 의원이 되는 것이 빠르겠군요. 어떤 세계에서나 같은 기량이라면 지금은 여성쪽이 훨씬 돋보입니다. 결론적으로 당신이 사위가 될 여지 같은 것은 없다는 것입니다.

Q 어렵군요.

A 어려운 것은 당신처럼 정치가의 자질이 없는 사람일 경우입니다. 이익 단체의 앞잡이 노릇을 하면서 돈을 받는 인색한 정치가라면 몰라도 한 나라의 수상에 오르려고 하는 정치가

에게는 일류 사기꾼과 교조와 야쿠자의 보스와 천재적 경영자, 그리고 인기 작가도 쉽게 해낼 만한 재능이 필요합니다. 그리고 자신이 톱이 되어 사람을 지배하지 않고서는 배겨낼 수 없다고 하는 열렬한 우월감…… 원숭이 산의 보스 원숭이도 이 타입일 것입니다.

Q 하지만 그런 거물 보스 원숭이 같은 정치가는 적어지지 않았습니까? 고작 돈과 권력이 손에 들어오는 멋진 장사로서 하고 있을 뿐이고…….

A 분명히 지금은 자질도 없는 사람이 정치가가 되어 그때의 형편에 따라 수상이 되거나 하는 시대죠. 어쩌면 당신도 100년 안에 수상이 될지도 모르죠. 그런 느낌이 들었습니다. 실례된 말씀을 드려 미안합니다.

* * *

Q 세상에서 제일 마음 편한 돈벌이는 뭘까요?

A 옛날 노래에 '샐러리맨은 편한 직업이 됐다' 라는 것이 있습니다. 지금도 그렇지 않습니까? 샐러리맨으로 근무할 수 있는 기지가 있는 사람으로서는 말입니다. 그렇지 않은 사람은 앞으로 쉽게 정리 해고당하게 됩니다.

Q 대학교수는 어떻습니까?

A 될 때까지가 힘들죠. 된 후에는 편하려고 하면 얼마든지 마음 편하게 할 수 있습니다. 게다가 좀더 편한 직업은 법관일 것입니다. 대학교수도 지금은 수업을 대충 하면 학생들으로부터 비난을 받게 될 것이고 연구 업적도 평가됩니다. 그러

나 이런 것이 일체 없고 내 방식으로 매뉴얼대로 일을 하여 유아독존할 수 있는 것이 법관입니다. 법관이 되는 것도 힘들지만요. 또 의사도 편한 직업 가운데 하나로 들 수 있겠죠.

Q 사람의 생명을 맡는 일이니까 어렵지 않겠습니까?

A 그렇지 않아요. 의사는 사람을 죽여도 기본적으로 책임을 추궁당하는 일이 없는 장사입니다. 불치의 병은 낫지 않을 것이고 죽는 사람은 죽으니까요. 그것이 운 좋게 낫거나 죽지 않거나 하면 의사의 실력이라고 착각하는 정말 혜택 입은 직업입니다. 다만 최근에는 실수하는 의사가 너무 많습니다. 앞으로는 실수하면 의료 사고로 고소당합니다. 그런 의미에서는 옛날만큼 편하지는 않아요. 그래도 의사의 보수는 성공 보수가 아니라 노무에 대한 보수입니다. 환자가 죽어도 낫지 않아도 치료비는 받을 수 있는 것입니다. 교사도 성공 보수 방식이 아닌 점에서는 편한 직업입니다. 학생들의 실력이 나빠도 시험에 실패해도 그것과는 관계 없이 월급을 받을 수 있습니다. 변호사도 재판에서 이기든 지든 일한 만큼 보수는 받을 수 있습니다. 게다가 성공 보수까지 있죠. 그러니까 이것도 상당히 편한 직업이라고 할 수 있습니다. 대체로 사람들이 '선생님'이라고 부르는 직업은 자신이 훌륭한 입장이기 때문에 어떤 직업이나 편히 할 수 있습니다.

Q 과연 그렇군요. 다만 어떤 것이나 되기 어렵군요.

A 되는 것이 쉽고 일도 편한 것이 있습니다.

Q 그거 괜찮군요. 한번 해보고 싶습니다.

A 프리 아르바이트인데…….

Q 하지만 프리 아프바이트는 불안하지 않습니까?

A 정직원이 있으면 불안하겠지만 이것은 처음부터 잃는 것이 없으니까 대단한 불안도 없잖습니까? 누구나 할 수 있는 편한 직업 가운데 하나입니다. 게다가 자신은 가난뱅이라고도 제일 하층에 있다고도 생각지 않고, 편하고 자유롭다고 생각하고 있습니다. 여기에는 상승 지향이라는 번뇌에서 해탈한 경지가 있습니다. 이런 행복한 일은 없습니다.

Q 결국 '프리 아르바이트' 입니까?

A 편한 직업이 뭐냐고 물으니까 얘기가 이렇게 된 것입니다. 그러나 세상에는 편하기보다는 수고해서 노력하는 것을 좋아하는 사람도 많이 있습니다. 그런 사람에게는 출세나 성공이라는 목표가 필요합니다.

갬블과 자본주의

갬블은 일본에서도 옛날부터 노름이니 도박이라 하여 사람들이 손대서는 안 되는 악행의 하나라고 했다. 그리고 남자가 몸을 망치는 원인으로 '마시는 것, 도박하는 것, 사는 것' 이 세상 통념으로 되어 있다. 때문에 이런 악행은 금지해야 한다고 하여 '도박하는 것' 과 '사는 것' (정확히 말하면 금지되어 있는 것은 '매춘'을 알선하는 것)은 지금도 법률로 금지되거나 제한되어 있고 '마시는 것'에 대해서도 미국에서는 1920년대에 금주법이라는 것이 있었다.

그러나 경제학의 입장에서 보면 이 세 가지 모두 인간이 추구하는 즐거움이며 놀이며, 돈을 사용하여 행하는 소비 행동인 것이다. 소비 행동도 지나치면 몸을 망치는 경우가 있으며 돈을 지나치게 쓰면 파산하는 경우가 있다. 그러나 그것은 개인의 문제이며 자기 자신의 파멸을 초래하는 짓을 하는 것은 어리석은 행위이다. 다만, 어른이라면 때로는 어리석은 행동을 하는 것도 포함해서 자신이 좋아하는 것을 하는 것은 자유이다. 그런데 국가가 그것을 금지하는 것은 좀더 큰 우행(愚行)이 아닐까. 정말로 금지하여야 하는 것은 자신의 이익이나 즐거움을 위해 타인에게 폐를 끼치는 행위뿐일 것이다.

그런데 도박도 인간이 발명한 놀이 중의 하나이지만 화폐라는 것이 등장한 이래 인간은 이 도박에 열중하게 되었다.

한편 화폐의 등장과 더불어 인간은 상업, 무역과 대금업을 통해서 돈을 불리고 돈을 버는 자본주의라는 경제활동을 시작했다. 이쪽도 잘되면 일확천금을 기대할 수 있지만 실패하면 전부를 잃어버릴 우려가 있다. 성공할지, 실패할지는 시장의 움직임을 올바르게 읽을 수 있는가 여부에 달려 있다. 그러나 아무리 정보를 모아서 분석한 후에 예상을 해보아도 앞일을 확실히 알 수 없는 이상 자본주의는 원래 '위험한' 게임인 것이다. 그런 점에서 자본주의는 도박, 그것도 정보를 이용하여 내기돈을 거는 경마와 비슷하다. 그리고 경마나 도박에도 자본주의에도 '필승법'이라는 것은 없다.

　자본주의는 돈벌이가 될 만한 것은 무엇이든 사고 파는 것이다. 예를 들면, 도박도 엄연히 장사거리가 된다. 에도 시대에는 야쿠자가 도박장을 벌여서 손님을 모으고 주사위 도박을 시키는 서비스를 제공하여 구전(수수료)을 빌고 있었다. 재미있는 것은 도박하는 손님 쪽은 이기기나 지거나 해서 확실하게 버는 방법이 없는 반면 도박장은 손님만 모이면 구전 수입으로 확실히 벌게 되어 있다. 도박을 제공하는 비즈니스는 도박성이 없는 착실한 장사인 것이다.

　도박이든 무엇이든 장사가 되는 것은 해버리는 것이 자본주의이기 때문에 미국에서는 유권자나 이익단체의 부탁을 받아들여서 국회의원에게 공작해 준다는 '로비 산업'이 번성하고 있다. 대만에서는 수년 전에 선거활동을 도맡아서 후보자를 당선시키는 비즈니스도 등장했다. 이런 식으로 돈벌이의 노하우는 시대와 더불어 진화되고 지금은 기업이나 구단을 매수해서는 비싸게 되팔아서 돈을 버는 것이 당연한 일처럼 되어 있다. 또 곡물, 토지, 부동산, 주식, 각종 금융자산, 각국 통화에 이르기까지 시장에서 가격이나 환율이 변동하는 것이라면 무엇이든 장래의 움직임을 읽고 매매하는 것이 일상적으로 행해지고 있다. 이렇게 예상에 의거하여 시장에서 도박 같은 것을 하는 것이 '투기'이다. 자본주의가 이 투기와 불가분의 관계가 된 것은 지금의 일이 아니라 고대 그리스의 철학자 탈레스가 이듬해의 기상을 예측하여 큰 돈벌이를 해보인 후 계속 되고 있다.

　오늘날에는 장래의 가격이나 환율을 가정하여 가공 매매를 하여 예상이 맞으면 벌고 빗나가면 손해 본다는 형태의 게임도 성행하고 있다. 여기서는 물건도 돈도 실제로 움직일 필요는 없고 전부가 컴퓨터 네트워크상에서 처리되어 결제된다. 이렇게 되면 당연히 '컴퓨터 갬블'이다. 그러나 노벨상을 수상한 경제학자의 고급 이론을 사용한 '필승의 방정식'으로 계속 이겨온 '헤지펀드'도 국제 정세의 이변을 만나게 되면 당장에 대패하여 경영 위기에 빠진다. 역시 갬블에 필승법은 없는 것이다.

그래서 이야기는 또다시 처음으로 돌아가 자본주의는 도박과 같은 것이기 때문에 나쁘다, 따라서 도박과 더불어 금지 내지는 제한시켜야 하는 것이라는 논의가 등장하게 된다. 그러나 컴퓨터 네트워크상을 돌아다니는 거대한 국제 투기 자금을 정부의 힘으로 억제한다는 것은 불가능하다. 게다가 도박의 위험을 줄이기 위해서는 돈 거는 대상을 분산시킨다고 하는 또 하나의 도박에 의존할 수밖에 없다. 투기적인 머니 게임에서도 마찬가지다.

도박이나 투기의 실패가 타인이나 사회에 피해를 주지 않기 위해서는 지켜야 할 원칙이 있다. 도박이나 투기에 사용되는 돈은 자신의 돈이거나 위험한 것을 알고 투자된 돈이어야 한다. 도박에 져서 자신의 돈을 잃어버린다면 그것으로 끝난다. 그런데 돈을 빌려서 도박에 쏟아 붓고 있으면 졌을 때는 본인도 빌려준 쪽도 큰 문제가 된다. 그런데 버블 붕괴 후의 일본에서 이 큰 문제가 일어났다. 금융기관이 헤지펀드에 거액의 자금을 빌려주는 것은 은행이 도박에 돈을 빌려 주는 것과 같은 것이다.

그러나 투기는 안 된다, 머니 게임은 안 된다고 해서 자본주의를 물건 만들기에만 한정시킬 수도 없다. 원래 물건 만들기라면 농업 같은 것이 으뜸 가는 것이라고 생각하는 것 자체가 당치 않은 착각일 것이다. 변화무쌍한 자연조건이나 생산 과잉으로 인한 가격의 대폭락이라는 함정이 기다리고 있는 농업 같은 것이 사실은 제일 위험한 비즈니스인 것이다.

요컨대 도박적이고 위험한 자본주의를 금지하거나 제한한다고 해서 모든 것이 잘되는 것은 아니다. 도박성이라는 뿔을 바로 잡다가 자본주의라는 소를 죽일 수는 없다. 옛날부터 위험성을 알면서도 위험한 것에 돈을 투자하여 도전하는 사람은 끊이지 않았다. 자본주의의 원동력이 되어 온 것은 이런 타입의 사람들이었다.

경마나 도박을 싫어하는 사람, 하고 싶지 않은 사람, 자신에게는 맞지 않는다고 생각하는 사람은 하지 않아도 된다. 그리고 좋아서 하는 사람은 결과가 어떻게 되든 자신이 책임질 수밖에 없다. 자본주의의 경우도 마찬가지여서 실패할 경우 정부가 구제해 준다면 자본주의의 대전제인 자기 책임의 원칙이 성립되지 않게 된다.

자기 책임의 원칙만 견지할 수 있다면 도박도 자본주의도 게임으로서의 '건전성'을 유지할 수 있는 것이다. 단, 이 '건전성'이라는 것은 누구나 반드시 이기고 도산은 없으며 항상 경기가 좋고 성장이 계속되는 좋은 결과를 의미하는 것은 아니다. 거기에는 승부가 있고 성공과 실패가 있고 호황과 불황이 있으며 위험은 항상 남는다. 그리고 그것이 도박의 매력이며 자본주의의 재미있는 면이기도 하다.

돈벌이와 도박의 경제학

 경마에 '필승법'이 없는 것처럼 돈벌이에도 '절대적 성공법'이란 없다.

경마나 도박에서 절대로 손해보지 않는 방법은 있다. 그것은 마권을 사지 않는 것, 도박에 손대지 않는 것이다. 이 절대적 진리를 지키고 도박에 썼다고 생각하고 그 돈을 저축해두면 돈은 착실히 늘어난다. 하이퍼 인플레이션이 일어나지 않는 한 이것은 틀림없다.

주식에서도 땅에서도 상품에서도 '쌀 때 사서 값이 올랐을 때 팔면 번다'. 이것은 맞는 말이다. 문제는 당신이 산 주식이나 땅이 가까운 장래에 값이 올라갈지 어떨지 모르는 것이다. 또한 시장의 사정에 따라서는 반대로 값이 떨어지는 경우도 있기 때문에 '쌀 때 사서 값이 올랐을 때 팔면 번다'는 것을 아무리 알고 있어도 그것은 돈벌이의 필승법이 될 수 없다. 그것은 '내일 비가 오지 않으면 날씨가 좋다'라는 것과 같은 거의 의미가 없는 진리이다. 또 경제학의 어떤 이론을 사용해도 그것을 100% 확실하게 아는 것은 불가능하다.

값이 오른다는 것은 상당히 확실한 것 같다라는 것까지는 말할 수 있다. 그러나 그것은 우승 후보 말이 이기는 것은 상당히 확실한 것 같다는 것과 똑같다. 과거의 실적에서 보면 단연코 빠를 것 같은 우승 후보 말이라도 어처구니없이 져서 기대를 저버리는 경우는 헤아릴 수 없다.

다만, 위험을 회피하여 손실을 최소로 억제하는 것이라면 가능하다. 경마에서 말의 능력이나 컨디션과는 관계 없이 오즈(odds : 우열의 차이)라는 정보를 이용하여 예상 배당이 높은 마권을 적게 사고 예상 배당이 낮은 마권을 많이 산다는 원칙에 입각하여 모든 마권을 사는 것이다. 그러나 경마에서도 기타 도박에서도 주최자나 노름판의 주인이 몇 퍼센트의 수수료를 먼저 받기 때문에 어떤 고급 모델을 만들어서 계산해도 기대 배당이 투자액을 확실하게 웃돌게 할 수는 없다.

시장의 게임에서도 도박과 마찬가지로 장래에 일어날 일은 모른다.

예를 들면, 100엔에 산 것을 120엔에 팔면 20엔을 번다. 돈벌이는 이 패턴을 기본으로 하고 있다. 이것만큼 단순한 것도 없지만 이것만큼 믿을 수 없는 것도 없다. 100엔에 산 것이 120엔에 정말로 팔릴지 어떨지 아무런 보증도 없기 때문이다. 팔리지 않으면 값을 내려서 팔게 된다. 본전인 100엔선까지 값을 내려도 팔리지 않는 경우도 있다. 아무리 값을 내려도 팔리지 않거나 팔고 남는 경우도 있을 수 있다. 이 경우는 그것을 원해서 사주는 사람이 없었다는 것, 즉 수요가 없었던 것이다.

결국 도박에 필승법은 없고 돈벌이에 절대적 방법은 없다. 그것이 있는 것처럼 말해서 투자하게 한다면 그것은 사기다.

Q 새삼스럽다고 생각할지 모르지만 이쯤해서 직장을 그만두려고 하고 있습니다.

A 대단한 배짱이군요. '호랑이 굴에 들어가야 호랑이새끼를 잡는다'는 것입니까?

Q 네. 흔히 듣는 말이지만 '호랑이'가 아닌가요?

A 원래 문장에서는 '호랑이새끼'입니다.

Q '하이 리스크가 없으면 하이 리턴은 없다'는 거군요.

A 그건 그렇지만 문제는 '하이 리스크가 있으면 하이 리턴도 있다'고 생각하고 있는 게 아닌가 합니다. 또 '하이 리턴이 없으면 하이 리스크는 없다' 라든가. 또 하나 '하이 리턴에는 하이 리스크가 항상 따라다닌다' 라든가.

Q 머리가 혼란스러워졌습니다. 그거 논리학의 문제입니까?

A 네. 아주 쉬운 문제입니다.

Q 원래 최초의 '하이 리스크 없으면 하이 리턴 없다'는 옳은 것입니까?

A 당신이 그렇게 말했잖습니까? '호랑이 굴에 들어가야 호랑이새끼를 잡는다'고 말입니다.

Q 그러니까 그 원래의 '호랑이……'가 옳은 말인가 하는 것입니다.

A 대부분의 경우에서는 옳을 것입니다. 하지만 당신은 '호랑이 굴에 들어가지 않아도 호랑이새끼를 잡을 수 있는 경우

도 있다’라는 예외 중에 예외의 경우를 믿고 있는 것은 아닙니까?

Q 너무 뻔뻔스럽나요?

A ‘젖은 손에 좁쌀(불로 소득을 비유)’도 있지 않은가라는 거군요. 그건 뻔뻔스럽다기보다는 꿈 같은 소망입니다. 꿈을 꾸고 있는 것만으로는 호랑이새끼도, 좁쌀도 손에 들어오지 않습니다.

Q 복권에 당첨되기를 바라는 것과 같다는 거군요.

A 그렇습니다. 복권을 한 장이라도 사면 꿈을 꿀 자격만은 확보한 거니까 무시한 것도 아니죠. 맞을지도 모릅니다. 그러나 사지 않으면 절대로 확실히 맞지 않습니다. 사지도 않고서 꿈을 꾼다면 그저 바보입니다. 그러나 세상사람들은 ‘그에 관련해서도 돈의 간절함이여’이라고 끊임없이 말하고 있습니다. 아무것도 하지 않고서 말입니다.

Q 농담은 그만하고 저는 돈이 진짜로 필요하기 때문에 샐러리맨을 그만두려는 것입니다.

A 요컨대 지금까지는 일해서 돈을 벌어 왔을 뿐이었습니다. 앞으로는 돈을 늘리고 싶습니다. 돈벌이를 하고 싶습니다. 그것도 일확천금을 노리고서 말입니다.

Q 거기까지는 말하지 않겠습니다. 스케일은 적어도 좋으니 좀더 착실하게 벌고 싶습니다.

A 설마 라면집이라도 하려는 건 아니겠죠.

Q 그건 하고 싶지 않습니다.

A 분명히 당신에게는 어울리지 않아요. 하지만 그건 무시할

수 없습니다. 운때가 맞으면 의외로 벌립니다.

Q　운때가 맞으면 말이죠. 그러나 나는 할 수 없습니다. 라면을 좋아하지 않으니까요.

A　그래, 앞으로 무엇을 할 생각입니까?

Q　자세한 것은 아직 말할 수 없지만 인터넷을 이용한 비즈니스입니다.

A　요즘에는 어중이떠중이 모두 할 만한 얘기죠. 이런 말도 있죠.

"어중이떠중이 모두 들떠서는 알든 모르든 IT혁명."

Q　그건 어느 나라의 수상을 말하는 거죠. 나는 다른 사람보다 많은 것을 알고 있다고 생각합니다. 사실은 지난 1년 동안 미국, 유럽, 동남아시아, 중국 등을 돌아다니면서 여러 가지로 조사해 왔습니다.

A　그래 무엇을 알아냈습니까?

Q　한마디로 말해서 IT 분야에는 앞으로 무한한 기회가 있다는 것입니다.

A　결국 인터넷을 이용하여 물건이나 서비스를 팔려는 것입니까?

Q　그 파는 방법에 대한 새로운 기축(새로 생각해낸 사물의 방법)을 생각해 냈습니다. 그 노하우를 팔려고 생각합니다. 그러나 비즈니스의 노하우도 특허를 낼 수 있는 시대니까 구체적인 것은 아직 말할 수 없습니다.

A　재미있을 것 같군요. 꼭 듣고 싶습니다. 나 같이 세상과 담 쌓고 사람에게는 무슨 말을 해도 걱정 없습니다.

Q 선생님께서 이 비즈니스에 투자한다면 구체적으로 말씀드리겠습니다.

A 그럼 듣지 않아도 됩니다. 오늘은 내게 투자를 권할 생각으로 온 것입니까?

Q 그런 것은 아닙니다. 투자 얘기와는 별개로 뭔가 조언을 들을 수 있다면 좋겠습니다. 아까 이 세상과 담 쌓고 지내신다고 하셨는데 지금 내가 원하는 것은 IT관계의 정보가 아니라 뭐라 할까, 이 현세의 혼돈밖에 있고 냉철한 눈으로 모든 것을 내다보고 있는 것 같은 은둔자나 현자의 의견입니다.

A 나를 과대 평가하면 안 됩니다. 나는 저 세상 입구에 접어들어 있는 인간에 불과하니까요. 지금은 이 세상에 대해서는 기본적으로 관심이 없습니다.

Q 하지만 선생님이라면 인터넷으로 어떤 장사를 할 수 있다고 생각하십니까?

A 어떤 미스터리 소설에 나온 얘기인데 예를 들면, 당신이 네트워크상에서 약간 조작하여 ○○은행의 전 자산을 누군가의 자산으로 돌렸거나 최종적으로는 당신의 것으로 하고, 이것을 해낼 수 있는 노하우도 가지고 있다는 얘기라면 즉시 투자하겠습니다.

Q 그건 범죄가 아닙니까? 될 리가 없습니다. 생각해야 별 도리 없는 얘기입니다.

A 될 리가 없다고 생각하고 있는 것까지 해내야만이 IT혁명입니다. 네트워크상에서 여성의 속옷이나 외설 그림을 판매하는 정도로는 얘기가 안 됩니다.

Q 그건 어느 교수의 얘기죠. 내 아이디어는 지혜를 파는 것입니다. 그 지혜도 범죄의 노하우 같은 게 아닙니다. 투자를 부탁하는 이상 진지한 얘기입니다.

A 그것은 그렇다치고 내가 돈을 가지고 있다는 것을 어떻게 알았습니까?

Q 아니, 정말 돈을 가지고 계십니까?

A 가지고 있죠. 가지고 있지 않다고 생각한다면 당신의 조사도 추리도 대단한 것은 아닌 걸요.

Q 현재 어떤 식으로 운용하고 있습니까?

A 운용 같은 것은 하지 않아요. 현찰로 가지고 있습니다.

Q 그건 또…… 설마 그 돈을 이 집 어딘가에 숨겨 놓고 있는 것은 아니겠죠.

A 얼마 전까지 이 서재의 여기저기에 감추어 두었습니다. 그런데 최근에 좀도둑이 들어서 1억 수천만 엔을 도둑맞았다는 사람이 있었죠. 종교계에 계신 분으로……. 그래서 나도 위험하다 생각하고 지금은 은행 금고에 넣어 두었습니다.

Q 실례지만 얼마나?

A 다시 세 보지 않았으니까 얼마 있는지도 몰라요. 아마 그 분과 마찬가지로 1억이나 2억 엔, 그 정도 될 것입니다.

Q 놀랍습니다. 어떻게 그런 돈을 만들었습니까?

A 쓰지 않으니까 저축했을 뿐입니다. 나는 지금까지 일하는데 바빠서 돈을 쓸 여유가 없었습니다. 뿐만 아니라 남들이 하고 있는 것의 대부분을 나는 안 합니다. 골프, 가라오케, 마작 등도 물론 하지 않습니다. 식도락도 안 합니다. 술도 안

마시고 담배도 안 피워요. '마시는 것, 도박하는 것, 사는 것'의 도박, 사는 것도 하지 않아요. 아내가 없으니 아이도 없고요. 차도 필요 없고, 호화 여객선을 타고 세계를 돌아다니는 것도 하지 않아요. 달 여행도 하지 않습니다. 남극에도 가지 않고 에베레스트에도 오르지 않습니다. 아무튼 취미활동이라는 것을 하나도 하지 않아요. 돈이 드는 것, 시간이 드는 것을 일체 하지 않습니다. 시간은 일하는데 전부 사용하고 있으니까 남지 않고, 그 대신에 돈은 거의 전부 남아요. 이렇게 되니 돈이 쌓일 수밖에 없잖습니까?

Q 그 일부를 내게 투자하지 않으시겠습니까? 꼭 하이 리턴으로 늘려 드리겠습니다.

A 그 말투는 사기꾼의 말투하고 똑같군요. "내게 돈을 맡겨주십시오. 틀림없이 벌립니다" 하고 사기꾼들은 말합니다. 그야 그렇겠죠, 사기꾼은 반드시 벌게 되어 있으니까. 내가 버는 것이 아니라는 것입니다. 사실 사기꾼은 말해주지 않습니다.

Q 나를 사기꾼 취급하시면 곤란합니다.

A 그게 문제요. 당신은 사기꾼이라는 자각이 없어요. 남에게 투자하라고 권할 때 사람은 절반은 사기꾼이 되어 있는 것입니다. 그 돈을 돌려줄 수 없게 되어 결과적으로 사기친 결과가 되어도 좋다고 생각하고 있습니다. 그것을 자각하고 자신이 사기꾼이라고 생각하고 있는 사람을 나는 신용합니다. 자각하지 않은 사람이나 자신은 사기꾼이 아니라고 자신을 속이고 있는 사람은 신용할 수 없습니다. 이런 사실을

깨닫지 못하는 사기꾼은 지적 수준이 낮기 때문에 대체로 실패합니다.

Q 까다로운 견해군요.

A 객관적인 관찰입니다. 사기꾼은 내 주머니만 보고 거기서 돈을 빼내려고 궁리하는데 나는 그 사기꾼의 발 밑을 봅니다.

Q 발 밑을 말입니까?

A 옛날의 여관에서는 손님이 오면 지배인은 손님의 신발을 보았습니다. 언뜻 보기에 돈이 있을 것처럼 보여도 낡은 신을 신고 있으면 안 된다고 판단합니다. 나도 당신의 구두를 봤습니다. 그것은 어떻든 벤처기업을 운영하려는 사람이 1억 엔이나 푼돈에 눈빛이 달라지다니 한심하지 않습니까? 요즘의 사기꾼은 무엇보다도 그 사람 자신이 재산가라는 이미지를 주어야 합니다. 그래야 고객은 상대가 대단한 부호라고 생각하고 그 사람에게 돈을 맡겨 늘려보자는 마음을 먹게 되는 것입니다.

Q 벤처를 하는 사람은 사기꾼이 아닙니다. 돈이 없기 때문에 앞으로 유망한 사업에 투자해 달라는 것입니다.

A 나는 당신의 사업에는 투자하지 않습니다. 별로 쓸데도 없는 돈이지만 머니 게임이라는 도박에 쏟아 부어 허공에서 사라져가는 불꽃처럼 되는 것은 아무래도 내키지 않습니다. 부처님이나 신 또는 거지에게 주면 조금은 공덕이 됩니다. 그러나 부처님도 신도 있다고는 생각지 않고 일본에는 훌륭한 혈통의 거지도 없으니까 현재로서는 돈을 줄 상대가 없

습니다.

Q 그러면 결국 자선사업에 기부하신다는 것입니까?

A 그렇게 원망스러운 얼굴을 하지 말아요. 나는 자선이니 메세나(기업이 문화, 예술 활동에 후원 및 자금 지원을 하는 것)니 하는 약 이름 같은 것은 딱 질색입니다. 기부는 하지 않습니다. 그러고보니 옛날 시골에서는 집을 지을 때 상량식이라고 하여 이웃 사람들이 지붕 위에서 홍백의 떡을 뿌리고 사람들은 그것을 서로 주우려고 했습니다. 그때는 경기가 상당히 좋았습니다. 도쿄 타워 같은 높은 데서 돈다발을 뿌리는 게 좋을지도 모르죠.

Q 대혼란을 이룰 것입니다. 그리고 경찰이 가만 있지 않아요.

A 도박에서 이유도 모르고 사라져버리는 것보다 낫겠죠. 적어도 돈을 주운 사람은 기뻐할 것이고, 사람이 기뻐하는 거니까 변변치 못하지만 선행이라고 말할 수 있죠.

Q 선행이라기보다 사람을 무시하고 있는 것처럼 보입니다.

A 이타주의를 실천하여 남에게 공짜로 이익을 주는 사람은 남을 동정할 수도 있고 남에게 우월감을 갖게도 됩니다. 반대로 남에게서 은혜를 입는 쪽은 때로는 무시당할 것도 각오해야 합니다.

Q 얘기를 듣고 있는 사이에 점점 의기소침해집니다. 아무튼 선생님께서는 돈벌이할 생각이 없다는 것을 알게 되었습니다.

A 분명히 돈벌이할 생각이 없습니다. 그러나 오랜 시간 상담을 했으니 그만큼 상담료(컨설턴트료)는 받겠습니다.

Q 네? 돈을 받습니까? 그럴 생각은 아니었는데…….

A 나는 처음부터 그럴 생각이었습니다. 나는 당신을 본 적이 없습니다. 당신은 내 세미나에 참가했었던 사람처럼 행동하고 있지만 거짓말이겠죠. 그러니까 나는 당신을 위해 공짜로 시간을 허비할 이유가 없는 것입니다. 그 시간이면 원고를 몇 장은 쓸 수 있습니다. 그에 상당하는 금액을 받으면 된다고 말하고 싶지만, 사실은 아직 원고 청탁이 없으니 이 계산은 성립되지 않습니다. 그렇다면 시장 시세에 따라 상담료를 받는 것이 타당하겠지만 그 시세도 모르고……. 오늘은 성의껏 내십시오.

Q 얼마를 내야 할지 모르겠는데요.

A 100엔도 좋고, 10,000엔도 좋습니다. 그 중간도 좋고 안 내도 좋습니다. 당신의 뜻이니까.

Q 그렇다면 약소하지만 10,000엔 정도로…….

A 아, 이것으로 당신의 사기꾼으로서의 재능도 알았습니다. 2류 이하군요. 내 이야기가 아무 가치도 없다고 생각하면 단 1엔도 내놓아서는 안 됩니다. 이것은 단연코 무료라고 하는 것이 마땅했습니다. 역시 당신에게 투자하지 않은 것이 옳았습니다.

1) 스에히로 이즈타로(末廣嚴太郎) : 1888~1951년. 민법학자. 노동법, 법사
회학 분야에 큰 업적을 남겼다. 저서에『물권법』,『노동법 연구』등이 있다.

5

남녀 관계와 결혼

남녀 관계와 인생 설계

신의 인생 설계에 대해서는 직업 선택과 함께 어떤 의미에서는 그 이상으로 중요한 문제가 있다. 그것은 나의 가족을 만들 것인가 안 만들 것인가 하는 문제다. 일본에서는 결혼하지 않고 아이를 낳는 것은 아직은 일반화된 현상이 아니기 때문에 아이를 가지려면 결혼을 먼저 해야 한다. 결혼은 했지만 아이는 갖지 않겠다는 선택은 옛날부터 할 수 있었고 앞으로도 좀더 많이 하게 되겠지만 이것은 결혼하고 나서 결정해도 되는 일이다.

그래서 우선은 결혼할 것인지 안 할 것인지에 따라서 인생의 양상은 표 1과 같이 나누어진다.

보통의 남녀 관계를 가질 수 있는 사람의 대부분은 최종적으로는 결혼한다. 여기서는 남편 쪽에 이혼 또는 사별 그리고 재혼도 있는 경우를 나타내고 있는데, 아내 쪽에도 같은 경우가 있을 수 있다. 남녀 모두 몇 번이나 결혼하였다가 이혼하는 할리우드 스타

형도 있고 드물지만 같은 상대와 결혼, 이혼, 재혼을 되풀이하는 사람도 있다. 유럽에서는 특별한 애인 관계, 즉 '배타적인 섹스 관계'가 생긴 경우에는 간단히 결혼하여 그 관계를 세상에 알리며, 배타적인 섹스 관계가 끝난 경우(불륜, 기타)는 쉽게 이혼하는 방법을 취한다. 남녀가 경제적으로 자립한 경우는 이 방법도 가능하다.

표 1. 결혼과 인생 설계

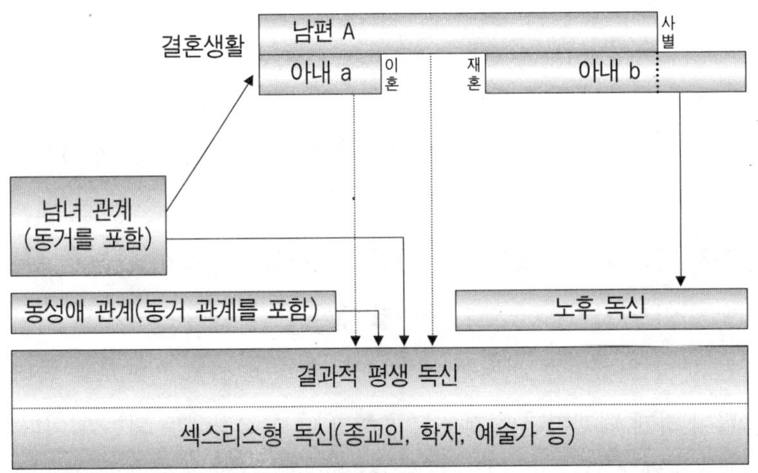

결혼하지 않고 지내는 사람에는 두 부류가 있다.

첫째는 동거를 포함한 남녀 관계를 몇 번 경험하고 결혼 의사나 기회도 있었지만 결국 결혼하지 않았다고 하는 '결과적 독신자'이다.

둘째는 신념을 가지고 결혼하지 않는 사람이다. 이 타입의 평생 독신자는 동성애의 사람, 종교인, 학자, 예술가 등에서 많았다. 즉 섹스리스형 평생 독신자이다. 동성애의 파트너와 동거하여 부부와 같은 관계를 지속하는 예도 전혀 없는 것은 아니지만 일반적으로 동성애 커플의 관계는 오래 지속되지 못하는 경우가 많다. 아이를 낳아서 길러야 하는 일은 있을 수 없기 때문에 '부부' 관계를 계속 유지할 이유도 없는 것이다. 동성애의 경향도 없는데 남녀 관계와는 전혀 관계 없이 평생을 독신으로 보내는 사람도 소수나마 볼 수 있다. 여기에는 여러 가지 이유가 있겠지만 주위 사람들이 보았을 때도 확실하게 알 수 있는 결함(병 등)이 있는 경우나 본인이 그 이유를 밝히고 있는 경우를 제외하고는 타인이 이유를 추측하기란 어렵다.

평생 독신이라는 인생

역사상 유명한 인물 가운데 평생을 독신으로 보낸 사람은 의외로 적다. 어쩌면 당연한 것인지도 모른다. 권력과 부 가운데 어느 한쪽 또는 그 양쪽 모두를 손에 넣은 남자는 '많으면 많을수록 더욱 좋다'는 식으로 많은 여성을 원하는 것이 보통이다. '영웅 호색'이라고 하는데 일평생 동안 여성을 가까이 하지 않고 완전한 섹스리스를 관철하는 영웅 호걸, 제왕, 무장, 대정치가 등은 별로 없다. 드물게 쇠약한 남성적, 변태적이고 색을 좋아하는 영웅과는 거리가 멀었던 사람은 히틀러 정도일 것이다. 그런 히틀러도 자살하기 전날 에바 브라운과 형식만의 결혼식을 올렸다. 다만, 아이는 갖지 않았다.

왕족, 귀족, 대부호 정도 되면 정략 결혼이라는 것도 있고, 정식으로 아내를 맞이한다는 것은 공기를 호흡하여 사는 것과 마찬가지로 불가결한 것이었다. 성직자는 다르지만 세속적 지도자나 권력자가 아내를 맞이하지 않는다(맞이할 수 없다)는 것은 있을 수 없는 일이었다. 결혼을 할 수 없는 남성은 아주 가난한 사람이나 병, 장애 등의 결함을 가진 사람에게 한정되어 있었다.

근세 이후가 되면 유명한 학자나 예술가로서 평생을 독신으로 보낸 사람이 적지 않은데, 대다수의 사람들은 재산이 많고 좋아하는 일에 전념할 수 있는 사람들이었다. 그들은 학문이나 예술과 '결혼' 해버렸기 때문에 아내도 가정도 필요 없었던 것이다. 주변을 돌보는 것, 가사 일체는 하인에게 맡겨두면 되었다. 이들 평생 독신자는 성직자, 출가 수행자 등 종교인에 준한다고 생각할 수 있다.

역사상 유명한 인물 가운데 독신을 관철한 사람으로는 레오나르도 다빈치(동성애?), J. 스위프트, 흄, 애덤 스미스, 벤담(결과적 독신), 칸트, 제인 오스틴(결과적 독신), 스탕달, J. 그림, 쇼펜하우어, 안데르센, 엥겔스, 플로베르, 니체(매독으로 죽었다), 오스카 와일드(동성애), 드가, 조지 이스트먼(권총 자살했다), 몸(동성애?), 비트겐슈타인, 패트리샤 하이스미스(여류 작가, 동성애?) 등이 있다.

이들 인물들은 ① 남녀 관계는 있었으나 결국 결혼은 하지 않았다, ② 동성애였던 것 같다, ③ 평생 섹스 경험이 전혀 없었다고

하는 세 범주로 나누어지게 되는데 ②, ③에 대해서는 깊이 파고
들어도 진실은 본인밖에 모른다. 종교가나 성직자의 경우에도 평
생을 통해서 완전히 섹스리스였었는지 어떤지는 모른다.

지금까지 여성 독신자의 대부분은 결혼할 생각이 없었던 것은
아니지만 기회가 없었고 결혼할 수 없었다는 결과적 독신자였다.
앞으로는 적극적인 이유로 결혼을 회피하고 평생 독신으로 살고
싶다는 여성이 늘어나게 될지도 모른다.

그렇다면 그런 경우의 이유란 무엇일까? 우선 생각할 수 있는
것은 '나는 일과 결혼했기 때문에' 라는 것인데 이런 여성은 예외
적일 테니까 그것으로 좋다. 문제는 소극적인 이유에서 결혼을 회
피하는 여성이 늘어나고 있다는 것이다. 즉 지금은 '결혼해 봐도
좋은 일이 있을 것 같지 않아서 결혼하지 않는다' 라는 타입의 결
혼 회피가 두드러지게 나타나고 있다. 남성으로서는 무서운 일이
다. 지극히 평범한 여성이 지극히 평범한 남성을 보고 '이 정도
사람과 결혼해도 별로 좋은 일은 없다. 그렇다면 결혼하지 않는
것이 낫다' 라고 판단하는 것이다. 그러면 도대체 어떤 남성이라
면 결혼을 할 것인가. 그렇다. 당신은 그 여성으로서 '나의 왕자
님' 으로 보일 정도의 남성이 아니면 안 되는 것이다.

여성이 결혼하는 이유

결혼하고 싶어하는 여성은 남성에게 세 가지 F를 요구하고 있다는 설이 있다(신시아 S. 스미스 『여자는 결혼할 것이 아니다』). 그 세 가지 F라는 것은 파티라이즈(수정)의 F, 파더(부친)의 F, 파이넌스(돈)의 F이다.

① 파티라이즈(수정)의 F : 여성이 결혼하는 이유는 자신의 아이를 낳고 싶기 때문이라는 사고 방식이다. 일본의 여성들이 이것을 분명하게 의식하고 있는지 어떤지는 의심스럽다. 그러나 결혼해도 아이는 필요 없다고 단호히 주장하는 여성도 많지 않다. 대다수의 여성들은 결혼하면 아이를 낳을 것이다. 그리고 그것으로 충분하다는 이유로 결혼한 후에 아이가 있을 것을 용인하고 있다.

② 파더(부친)의 F : 남편에게 부친의 대체물 또는 후계자를 구하는 것이다. 즉 자신을 보호해 줄 믿음직한 남성, 의지할 수 있는 남성이 필요하기 때문에 결혼한다는 것이다. 일본에서도 옛날의 아버지에게는 이 '믿음직한 보호자'의 이미지가 있었는데 지금은 거의 없다 해도 좋다. 딸의 입장에서 볼 때 지금의 아버지의 평균 상(像)은 '어디서 일하고 있다가 밤늦게 지쳐서 돌아오는 한심한 남자'라는 것이며 중년층과 고령층이 되면 '생리적으로 견딜 수 없는 더러운 늙은이'로까지 하락한다. 일류 기업에 근무하는 벌이가 좋은 아버지의 경우는 의지할 수 있을지 모르지만 그것은 '용돈 지불기'로서 믿는다는 것이다. 일본의 여성은 남편에게 자신의 '부친 대신'을 요구하는 일은 별로 없다. 아버지와는 될 수 있는 한 동떨어진 젊고 멋진 남성을 원하는 것이다.

한편, 일본의 젊은 남성들은 일반적으로 또래의 여성보다 성숙도가 낮기 때문에 한 여성의 입장에서 볼 때 '부친 대신'의 역할 같은 것은 할 수 있을 것 같지 않다.

여성의 결혼 연령이 낮고, 세상일에는 아무것도 모르는 16, 17세로, 연상의 남성과 결혼하는 것이 많았기 때문에 남편에게 충분히 '파더'를 기대할 수 있었던 것이다. 남편이 될 남성은 재산, 가업, 지위, 명성, 여성을 대하는 경험 등 많은 것을 가지고 있다. 그에 비해서 자신과 같은 또래의 젊은 남자는 미숙하고 가지고 있는 것도 적다. 단 하나 충분히 가지고 있는 것은 젊음인데 그것은 뒤집으면 미숙하다는 다른 이름에 불과하다. 동물의 암컷 입장에서 보아도 여성의 입장에서 보더라도 수컷이나 남성의 성숙도나 경험은 상대를 선택하는 경우의 가장 중요한 조건인 것이다.

그러나 이것은 옛날 이야기고 지금은 남성의 성숙도는 훨씬 낮아져 있다. 그래서 일본의 여성이 남편에게 구하는 것은 '파더의 F'가 아니라 프렌드(친구)의 F이다. 그것도 대부분의 경우 같은 또래(정확히 말해서 같은 성숙도)의 친구라는 것이 무난한 남편의 이미지일 것이다.

③ 파이넌스(돈)의 F : 동서고금을 불문하고 여성이 남편과 결혼생활에서 요구하는 최대의 F이다. 여성으로서는 결혼이 '영구취직'이며 자신이 벌지 않고도 살아갈 수 있는 유일한 길이었기 때문에 돈의 F야말로 결혼의 목적이기도 했다.

지금은 여성 자신이 일하고 돈을 버는 시대이기 때문에 돈의 F는 그다지 중요하지 않다고 생각하는 사람들은 남성들이다. 그러나 여성들은 지금도 돈의 F의 중요성을 무시하지 않는다. '3고'라는 조건 중에서도 '고수입'이라는 F는 반드시 들어 있다.

여성이 결혼 후에도 일할 것을 바라는 것은 남편이 버는 돈만으로는 만족할 수 없기 때문이며 돈이 너무 적기 때문에 자신도 일해서 '더블 수입'을 확보하려는 것이다.

표 2에 있듯이 여성은 결혼을 할 것인가 안 할 것인가를 결정할 때 여러 가지 각도에서 손익 계산을 한다. 그때 돈의 F에 관해서는 장래의 '자신의 수입 + 남편의 수입'임을 짐작할 수 있다. 그래서 '현재 자신의 수입으로 즐기고 있는 생활'과 '결혼 후에 부부 수입으로 할 수 있는 생활'을 비교한다. 후자 쪽이 분명히 좋다고 생각되면 결혼하는 것이 좋다는 결론이 나온다. 확실한 우열을 가릴 수 없거나 분명히 지금의 생활이 좋다고 생각되는 경우에는 결혼하지 않는 것이 좋다는 결론이 나온다. 단연코 결혼하는 쪽이 좋다라고 생각할 수 있기 위해서는 남편의 수입은 상당히 많아야 한다.

그런데 현재의 샐러리맨과 직장 여성(또는 공무원이나 교사 등)과는 월급에서 별 차이가 없다. 결혼하려고 하는 두 사람의 나이가 비슷하면 그 차이는 점점 적어진다. 그러므로 여성의 입장에서 볼 때 결혼 후의 수입은 고작 2배 정도로 늘어날 뿐이다. 만약 상대 남성이 고수입자이어서 수입이 3배로 늘어난다고 하면 대개의 여성은 기꺼이 결혼을 할 것이다. 그런 다음 대부분의 여성은 전업 주부가 될 것임에 틀림없다. 그래도 지금까지의 2배의 수입을 확보할 수 있기 때문이다.

그럴 것이라면 여성은 좀더 높은 연령의 고수입자와 결혼하면 좋지 않을까? 그러나 옛날과는 달라서 지금은 25살의 여성은 35

살의 남성과 결혼하려고 하지 않는다. 아버지 같은 남성은 싫은 것이다. 여기서도 ②의 '파더'는 기피되고 있다는 것을 알 수 있다. 그리고 여성은 될 수 있는 한 자신과 같은 또래의 때로는 몇 살 연하의 남성과 결혼하는 것을 좋아한다.

그 밖에 여성은 표 2와 같은 섬세한 점에 대해서도 결혼의 손익

표 2. 결혼의 손익 계산

○ = 이익　　● = 불이익

	남 성	여 성
파트너	○인생의 파트너를 얻을 수 있다. ●나쁜 파트너를 만나면 실패한 인생을 보내게 된다('악처는 평생의 실패').	○인생의 파트너를 얻을 수 있다. ●나쁜 파트너를 만나면 실패한 인생을 보내게 된다.
섹 스	○섹스의 파트너를 얻을 수 있다. ●섹스 서비스를 제공할 의무가 생긴다. ●다른 상대와의 자유로운 섹스는 제약을 받는다.	○섹스의 파트너를 얻을 수 있다. ●섹스 서비스를 제공할 의무가 생긴다. ●다른 상대와의 자유로운 섹스는 제약을 받는다.
세 상 체 면	○남들처럼 결혼함으로써 안심할 수 있다.	○남들처럼 결혼함으로써 안심할 수 있다.
가 사	○식사, 기타 가사 서비스를 받을 수 있다. ●(아내도 일할 경우) 가사를 분담하여야 한다.	●식사, 기타 가사의 부담이 늘어난다.
아 이	○아이를 가질 수 있다. ○그 경우 아이를 기르는 즐거움이 있다. ●양육의 책임, 부담이 생긴다. ●아이의 됨됨이가 나쁜 경우에 수고가 늘어난다.	○아이를 가질 수 있다 ○그 경우 아이를 기르는 즐거움이 있다. ●일을 계속하고 싶은 경우에 아이는 걸림돌이 된다. ●육아, 교육의 대부분이 아내

		●의 몫이 된다. ●아이의 됨됨이가 나쁜 경우에 수고가 늘어난다.
가 정	○휴식처로서의 가정을 얻을 수 있다. ●아내와 아이 중심의 가정에서는 자신이 있을 자리가 없다(가정 내 홈리스가 된다).	○자신의 가정을 가질 수 있다. ●그러나 그것을 관리, 유지하는 것은 오로지 아내의 일이 된다. ●그 때문에 밖에서 일하는 여성에게 가정은 휴식처가 못 되고 가사 노동의 자리가 된다.
자 유	●(독신 시절에 비해) 자신이 자유로이 쓸 수 있는 돈(용돈)은 격감된다. ●자신이 하고 싶은 것을 못 하게 된다.	○(전업 주부로, 경제권을 잡은 경우) 자신의 재량으로 쓸 수 있는 돈은 많아진다. ●자신을 위해 쓸 수 있는 돈은 준다. ●자신이 하고 싶은 것을 할 수 없게 된다.
집	○(아내도 일하고 있는 경우) 내집을 마련할 수 있는 가능성이 높아진다. ●무리를 해서라도 내집을 갖지 않으면 안 되게 된다. ●그 경우는 대출금이 부담된다.	○(자신도 일하고 있는 경우) 내집을 마련할 수 있는 가능성이 높아진다. ●무리를 해서라도 내집을 갖지 않으면 안 되게 된다. ●그 경우는 대출금이 부담된다.
안 전 보 장	○위기에 대처하는 능력이 확대된다. ●처자를 거느리고 있는 만큼 실업이나 사업에 실패했을 때의 피해가 크다.	○위기에 대처하는 능력이 확대된다. ●남편의 실업이나 사업실패에서 받는 피해가 크다(일련 탁생의 위험).
노 후	○외로워하지 않아도 될 지 모른다. ○자식이 돌봐줄 지도 모른다.	○외로워하지 않아도 될 지 모른다. ○자식이 돌봐줄 지도 모른다.
재 산 형 성	○두 사람이라면 유리(맞벌이의 경우) ●처자를 양육하는 만큼 불리(아내가 전업 주부인 경우)	○두 사람이라면 유리(맞벌이의 경우) ●자신의 재산을 가질 수 없다(전업 주부의 경우).

을 계산한다. 그러나 이 표를 보면 볼수록 계산은 어렵고 결론은 간단히 나오지 않는다는 것을 알 수 있다. 아무래도 결혼하지 않는 쪽이 무난하지 않을까 하고 말할지도 모른다. 든든한 직장을 확보하고 있는 고학력의 여성일수록 그런 결론을 내리는 경향이 있다.

그래도 대다수의 여성은 결국 결혼한다. 그것은 왜 그럴까? 그 이유는 앞에서의 '세 개의 F' 만으로는 충분히 설명할 수 없다고 생각된다.

세상 체면이라는 것

여성이 결혼하는 가장 큰 이유는 의외로 너무 간단해서 누구나 곧이듣지 않는다. 다시 말해서 여성은 '모두 결혼하는데 나만 결혼 안 할 수 없다. 그러니 결혼하자' 라고 생각한다.

현재로서는 대다수의 여성은 결혼하여 아이를 낳고 있다. 이 사실이 있는 한 대부분의 여성은 자신도 이 대다수 여성들 사이에 끼지 않고 있는 것이 불안한 것이다. 반대로 자신도 다수파의 한 사람으로서 결혼하여 아이를 낳는 것만은 최소한 해두고 싶다고 생각한다. 그렇게 된다면 단순히 '남이 한다고 따라하는 행동' 이 아닌가 하는 것은 어리석고 경솔하며 인간의 행동은 대체로 '자신도 남들과 같고 싶다' 고 하는 것을 최대의 동기로 하고 있다.

이것은 반대로 생각해 보면 잘 알 수 있다. 결혼하여 아이가 없으면 '남들과 같지 않다, 보통이 아니다' 하고 주위에서 생각하는 것은 아닐까 하고 스스로 생각하고 그것이 불안의 원인이 되는 것이다.

그러나 이상과 같은 이유는 반대 행동을 낳는 이유도 된다. 주위에 결혼하지 않은 동료가 늘면 '나도 억지로 결혼하지 않아도 되지 않은가' 하게 될 것이며, 이번에는 남이 결혼하지 않는다고 따라하는 행동이 늘어나게 된다. 분명히 옛날에 말하던 '세상 체면이 서지 않는다' 라는 말도 지금은 그다지 들리지 않게 되었다. 딸이 결혼하지 않는다고 가족이 부끄럽게 느끼는 일은 지금은 없다.

그러면 여성이 평생 독신으로 있을 때의 불이익은 무엇일까? 그것은 다름이 아니라 자신의 아이가 없고 '완전 고독 인간' 으로서 죽는다는 것이다.

우선 이런 말은 할 수 있다. 여성이 독신으로 있는 경우, 그 이유가 자신이 '악녀' 이기 때문인지, 아니면 가인·재원임에도 불구하고 본인에게 결혼할 마음이 없어서인지를 자기 자신은 금방 알 수 있는 것이다. 그리고 후자이면 주위 사람들이 납득한 경우는 왜 결혼하지 않은가 하고 그 이상 추궁받는 일도 없다. 즉 운이 나빠서 좋은 상대가 없는지, 눈이 너무 높아서 마음에 드는 상대를 찾지 못했는지, 애당초 결혼할 생각이 없는 것인지……그런 것이겠지 하고 세상은 납득하고, 그 이상 따지려 하지 않게 된다. 이런 이유로 고학력의 여성들 가운데에 결혼하지 않은 사람이 상당히 많다. 한편, '악녀' 쪽은 결혼하지 못하고 있으면 '악녀' 라는 사실이 증명이 되기 때문에 애써서 억지로라도 결혼한다.

남성이 결혼하는 이유

　　남성이 결혼하는 이유도 여성의 경우와 같다. 언제까지나 결혼하지 않고 있다는 것은 남들이 보통이 아니라고 보게 된다. 그런데 그렇게 바라보는 것은 바람직하지 않기 때문에 자신도 남들처럼 결혼만은 하자는 것이다.

　표 1에 있는 결혼의 손익 계산을 진지하게 따져서 태도를 결정하는 남자는 극히 드물다. 그렇다면 남자로서 결혼하게 되면 얻게 되는 이익이 무엇인가. 한 심리학자가 생각하고 있듯이 '언제까지나 공짜로 할 수 있는 섹스'가 남자가 결혼하는 최대의 이유가 되는 것일까?

　그것이 이유 가운데 하나가 될 수도 있다. '임신 때문에 한 결혼'이 있다면 '섹스를 할 수 없었던 결혼'이라는 것도 있을 것이다. 요컨대 아무 경험도 없는 남자가 결혼하지 않으면 '할 수 없기' 때문에 '결혼하면 하게 해준다'라고 말하는 여성과 기꺼이 결혼해버렸다는 것이다. 그 심리학자도 이 경우를 가정하고 있었는지도 모른다.

　그러나 실제로는 이런 일은 거의 없는 게 아닐까. 인기가 없는 남자는 '인기가 없다'는 것을 이유로 결혼할 의욕을 상실해버린다. 그 남자가 어쩌다 인기가 있게 되었을 때 결혼해 주겠다는 여성이 나타날 경우의 주된 결혼 동기가 오랫동안 갈망하고 있던(갈망하고 있었는지 어떤지도 모른다) 섹스를 할 수 있기 때문은 아닐 것이다. 생각해 보면 알 수 있는 것으로 남성이 한 여성과 결혼하는 이유도 동기도 그 여성이 자신과 결혼해 주기 때문이라는 것을 빼놓지 않고 있는 것이다.

남성의 경우, 결혼하는 것이 이익이 될까, 하지 않는 것이 이익이 될까 계산을 해보았자 별 의미가 없다. 결혼하는 것이 이익이어서 결혼을 하고 싶어도 결혼할 상대를 찾을 수 있을지 없을지가 가장 큰 어려운 문제이다. 어떻게 찾으면 될까 하는 것도 문제가 된다. 이 문제를 기적처럼 해결해 주는 것이 바로 여성의 '예스'인 것이다. 이 지구상에 무수히 많은 여성 중에서 당신과 결혼해 줄 상대가 갑자기 나타난 것이다. 이제 당신은 결혼할 수 있다.

여기서 남성에게는 두 가지 타입이 있는데 둔감파는 이렇게 생각한다. '나는 그녀에게 사랑받고 있다. 나는 그만한 가치가 있기 때문에 당연하며, 나와 같은 남자와 결혼할 수 있다는 것은 그녀로서도 행운이고 행복한 것이다' 라고. 또 한쪽의 공상파(순정파)는 이렇게 생각한다. '나는 그녀에게 사랑받고 있다(여기까지는 같다). 나도 그런 그녀를 사랑하고 있다. 우리 두 사람은 서로 사랑하고 있다. 서로 사랑하기 때문에 결혼하는 것이다' 라고. 그러나 사실은 하나밖에 없다. 당신에게 상대 여성이 '결혼해도 좋다' 고 말한 것이며, 표명한 것은 결혼하겠다는 의사뿐이다.

남성이 요구하는 세 가지 M

그러면 남성은 결혼생활에서 아내에게 무엇을 요구하는가. 여성의 경우처럼 '세 가지 F'에 해당되는 다음의 아이를 위한 마더(엄마)의 M, 자신을 위한 마더(어머니)의 M, 메이드(하녀)의 M '세 가지 M'이다.

① 아이를 위한 마더(엄마)의 M : 결혼하면 자신들의 아이가 생기는 것을 전제로 하고 있다. 아내란 그 아이를 낳고 아이의 엄마가 되는 사람을 말한다. 아이에 관해서는 지금도 남성의 태도는 여성보다 단순해서 '아이란?' 라고 묻는다면 '갖고 싶다' 라고 대답한다. 아무튼 낳아서 키우는 것은 자신이 아니기 때문에 마음 편하게 '갖고 싶다' 고 말할 수 있는 것이다.

남녀를 불문하고 지금의 아이들은 아버지가 아니라 엄마의 슬하에서 자라고 영향하에 놓이게 된다. 특히 아들에게 있어서 어머니는 뭐든지 해주는 하녀이기도 하다. 그런 어머니에 대한 의존도가 강하고 어머니의 지배에서 심리적으로 독립해 나갈 수 없으므로 아내보다 어머니와 밀접한 관계를 계속 갖는다. 남성이 어른이 된다는 것은 일단 모친으로부터 독립해 혼자서 자유롭게 살아가는 것인데, 그런 남성도 결혼하면 모친＝하녀에게 의존하고 있던 상태로 되돌아가 아내에게 모친＝하녀의 역할을 요구하는 경향이 나타나게 된다.

예를 들면, 자신이 아이와 다를 바 없이 멋대로 행동해도 모든 것을 너그럽게 뒤처리를 해주는 존재가 아내이어야 한다. 즉 아내에게 어머니의 역할을 기대하고 있는 것이다.

옛날의 남편은 지금보다 훨씬 노골적으로 메이드의 M을 아내에게 요구하고 있었다. 아내에게 하는 말은 '밥, 목욕, 잔다' 이 세 가지뿐이었다. 이것으로 모든 것이 부족함이 없다고 생각하는 남편은 마치 아라비아나이트의 세계에 살고 있는 인물 같은 존재다. 주문을 외우거나 명령을 내리기만 하면 램프의 요정이 무엇이든 해준다. 밥상을 차려주고, 목욕 물을 데워 놓으며, 이불을 깔아 놓으므로 남편은 스스로 아무것도 하지 않아도 된다. 이것은 하녀에게 시중들게 하고 있는 생활이라고도 말할 수 있고 엄마가 돌봐주고 있는 유아의 생활이라고도 말할 수 있다.

지금의 남성은 결혼 후에도 이런 유아 상태를 향유하는 시대는 이미 지났다. "목욕!" 하고 말하면 "자기가 물 받아요"라고 한다. 남편들은 옛날처럼 유아 취급을 받지 않게 된 만큼 약간은 어른이 되었다고도 말할 수 있다. 이렇게 하여 아내의 가사를 돕게 된 남편은 어머니를 도와주는 초등학생 정도의 성숙도에 달한 셈이 된다.

이상의 세 가지 M에 대해서는 남성이 요구해도 뜻대로 주어지지 않는 것이 현실이다. 기대는 어긋나기 위해 있다. 남성은 결혼하면서 기대와는 먼 현실 쪽을 받아들일 수밖에 없다. 그리고 여성이 요구하는 세 가지 F에는 거의 충실하게 따라야 한다. 아이를 갖기 위한 F를 제공하고 처자를 양육하기 위한 F를 벌고, 친구 같은 F를 하려고 한다. 만약 아내가 요구하는 세 가지 F를 충족시키지 못하면 아내 쪽에서 이혼을 원하게 되어 결혼생활은 끝나게 된다.

그러면 남성이 결혼하지 않고 있다는 것은 어떤 불이익이 있는 것일까?

지금은 섹스는 시장에서 조달할 수 있고, 세탁물은 세탁소에 맡기고 식사는 편의점에서 도시락으로 해결하면 아쉬운 대로 만족하며 살 수 있다. 필요한 것이나 서비스는 무엇이든지 시장에서 구한다. 남성이 독신으로 살아가는데 별다른 불편함은 없다. 결혼하지 않는 독신 남성이 늘게 된 배경에는 어머니의 M과 메이드의 M을 떠맡아준 시장이 있다.

그래도 '결혼하지 않은 것'의 불이익이 있다면 그것은 역시 '세상 체면'이다. 이것을 무시할 수는 없다. 세상은 사람을 외모나 신분, 자격으로 판단한다. 40살이 되어도 결혼하지 않은 남성을 주위에서는 보통 다음과 같은 시선으로 쳐다본다.

◇ 결혼하여 안정하지 못하는 것은 어떤 무책임한 데가 있기 때문이 아닐까? 그러고보면 그 남자에게는 어딘지 신용할 수 없는 데가 있다.

◇ 어지간히 가치 있는 일에 몰두하고 있는 모양이지. 그러니까 결혼 같은 것은 생각할 여유도 없다고 하지. 그렇다면 어쩔 수 없지만(최대한으로 호의적인 견해).

◇ 여성 관계에서는 미숙하거나 경험이 없는 모양이네. 그러고보면 어린 티가 나네.

◇ 근본적으로 여자를 싫어하는 모양이다. 괴짜다.

◇ 아니, 여자에게 인기가 없나봐. 같은 남자인 우리가 보아도 매력도 장점도 없는 사람이니까(경멸적인 견해).

◇ 어쩌면 게이가 아닐까?(악의 있는 야유적인 견해).

세상의 눈은 대부분의 경우 호의보다 악의를 띠는 것이다. 이런 견해를 일소하려면 주위 남자들이 놀랄 정도의 미인과 결혼할 수밖에 없다. 그러나 그것도 쉬운 일이 아니기 때문에 점점 결혼은 어려워지고 이런 평가는 사실로 굳어지게 된다.

'언젠가 왕자님이……' 환상

'Some day my prince will come. 언젠가 나의 왕자님이 찾아온다' 이라는 것은 디즈니의 영화 「백설공주」에 나오는 노래이다. 여성이 품는 이 환상에는 두 가지 면이 있다. 하나는 '나의 왕자님'에 해당되는 남자가 어딘가에 있겠지, 언젠가 만날 수 있겠지 하는 환상과 내가 때마침 만나서 결혼하고 싶어지는 상대를 '왕자님'처럼 믿는 환상이다.

전자의 환상은 여성이 그럴 마음이라면 언제까지나 깨지는 일은 없다. 일평생 이 환상을 품고서 그대로 죽는 것도 불가능한 것은 아니다. 후자의 환상은 실제로 결혼해 보면 곧 깨진다. 그때 이 사람은 진짜 왕자님이 아니었다는 사실을 알게 되는데, 그와 동시에 진짜 왕자님은 어딘가에 있다는 환상도 버리는 것이 현명하다. 왕자님 같은 존재는 어디에도 있을 리 없다, 어디에나 있는 보통 남자와 결혼하는 것이라고 각오를 하는 것이 좋다. 여성의 경우 그것이 어른이 된다는 것이다.

그러나 잘 생각해보면 '나의 왕자님이……'라는 것은 소녀의 하찮은 꿈처럼 보여서 실은 어쩔 도리 없는 자기 주장이기도 하다. 왕자님은 한 나라의 국왕의 아들로서 왕위 계승자이며 장래의 국왕이다. 결혼 상대자로서는 최상의 조건을 갖춘 남성이다. 그런 남성을 만나 결혼한다는 것은 자신이 여성 가운데 최고의 여성이라는 것을 증명하는 것이다. '언젠가 나의 왕자님이……' 라는 소망을 품고 있는 여성은 단지 단순한 꿈을 꾸고 있는 것이 아니라 '나야말로 최고다' 라는 강렬한 자부심에 취해 있는 것이다.

그런데 현실로 그녀의 앞에 나타나는 것은 진짜 왕자님이 아니라 어디까지나 '나의 왕자님'에 불과하다. 그녀보다 약간 나은 조건을 갖춘 남성으로서 그녀에게 진지하게 프로포즈하는 남성이 있다면 그가 '나의 왕자님'인 것이다. 그래도 나는 나의 왕자님과 맺어졌다. 그런 이야기 속의 주인공으로서 그녀는 결혼하고 싶었을 것이다. 아무튼 여성으로서는 세계는 자신을 중심으로 돌고 있고 주역은 자신이어야 한다.

'신데렐라 증후군'이라고 하는 것은 좀더 현실성이 있는 것으로 불우한 환경에 처해 있어도 언젠가 기회가 있으면 신분 상승을 꿈꿀 수 있다. 이것 역시 상당히 강렬한 소망이라고 말할 수 있다.

섹스 세계 선수권

 어림잡아 말해서 이 지구상에서는 매일 약 1억 명이 '섹스' 하여 91만 명의 여성들이 임신하고 있는데 섹스

의 횟수나 1회의 섹스 시간은 사회나 문화가 다르면 상당히 다르다. 그러면 섹스의 횟수와 시간에서 볼 때 '강한 나라'는 어디일까?

영국의 콘돔 제조회사의 조사(세계 14개국에 10,000명을 대상으로 함)에 의하면 연간 성행위의 횟수와 평균 소요시간은 다음과 같다고 한다.(「일간 스포츠」 1998. 5. 15/영국의 「미러」지 1998. 5. 14).

① 프랑스	151회(18.8분)
② 미국	148회(25.3분)
③ 러시아	135회(13.9분)
④ 독일	129회(18.9분)
⑤ 남아프리카	117회(18.9분)
⑥ 폴란드	116회(15.3분)
⑦ 영국	113회(20.9분)
⑧ 캐나다	112회(24.4분)
⑨ 오스트레일리아	110회(20.7분)
⑩ 이탈리아	105회(13.6분)
⑪ 멕시코	98회(16.7분)
⑫ 스페인	90회(16.9분)
⑬ 홍콩	77회(12.3분)
⑭ 타이	69회(14.5분)

일본이 이 '섹스 월드컵'에 출전하지 않은 것은 조사대상이 아니었기 때문인 것 같다.

이 조사에 의하면 섹스가 강한 나라는 선진국이면서 고소득 국가로 올림픽에도 강한 나라, 그리고 백인의 나라, 비카톨릭계의 나라라는 것이다. 다만 프랑스만은 카톨릭계의 나라인데 특별한 '섹스 강국'이다. 소요 시간으로는 앵글로 색슨 프로테스탄트계의 나라가 강하다. 요컨대 섹스에 관해서는 상당히 '집요' 하다는 것이다. 아시아, 비크리스트교계의 나라는 섹스 횟수도 적고 소요 시간도 짧다는 것이 또렷이 나타나 있다.

그러나 섹스 횟수가 적고 '섹스에는 약하다' 는 아시아 여러 국가의 출생률이 높은 것은 무슨 까닭일까? 아마도 피임을 정확하게 하지 않고 있기 때문인지도 모른다. 분명히 저개발국가에서는 피임 같은 것은 하지 않는 경향이 있다. 그러나 섹스가 생식을 목적으로 하는 것이라면 횟수도 적고 소요 시간도 짧지만 아시아식 섹스가 유럽식 섹스보다 훨씬 효율성이 높다는 것이 된다. 생물학적인 결과만으로 보면 단연코 아시아식이 우세하다. 긴 안목으로 보면 아이를 많이 낳는다고 하는 '생산성' 에서 우수한 쪽이 인구를 증가시켜 지구 전체를 자신들의 자손으로 뒤덮어놓게 된다.

섹스가 오로지 즐기기 위한 것이라면 이 목적을 진지하게 추구하여 즐기고 있는 곳은 유럽의 선진국들이다. 그 경우 아이는 '환영받지 못하는 부산물' 이므로 유럽에서는 부산물을 예방하기 위해서 철저하게 피임을 한다. 또 부부가 아닌 사람들 사이에서의 섹스도 많겠지만 그 경우도 아이는 필요 없다. 그래서 유럽의 선진국에서는 열심히 섹스를 하면서도 인구는 줄어간다.

일본인은 어떤 목적도 그다지 진지하게 추구하고 있는 것 같지는 않다. 섹스도 그렇고 아이를 갖는 일에도 그렇다. 그래서 일본은 에도 시대에 성행한 창녀나 연극을 다룬 풍속화 덕분에 실제 이상으로 평가받고 있는 섹스 대국은 아닌 것 같다.

섹스리스의 경향

최근 '섹스리스 부부'가 늘고 있다고 한다(물론 이런 화제에는 특별한 신빙성이 있는 것은 아니지만). 분명히 일본인은 섹스에는 담백한 쪽일 것이고 부부가 같은 침대에서 자는 것도 아니므로 부부 사이에 짙은 섹스 관계가 계속되는 일도 없는 것 같다. 게다가 아이가 태어나면 남편은 아내로부터 '○○아빠'라 불리고 아내는 남편으로부터 '○○엄마'라고 불리게 된다. 이때부터 부부 관계는 섹스를 하는 남녀에서 아이의 부모로 변질되는 것이다. 그래서 차츰 섹스리스로 다가간다.

그러나 그 가운데에는 아이도 없는 단계에서 섹스리스가 되는 부부도 있다고 한다. 이것은 남성의 신체 성숙도에 문제가 있어서 신체는 생식 가능한 어른이 되어 있는데도 생식 행동 불능의 상태에 있는 것 같다.

남성측의 섹스리스 증후군에는 다음과 같은 경우가 있다.

① 처음부터 욕구도 없고 하려고도 하지 않는다.

② 시도는 해보지만 실패하여 잘 안 되기 때문에 그러는 사이에 ①로 이행한다.

③ 싫증났는지 싫어졌는지 또 아내에게는 말할 수 없는 기타 이유로 도중에서 섹스리스가 된다.

①, ②의 경우라면 아내가 남편에게 이상이 있는 것은 아닐까 하고 자신의 부모에게 상의하고 정신과 등에서 상의하여 남편을 '치료' 하든가, 남편이 그것을 거부할 경우 이혼에 이를 수 있다. 또 섹스리스는 섹스리스대로 이혼하는 경우도 적지 않은 것 같다.

그것도 고학력의 언뜻 보기에 나무랄 데 없는 남성에게 종종 이 섹스리스 이혼을 볼 수 있다고 한다. 이런 남성은 어렸을 때부터 공부에만 열중하고 이성에도 섹스에도 전혀 관심이 없고 자위 행위의 경험도 없는 경우도 있다고 한다. 이런 남성이 어떤 단계를 거쳐 어엿한 남자가 될 수 있을지 의문이다.

섹스리스 부부가 되면 이미 '형태만의 부부'이다. 이들 부부 사이에서는 아이가 없다. 물리학자이며 수필가인 데라다 도라히코는 재혼한 부인과의 사이에는 아이를 두지 않겠다고 일방적으로 정하고 섹스리스의 부부로 지냈다고 한다.

지금이라면 이와 같은 행위는 합당한 이혼사유가 된다.

<h2 style="text-align:right">'싫어진 이혼'</h2>

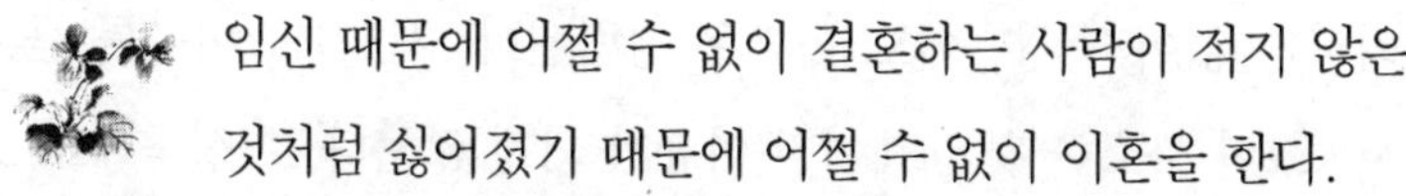
임신 때문에 어쩔 수 없이 결혼하는 사람이 적지 않은 것처럼 싫어졌기 때문에 어쩔 수 없이 이혼을 한다.

부부가 이혼하는 것은 결혼생활을 계속할 수 없게 하는 사정이 생기기 때문이다. 다시 말해서 결혼생활을 계속해서 받는 고통과 불이익이 이혼의 고통이나 불이익보다 큰 경우에 부부 중 한 명이 또는 서로 이혼을 원한다.

이혼을 하지 않을 수 없게 되는 사정으로는 다음 두 가지가 있다.

① 부부 한쪽 또는 쌍방에 중대한 과실이 있을 것. 예를 들면,

남편 또는 아내가 불륜을 한 경우, 남편이 처자를 부양할 의무를 이행하지 않을 경우, 아내가 아이를 양육할 의무를 이행하지 않을 경우, 남편이 아내나 아이에게 폭력을 휘두르는 경우 등으로 제3자가 보았을 때도 '이혼하는 것이 낫다' 고 생각하게 되는 명백한 이혼 사유이다. 과실이 있는 쪽은 정상적인 결혼생활을 계속할 책임을 다하지 못했기 때문에 위자료를 지불해야 한다.

그러나 결혼할 때 그와 같은 것을 약속하고 정식 계약을 체결한 것은 아니기 때문에 위자료를 확실하게 받아낼 방법은 없다.

② 상대에게 특별한 과실은 없으나 함께 생활하는 것 자체가 정신적으로 고통을 느낀다는 것. 이 상태는 '성격이 안 맞는다' 라 일컫고 있다. 결혼 전이나 결혼 초에 비해 사람의 성격이 계속 같을 수는 없기 때문에 이것은 보다 정확하게 말하면 '상대의 성격에 견딜 수 없게 되었다' 고 하는 것이며 이전에는 조금이나마 있었던 애정이 지금은 없어졌다는 의미이기도 하다.

이처럼 부부 중 한쪽 또는 쌍방이 더 이상 결혼생활을 계속할 의사가 없어진 경우에도 이혼은 성립된다. 제3자가 이유를 듣고서 '그런 사소한 것은 헤어질 이유가 되지 않는다' 고 설득해도 소용없다. '진력났다', '이런 따분한 사람이라고는 생각지 못했다', '배려하는 마음이 없다', '집안일을 하나도 못 한다', '단정치 못하다' 는 등 상대가 싫어졌다는 데에는 어쩔 도리가 없다.

전전의 민법과 각 집안의 제도하에서는 부부가 멋대로 이혼하는 것은 언어도단이라고 했었다. 특히 아내 쪽에서 이혼을 원한다는 것은 있을 수 없는 일이었다. 다만 남편이나 시집에서 '가풍에 맞지 않는다' 는 이유로 며느리를 쫓아내는 일은 흔히 있었다. 아주 옛날에는 '3년 무자식이면 내보낸다' 라고 하여 아내가 아이를 낳지 못하는 경우 이혼 당해도 어쩔 수 없는 시대도 있었다.

전후는 사정이 달라져서 여성이 다른 집으로 시집가는 형태에서 부부가 새로 핵가족을 이루는 형태의 결혼이 주류가 되고 있다. 그래도 최근까지는 이혼은 흔히 있는 일이며 주로 남편 쪽에 과실이 있는 경우가 아니면 여성 쪽에서 쉽게 이혼을 제기하는 일은 없었지만 지금은 여성 쪽에서 '싫어진 이혼' 을 제기하는 일이 많아졌다. 다시 말해서 과실이 있고 없고에 상관 없이 결혼생활이 사실상 파경에 이르면 한쪽 또는 쌍방의 신청에 의해서 이혼이 간단하게 성립되는 시대가 된 것이다.

이것은 여성의 자기 의사표현이 강해져서 싫은 상태를 참고 결혼생활을 계속하지 않아도 되었기 때문이며, 또 옛날과 달라서 이혼한 여성이 경제적으로 자립할 수 있는 기회가 확대되고 있기 때문이다.

이혼의 득실

오늘날에는 이혼하였다고 해도 그 사람의 사회적 평가가 떨어지는 정도는 그다지 큰 것이 아니다. 이혼은 누구에게나 있을 수 있는 불행한 사건 또는 대수롭지 않은 실패에 불과하다는 의식이 정착되어 있다. 여성으로서도 여성의 치명적인 결함을 나타내는 '전과' 처럼 평가되는 일은 적어졌다.

그렇다고 해도 이혼이 높이 평가되는 일은 절대로 없고 있는 것보다 없는 것이 좋다는 세상의 견해는 지금도 변함이 없다. 이유는 남성도 여성도 어떤 이유로든 첫결혼이 파탄에 이르렀다, 실패로 끝났다고 하면 그 원인의 일부가 상대, 자신에게도 있다는 것은 부정할 수 없는 사실이기 때문이다. 당신이 만약 재혼할 경우 상대방이 이혼하게 되었던 이혼사유는 재혼의 장애요인이 될 수도 있다.

일본인에게는 오히려 이런 점을 따져서 위험한 것, 손해보는 일에는 뛰어들지 않는, 두려워하는 점이 있다. 그러므로 '재혼'은 미국만큼 활발하게 이루어지지 못한다. 열심히 결혼하고, 열심히 이혼하고, 열심히 재혼하는 미국식은 일본인에게는 맞지 않는 것 같다.

일본에서도 미국에서도 여성이 어린아이를 데리고 살아가는 것은 쉬운 일이 아니다. 여성이 의사, 변호사라는 특별한 직업에 종사하는 경우는 별 문제가 안 되지만 평범한 여성이 아이를 데리고 많은 돈을 벌 수 있는 직업에 종사하는 것은 거의 불가능하다.

아이가 딸린 이혼 여성이 살아가기 위해서 할 수 있는 방법은 다음과 같은 것이 있다.

① 될 수 있는 한 빨리 새 배우자를 찾는다.

② 아이를 전 남편의 부모에게 맡기거나 친정 부모에게 맡기고 일한다. 또는 이 가운데에 ①을 지향하는 여성도 적지 않다.

③ 아이를 보육원에 맡기고 일한다.

④ 국가로부터 생활 보호를 받는다. 단, 이 경우는 ①, ②를 포기하여야 한다.

⑤ 아이를 고아원 등의 시설에 맡긴다.

이혼 게임으로는
'헤어지지 않는' 전략이 득이다

　표 3에서도 분명한 것처럼 한쪽 또는 쌍방에 과실이 있는 경우 또는 서로간에 과실이 없는 경우라도 '헤어지고 싶다'는 쪽이 더이상 결혼생활을 지속할 의사가 없음을 강하게 표시하고 있는 것이기 때문에 상대가 '헤어지고 싶지 않다'라는 경우에는 그 이혼 반대의 의사를 번복할 만한 '보증'을 제공해야 된다.

　예를 들면, 자신에게 과실이 있다면 '위자료'나 재산 분배 등의 이익을 제공함으로써 이혼에 동의를 받아야 한다. '헤어지고 싶다'는 쪽이 경제적 능력이 크면 클수록 상대의 '헤어지고 싶지 않다'고 하는 전략은 유효하게 되며 큰 이익을 끌어낼 가능성이 높아진다.

　반대로 말하면 헤어지고 싶은 쪽은 헤어지고 싶다는 의사를 밝힘으로써 상대에게 보다 고액의 위자료나 재산을 주어야 한다. 상대가 강경하게 이혼을 거부하는 경우에 마음을 바꾸게 하려는 교섭은 일종의 경매와 비슷한 게임이 된다.

　물론 이것은 경제적 능력이 없는 남편이나 아내의 경우에는 성립되지 않는다.

이혼의 원인 가운데 대부분을 차지하는 것은 부부가 서로 가난하고 경제적으로 어려운 경우이다. 이와 같은 경우에는 예를 들면, 아내는 남편으로부터 위자료를 받기보다는 남편의 폭력이나 파탄난 결혼생활을 끝내는 데서 이익을 찾는다.

표 3. 이혼 게임

		아 내			
		과실 있음		과실 없음	
		헤어진다	헤어지지 않는다	헤어진다	헤어지지 않는다
남 편	과실 있음 — 헤어진다	◎ 이혼 성립	▲ 남편 : 위자료를 주고서라도 이혼?	○ 이혼 성립 남편 : 위자료를 줄 필요	△ 남편 : 위자료를 올려서라도 이혼?
	과실 있음 — 헤어지지 않는다	▲ 아내 : 위자료를 주고서라도 이혼?	결혼생활 유지 (서로 과실을 용서한다)	△ 아내 : 위자료를 포기하고서라도 이혼?	결혼생활 유지 (아내가 용서한다)
	과실 없음 — 헤어진다	○ 이혼 성립 아내 : 위자료의 지불이 필요	△ 남편 : 위자료를 포기해서라도 이혼?	◎ 이혼 성립	△ 남편 : 위자료를 주더라도 이혼?
	과실 없음 — 헤어지지 않는다	△ 아내 : 위자료를 올려서라도 이혼?	결혼생활 유지 (남편이 용서한다)	△ 아내 : 위자료를 주고서라도 이혼?	결혼생활 유지

6

자녀와 가족

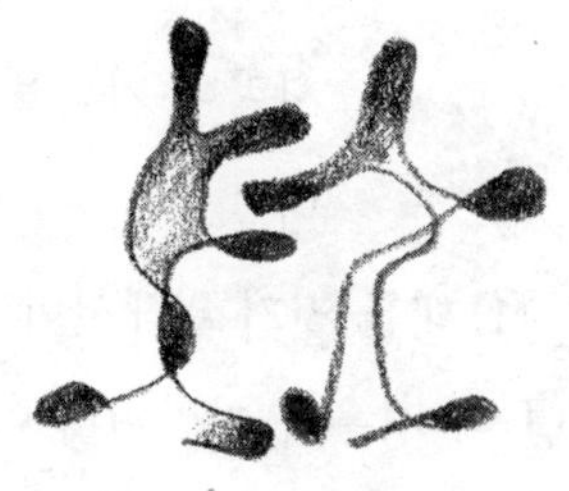

자녀가 있는 인생 설계

당신이 결혼하여 자녀를 둔 경우에는 표 1과 같은 일평생을 보내게 된다. 가장 많은 경우는 ①로서 자녀가 독립하여 나가게 되면 부부 두 사람만 생활하다가 노후에는 결혼한 자녀와 같이 살 것인지 아닌지에 대해 선택의 여지가 있다.

②와 같이 자녀가 있고 이혼하는 경우는 상당히 복잡한 양상을 띤다. 우선 누가 자녀를 양육할 것인가가 문제가 된다. 그리고 자녀를 데리고 재혼하는 경우, 그 아이에게는 혈연이 아닌 법률상의 아버지 또는 어머니(계부 또는 계모)가 생기게 된다. 옛날부터 이 경우는 갈등을 낳는 것으로 알고 있다. 재혼하는 사람도 서로 자식을 데리고 있다면 문제는 더욱 복잡해진다. 재혼 부부 사이에 두 사람의 아이가 생기면 유전자가 서로 다른 세 아이가 함께 사는 대가족이 된다.

사람이 자식을 원하는 이유는 몇 가지로 생각할 수 있다.

① 대를 잇기 위해서이다. 집안을 계승하는 남자의 입장에서 보면 이 경우가 자식이나 아들을 원했던 가장 중요한 이유였다. 이른바 '자식＝집안 승계설'이다. 이것은 지금도 'ㅇㅇ가(家)'를 존속시켜야 한다, 가업을 잇는 아들이 있어야 한다는 사정이 있는 경우에는 적합하다. 지금 일본의 황실이 여기에 해당한다.

② 자식은 '자연의 과정'으로 태어나는 존재이므로 당연히 양육해야 한다는 '자식＝운명설'로서 자손을 두는 것은 당연하다는 입장과도 통한다. 그러나 사람은 자신의 유전자를 후세에 남겨야 한다는 책무를 의식하여 자녀를 두는 것은 아니다.

③ 자식은 이익을 낳는 자산이다. 따라서 자식이 많으면 장래 가정의 수입도 늘고 안정된 생활을 할 수 있다. 이러한 '자식＝자산설' 또는 '자식복 설'은 자식은 많이 낳을수록 좋다는 설로 가난한 사회에서 공통된 사고방식이다. 이런 사회에서는 출생률이 높아서 인구가 증가한다.

④ 노후를 위해서는 보살펴주는 자녀가 있어야 한다는 '자식＝노후 보장설'인데, 노후 보장이 잘되어 있는 복지 국가라 하더라도 노후에 혼자 살고 싶지 않다, 될 수 있으면 자신의 자녀와 함께 지내고 싶다, 죽을 때까지 자녀의 보살핌을 받고 싶다고 하는 소망은 없어지지 않았다.

⑤ 자식은 사랑스러운 애완동물과 같은 존재이다. 따라서 애완

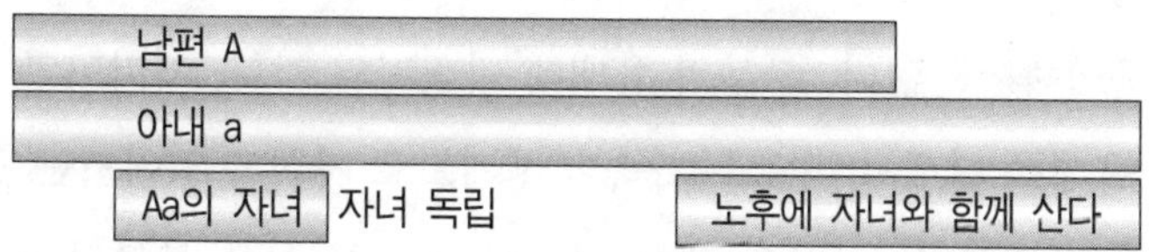

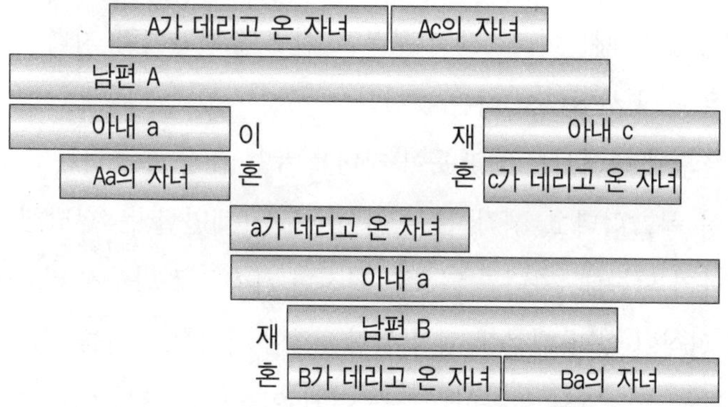

동물로서의 자식을 갖고 싶다는 '자식＝애완동물설.' 전후에 태어난 세대가 만든 '새로운 가족 형태' 이후 자식은 핵가족 속에서 소중히 사치스럽게 자라서 친구형의 부부에게 애완동물과 같은 존재가 되었다. 순수혈통의 애완동물을 원하는 것처럼 부부도 사랑스럽고 똑똑한 자식을 원하는데, 자식은 자라면서 사랑스러운 애완동물이 아닌 오히려 부모가 감당할 수 없는 귀찮은 존재로 성장한다. 따라서 이 설은 유아기에만 해당된다.

이와 반대로 애완견을 자식처럼 여기며 귀여워하는 사람도 있다.

⑥ 가족을 이루어서 살아가고 싶다. 자식은 가족의 중심이며 없어서는 안 되는 존재라고 생각하는 '자식＝가족 중심설'은 가족과 함께 사는 인생을 추구하는 입장이다. 자식 없이 부부만으로는 가족이 될 수 없다. 부부의 유대에 아버지와 자식, 어머니와 자식의 유대를 더해서 비로소 가족이 생기므로 자식은 없어서는 안 된다고 생각한다. 다시 말해서 자식이 깨지기 쉬운 부부의 결합도 강화시킨다는 것이다.

⑦ 체면 때문이다. 결국 부부로 살면서 남들처럼 자녀가 없는 것은 볼상 사납다고 하는 것이다.

결혼에 대해서도 그랬듯이 자녀를 두는 것을 부정하는 것은 체면상 부끄럽다고 생각하는 '자식＝세상 체면설'은 상당히 강한 이유가 되는데, 자녀가 없으면 완전한 가족으로 봐주지 않는 주위의 인식이 싫기 때문에 세상 사람들처럼 자녀를 두려는 것이다.

결국 오늘날의 일본사람들은 어떤 이유로 자녀를 두려는 것일까?

위에서 설명한 7가지 설 가운데 결정적으로 해당된다고 생각되는 설은 없다. 이런 까닭에 아이를 낳을 이유가 없고, 따라서 아이는 없어도 좋다고 하는 결론밖에 남지 않는 것일까? 그렇지만도 않은 것 같다. 위의 7가지 설 모두 조금씩 타당성을 띠고 있다. 하나하나가 뭉쳐 한 덩어리가 되면 의외로 강력한 이유가 되는 것이 아닐까. 그리고 확실한 이유 없이 자녀를 두는 것이 싫다고 하는 사람에게는 자녀를 두어야 하는 이유가 강력하게 작용한다. 따라서 그 사람은 '우선' 아이가 있음으로써 어떤 안심과 만족을 얻는 것이다.

여성이 임신을 하지 않는 이유

남성이 보통 자신의 아이를 갖고 싶지 않다고 하는 특별한 이유는 없다. 생리적으로 아이는 싫다, 귀찮다, 번거롭다, 일에 방해가 된다, 자신과 꼭 닮은 아이를 보고 싶지 않다고 하는 남성도 간혹 있다. 그러나 남성 자신이 아이를 낳고 기르는 것이 아니므로 아이는 그다지 귀찮은 존재는 되지 않는다. 따라서 오히려 남들처럼 아이를 갖고 싶다, 아이는 없는 것보다 있는 것이 좋다고 마음 편하게 말할 수 있는 입장에 있다.

반대로 확고한 이유를 가지고 아이는 필요 없다고 말할 수 있는 사람은 스스로 아이를 낳고 기르는 여성들이다. 즉 여성이 아이를 갖게 되었을 때 얻는 이익보다 아이를 갖게 되었을 때 받는 불이익이 크다고 판단한다면 아이를 갖지 않는다고 결정하게 된다.

아이를 가져서 얻게 되는 이익이란 여성이 아이를 가짐으로써 얻을 수 있는 만족이다. 앞에서 설명한 7가지 설 때문에 아이를 가지고 싶다면 아이가 생겨서 목적이 달성되었을 때에는 만족을 얻을 수 있다. 그러나 원래 이 이유들은 그다지 확실한 것은 아니기 때문에 아이를 가져서 얻게 되는 이익도 불확실하다. 아이를 가져서 받게 될 불이익은 구체적으로 눈앞에 엄연히 존재하고 있는 것처럼 여겨지는데, 다음과 같은 것들이 있다.

첫째, 육아는 괴롭고 좋아하지 않는다. 또 책임도 너무 무겁고 부담도 너무 심하다. 하루 종일 아이를 돌봐야 한다는 것은 견딜 수 없다. 그런 고생은 하고 싶지 않다.

둘째, 아이가 있으면 자신의 자유가 제한되어 하고 싶은 일을 할 수 없게 된다. 그러므로 그런 희생은 치르고 싶지 않다.

셋째, 넓게 보면 아이를 가짐으로써 자신의 인생 설계를 부득이하게 변경해야 된다. 예를 들면, 지금까지 해오던 대로 밖에서 일하는 것도 할 수 없게 된다. 경우에 따라서는 일도 그만두어야 한다. 그런 희생은 치르고 싶지 않다.

넷째, 육아나 교육에는 상당한 비용이 든다. 그 비용을 충당하기 위해서는 내 집 마련, 여행, 기타 하고 싶은 것에 돈을 넉넉하게 쓸 수 없게 된다. 따라서 그런 희생은 치르고 싶지 않다.

결국 아이를 가지게 됨으로써 받을 불이익이란 아이를 가짐으로써 여성이 지불해야 할 희생, 부담, 비용 등을 말한다. 이러한 요소들이 아이를 가지게 됨으로써 얻는 이익(만족)보다 단연코 크다고 여성이 판단하게 되면 '아이는 필요 없다' 라는 결론이 나올 수밖에 없다.

자녀를 두기는 했지만 아이에게 관심이 없는 여성은 아이를 돌보지 않고 첫째, 둘째 사항을 거부하려고 한다.

셋째 사항을 감소시키기 위해서는 무료 또는 저비용의 24시간 탁아소가 운영되거나 원하는 대로 얻을 수 있는 산후 휴가나 육아 휴가가 있으면 되는데 그런 것은 현실적으로 불가능하다. 끝으로 양육비나 교육비를 덜어 주기 위해 아이가 생기면 성인이 될 때까지 '양육 수당' 이라도 지원된다면 좋겠지만 이것도 불가능한 문제이다. 따라서 다른 부문에서 비용을 약간 줄일 수 있는 조치를 취해 보았자 여성이 느끼고 있는 이 네 가지의 희생을 해소할 수는 없다. 예를 들면, 편리하고 싼 탁아소만 운영되면 여성은 육아 문제에 신경쓸 필요 없이 일을 계속 하면서도 여러 명의 자녀를 둘 것이라는 기대는 할 수 없다.

산아제한 정책이라는 것은 예를 들면, 첫아이에게는 월 5만 엔, 둘째 아이에게는 월 7만 엔, 셋째 아이에게는 월 10만 엔, 넷째 아이에게는 월 15만 엔 등 '누진적 양육 수당'을 받을 수 있는 것이 된다면 여성들은 기꺼이 아이를 가질 것이다. 그러나 이런 제도가 생겼다 해도 아이 때문에 자신의 일이나 자유를 포기할 수는 없다고 생각하는 여성은 그 결론을 바꾸는 일은 없을 것이다.

실제로 절대로 아이는 갖지 않겠다고 결심하고 있는 여성은 많지 않다. '자식이 없는 인생'을 선택하는 것은 생각해 보면 대단한 결단이며, 장래 자신이 죽음을 맞이하였을 때 그것이 무엇을 의미하는가를 상상할 수 있는 사람이라면 이와 같은 결단은 내리지 않는다. 그래서 결혼한 여성의 대부분은 '우선'적으로 아이를 갖는다.

신과의 Q&A

Q 오늘 인터뷰의 주제는 산아제한과 인구 감소입니다. 일본을 비롯한 선진국에서는 출생률과 인구가 줄고 있습니다. 이대로 앞으로 1000년만 지나면 일본인은 지구상에서 소멸되어 버립니다.

A 알고 있습니다. 요컨대 '가난한 사람 아이가 많다'고 하는 것은 옳았던 것 같습니다.

Q 상당한 비속어까지 알고 있군요.

A 네, 나는 일단 전지 전능하다고 하니까요.

Q 그러나 그 '전능' 쪽을 최근에는 충분히 발동하고 있는 것 같지 않은데요.

A 내가 게으름을 피우고 있다고 말하고 싶은 겁니까. 아니면 전능이라는 것이 거짓이고 사실은 대단한 힘은 없다고…….

Q 그런 말은 하지 않았습니다. 그러나 분명히 『구약성서』에는 "낳아라, 늘려라, 이 땅에 채워서 이 땅을 지배하라……"라고 적혀 있죠.

A 그것은 내가 한 말로 되어 있습니다. 그러나 내가 실제로 그렇게 말한 것은 아닙니다. 내가 말했다고 그 시대의 사람이 생각한 것이 거기에 적혀 있을 뿐입니다.

Q 그 말에 대해서는 책임을 질 수 없다는 말씀을 하시는군요.

A 나는 무엇에 대해서도 책임을 지지 않습니다. 또 책임을 진다는 것이 어떤 것인지, 이해할 수 없습니다.

Q 예를 들면, 자신이 만들어서 축복한 인간들이 멸망하지 않도록 지킨다는 것입니다.

A 나는 제조물 책임법과 같은 것에는 구속되지 않습니다. 하물며 자신이 만든 것이 영원히 부서지지 않도록, 멸망하지 않도록 마음을 쓰는 책임 같은 것은 없습니다. 인간을 포함하여 만물은 변화합니다. 소멸도 변화 가운데 하나입니다. 나도 변화한 끝에 소멸할지도 모릅니다.

Q 만물을 창조하신 분이 그런 무책임한 말을 하시면 곤란합니다. 당신은 대단한 수고를 마다 않고 우주와 지구, 동식물, 기타 만물을 창조하셨습니다. 동물의 경우는 환경이 허락하는 한 오로지 생식하여 계속 늘어가게 되어 있습니다. 그런데 인간만은 다

른 것 같습니다.

A 인간도 동물과 마찬가지입니다. 그런데 인간은 자신의 형편에 따라 마음대로 아이를 갖고 싶으면 만들고, 갖기 싫으면 만들지 않고 있습니다.

Q 지금 여성이 임신을 하지 않는 것은 죄라고 생각합니까?

A 죄라고는 생각하지 않습니다. 임신을 하고 안 하고의 개별 행동을 내가 벌할 수는 없습니다. 여성들은 자신의 생각에 의해서 임신을 해도 좋고, 안 해도 좋고. 그것은 자유입니다. 덧붙여 말하면 이것도 오해하고 있는 모양인데, 인간의 자살은 나에 대한 죄가 아닙니다. 흄이나 쇼펜하우어가 지적하고 있는 것이 옳습니다.

Q 아이를 갖는 것도 안 갖는 것도, 사는 것도 자살하는 것도 모두 그 사람의 자유라는 겁니까?

A 그 밖에 어떻게 하면 좋다는 것입니까?

Q 당신의 의사라는 것은?

A 내가 인간이 하는 일을 일일이 명령을 하거나 초능력으로 조종하고 있다고 생각하는 것은 유치한 망상입니다. 내가 그런 귀찮은 것을 할 이유가 없습니다.

Q 전지 전능하기 때문에 그 정도는 간단히 할 수 있지 않습니까?

A 나는 당신들을 위해 쓸데없는 에너지는 사용하지 않습니다.

Q 의외로 냉담하다고 할까 무책하다고 할까요?

A 그것이 내 본성이니까요.

Q 아무튼 인간은 앞으로 점점 수가 줄어서 지상에서 모습이 사라지게 됩니다. 그것이 당신의 계획입니까?

A 아직 아무것도 정해지지 않았기 때문에 그것을 지금 말할 수는 없습니다.

Q 현재 아이를 갖지 않는 인간이 늘고 있는 한편에서는 당신이 올바른 방법이라고 정한 것과는 다른 방법으로 멋대로 아이를 만들기 시작하고 있습니다. 이대로 가면 인간은 정자 은행과 난자 은행에서 정자와 난자를 골라서 적당한 짝짓기로 인공 수정을 하고 인공 자궁에서 아이를 만들게 됩니다.

A 그것이 어떻다는 것입니까? 남자와 여자가 사랑이나 욕망 같은 것의 산물로 아이를 만드는 것과 별 차이는 없습니다. 국가가 국가적 입장에서 충분하게 고려하여 아이를 만들어 인구를 유지한다 해도 아무 문제도 없습니다. 그 결과가 어떻게 되든 나의 보이지 않는 의사에 지배되어 그렇게 되었다는 등의 이상한 추측을 하지 말아 주십시오. 아무것도 내 탓이 아닙니다.

Q 개입하지 않겠다는 입장이군요. 그러면 애당초 왜, 무엇 때문에 인간을 만드셨습니까?

A 그 동기는 간단히 설명할 수 없습니다. 사실은 '왜'도 '무엇 때문에'도 아니고 우연하게 또는 장난삼아 좀 만들어 봤습니다. 당신은 남이 하는 일도 일일이 당신 자신이 알 수 있는 이유나 동기가 없으면 만족하지 못하는 모양인데, 그것은 자기 중심적인 요구입니다. 내가 만든 것이 언젠가 멸망하는 것에 대해서도 마찬가지입니다. 그것이 '언제, 어떻게'라는 것은 그때가 되지 않으면 모릅니다. 아무튼 나 자신이 아직 아무것도 결정하지 않았으니까요.

자식이 없는 인생 설계

자식은 필요 없다고 생각하고 있는 여성이라면 '그렇다면 결혼할 것도 없다' 라는 결론을 내리고 있는지도 모른다. 그 경우도 포함해서 '자식이 없는 인생' 은 다음 두 가지 가운데 하나가 된다.

첫째, 결혼하여 남편이라는 파트너와 함께 지내지만 자식은 필요 없는 MNKS(marriage, no kids). 여기에는 부부가 함께 맞벌이하여 아이를 갖지 않는 DINKS(double income, no kids)도 포함된다.

둘째, 결혼도 하지 않고 아이도 갖지 않는 NMNKS(no marriage, no kids)이다.

부부가 함께 전문직에 종사하고 있는 경우에는 스스로 KINKS 형의 MNKS가 된다. 이런 부부는 배우자와 사별하여 혼자가 되어도 자신의 일을 파트너로 삼고서 살아갈 수 있을 것이다. 그래도 결국에는 자기 혼자가 된다. 일이나 기타 친구가 있으면 즐겁게 살아갈 수 있다고 생각하는 것은 너무 낙관적이다. 서로 건강하고 즐겁게 어울릴 수 있는 동안은 문제가 없지만 당신이 늙어감에 따라 죽음에 다가감과 동시에 친구도 당신의 곁에서 사라져 간다. 그리고 당신 자신도 남에게 폐를 끼치지 않고 사라져 가기 위해서는 그 나름대로의 준비가 필요하다. 당신이 배우자보다 먼저 죽는 경우에는 대부분의 것을 배우자에게 맡기고 사라질 수 있다.

그러나 NMNKS가 되면 그 파트너도 처음부터 없다. 형제나 자매, 조카, 사촌형제 등이 남아 있으면 장례식 정도는 해주겠지만 이러한 사람들도 없는 경우에는 스스로 자신의 '사후 처리' 도 생각해 두어야 한다. 환갑을 넘어서 여성이 그런 것을 생각했을 때 '아이가 있었더라면 좋았을 텐데' 하고 생각해도 이미 아이는 가질 수 없다. 하지만 남성이라면 지금부터라도 안 될 것은 없다.

　NMNKS와 같은 '완전하게 고독한 인간'의 인생의 최종 단계는 어떻게 될까? 누구나 별로 상상하고 싶지 않을지도 모르지만 감히 상상해 보면 다음과 같을 것이다.

완전하게 고독한 인간과의 Q&A

Q　○○씨 계십니까? 저는 독신 생활 노인 지원협회에서 온 사람입니다.

A　어떻게 오셨습니까?

Q　독신 생활 노인의 실태 조사차 왔습니다. 몇 가지 물어보고 싶은 것이 있는데요.

A　좋아요, 물어보세요.

Q　현재 같이 살고 있는 사람은?

A　없습니다.

Q　양친이나 형제는?

A　없습니다. 모두 죽었어요.

Q　그 밖에 친척은?

A　없습니다.

Q　자제분은?

A　없습니다.

Q 주인께서는?

A 내가 이 집의 주인입니다.

Q 아니, 댁의 배우자 말입니다.

A 없습니다.

Q 과거에 결혼하신 적은?

A 한 번도 없습니다.

Q 현재 특히 친하게 지내는 사람은?

A 없습니다.

Q 학창시절의 교우관계나 직장에서 동료와의 교분은?

A 없습니다.

Q 서클 같은 데에 가입하지는 않았나요?

A 없습니다.

Q 이웃 사람들 가운데 혹시 친하게 지내는 사람은?

A 없습니다.

Q 연세가 드셨으니 지금은 일하고 있는데도 없으시겠죠?

A 없습니다.

Q 그러면 시간이 많으실 텐데, 취미 같은 것은?

A 없습니다.

Q 연금 외에 이자, 배당, 집세, 기타 수입이라도 있으신가요?

A 없습니다.

Q 부동산 같은 재산은?

A 대단한 것은 없습니다.

Q 하지만 정원이 딸린 이 집은 댁의 것이겠죠?

A 부모님께 상속받은 것입니다.

Q   아주 깨끗이 손질도 되어 있는데 정원 가꾸기나 원예에 취미라
도 있으십니까?

A   없습니다. 정원 가꾸기는 정원사에게 맡기고 있어요.

Q   아무튼 유유자적한 생활을 하고 계시지 않습니까? 경제적으로
아무런 걱정도 없으신 것 같은데요.

A   없습니다.

Q   가끔 외로워지는 일은 없습니까?

A   없습니다.

Q   애완동물이라도 키우시나요?

A   동물을 키우지 않아요. 손이 많이 가고 좋아하지도 않아요.

Q   실례지만 근처에서 몰래 키우고 있는 것은 없나요? 사실은 그런
신고를 받았어요.

A   내가 동물을 키우고 있다고요?

Q   네. 가끔 밤중에 늑대 울음 소리 같은 이상하게 외치는 소리가
난다고 신고를 받아서……. 설마 늑대나 아주 큰 개라도 키우고
있지는 않으십니까?

A   없습니다. 아니 늑대라는 게 있어요?

Q   일본에는 없습니다. 아마 키운다면 수입한 동물이겠죠.

A   늑대도 코요테도 좋아요. 동물은 키우지 않아요.

Q   댁은 대단한 독서가라고 생각했는데, 책이라는 것을 거의 볼 수
가 없군요.

A   책은 읽으면 버립니다. 또 읽을 수 없다고 생각한 것도 버립
니다.

Q   텔레비전은?

A 없습니다.

Q 텔레비전도 보지 않고, 매일 어떤 일을 하고 지내십니까?

A 별로 하는 일도 없이 지내고 있어요.

"특히 이렇다 할 것은 없지만 그저 재미있게 오늘도 지냈다" 도쿠가와 요시노부의 노래인데 나의 매일도 이런 것일까요.

Q 특별한 취미는 없다고 말씀하셨죠?

A 취미라 할 만한 것은 없습니다.

Q 따분하지 않습니까? 단가나 하이쿠를 짓는다든가, 심심풀이로 일기를 쓴다든가, 요즘 유행하고 있는 자서전을 집필한다든가…….

A 그런 것들도 하지 않아요.

Q 지금은 자서전을 만드는 편리한 소프트웨어도 있는데요.

A 나에게는 기록할 만한 인생은 없습니다. 책을 버리듯이 옛날 일도 전부 버렸기 때문에 쓸 만한 것은 아무것도 없습니다. 게다가 무엇보다도 읽어 주었으면 하는 사람이 한 사람도 없는 걸요. 자서전을 만드는 소프트웨어를 팔러 오셨다면 거절하겠습니다.

Q 그런 염려는 마십시오. 나는 방문판매하러 온 게 아닙니다.

A 그러세요. 아까부터 '이 사람은 뭔가 팔러 온 세일즈맨'이라고 흥미를 갖고서 모습을 지켜보고 있었는데요. 혹시 종교 관계의 방문판매는 아닌가요?

Q 당치 않습니다. 종교와는 관계가 없습니다. 그것은 그렇고 댁이야말로 믿는 종교라도 있습니까?

A 없습니다.

Q 무엇을 물어도 "없습니다" 뿐이니 완전히 '없습니다 인생' 이시군요. 해탈하여 인간을 초월한 것 같은 생활을 하고 계십니다. 마치 성녀나 비구니처럼. 그래서 신앙에 살고 계시는 분처럼 보였는데요.

A 그건 오해입니다. 뭔가를 열심히 믿지 않으니까 해탈하여 열반의 경지에 있을 수 있는 거예요.

Q 이제 아무것도 고민하거나 생각하지 않는 무의 경지 말입니까?

A 고민할 것은 없습니다. '없습니다' 의 경지입니다. 하지만 대뇌가 작용하고 있는 이상 여러 가지로 생각합니다.

Q 예를 들면, 어떤 것을?

A 죽을 때의 일, 죽을 때까지의 절차 말이에요.

Q 불안하지 않습니까?

A 불안하지 않아요. 이미 절차를 끝내고 모든 일을 '간시닌(管死人)' 에게 부탁해 두었어요.

Q 간시닌? 관리인? 아니면 관재인을 말하는 것입니까?

A 아뇨. 변호사와 변호사의 지시에 따라 유사시에 내가 의뢰한 대로 모든 것을 집행해 주는 사람들을 말하는 거예요.

Q 상당히 주도면밀하시군요. 하지만 사후의 영혼이나 사후의 세계에 대해서는 불안해지지 않습니까?

A 그런 것은 없잖아요? 없는 것에 대해서는 생각하지 않아요. 죽으면 나는 없어질 뿐이니까요. 하지만 내가 없어진다는 것을 생각하기 시작하면 뇌세포가 꿈틀거려서 웃음이 나올 것 같아요.

Q 보통 사람으로서는 이미 이해할 수 없는 경지군요. 아무래도 우

리가 나설 차례는 없을 것 같습니다. 그만 가보겠습니다.

A 잠깐만요. 모처럼 오셨으니까 꼭 들어 주셨으면 하는 것이 있어요.

Q 얘기라면 이제 충분히 들었습니다.

A 이야기가 아니라 조금 전의 늑대가 짖는다는 소리 말입니다.

Q 역시 큰 개라도 키우고 계시는 것입니까?

A 그렇지 않아요. 이렇게 고독하게 살고 있으면 밤중에 가끔 외치고 싶어지는 법이에요. '내가 왜 혼자일까, 왜 아이를 낳지 않았을까…… 몇십 억 년이나 걸려서 여기까지 계속되어 온 유전자의 쇠사슬이 나에게서 끊어져 영원히 사라져 버린다……' 그것이 머릿속에 떠오르면 몸 속의 세포가 일제히 떨리기 시작하여 몸 전체가 피리가 되어 갑자기 멀리서 들리는 길게 울부짖는 소리와 비슷한 소리를 내게 되는 거예요. 이것을 들려드릴려고요. 지금부터 한번 해보겠어요.

Q 아니, 됐습니다. 듣고 싶지 않습니다. 그런 것을 듣게 되면 나도 미칠 것 같습니다. 그럼, 이만 실례하겠습니다.

7

육아와 교육

- 내 아이가 사랑스럽지 않은가
- 글자를 익히는 것은 빠를수록 좋은가
- '탈'학교의 천재들
- 아이를 어른으로 만든다
- 자식의 가정교육 (예의 범절)
- 편식이 안 좋은 이유
- 자식은 부모를 어떻게 평가하는가
- 진학 전략

자녀의 진학 문제에 관한 Q&A

내 아이가 사랑스럽지 않은가

금, 옥. 그 어떤 보물이 자식보다 나을 수 있겠는가.

이것은 만요슈(만엽지)에 있는 옛 노래이다. 최근까지 부모에게 있어서 자식은 이처럼 무엇보다도 소중한 보물이며 사랑스러운 존재였다. 그렇지 않은 예외적인 경우의 사람도 그런 것을 감추고 부모 노릇을 제대로 하고 있었다. 그런데 지금은 그런 것이 통용되지 않게 되었다. 제 자식을 사랑스럽다고 생각하지 않고 귀찮은 방해물처럼 취급하고도 거리낌이 없는 부모가 나타나게 된 것이다.

출발점이 잘못되어 있으면 자식을 갖는 것은 하나의 재액이 된다. 자녀를 둘 생각이 없었는데 임신했기 때문에 낳을 수밖에 없었다고 한다면 육아도 교육도 제대로 이루어질 리가 없고, 그 결과 그것은 부담이 될 수밖에 없다. 최근에는 무분별한 성관계로 인해서 원하지 않는 결혼과 임신을 한 부부 사이에서 아이가 학대를 받아 죽는 예가 늘고 있다.

10년 전에는 고학력의 여성이 처음 어머니가 되었을 때 육아서대로 잘 키워야 한다고 하는 바람에 육아 노이로제에 걸리는 경우가 있었다. 핵가족에서는 처음으로 엄마가 되는 여성은 무슨 일이든 매뉴얼대로 할 수밖에 없다..열성적이고 신경질적인 여성일수록 뜻대로 되지 않는 일에 초조해 하고 불끈하는 기질이 있는데, 이들에겐 자식이 있다는 것 자체가 대단한 스트레스가 될 수도 있다. 원해서 생긴 자식일지라도 이미 사랑스러운 존재가 아니고 귀찮은 짐이 된다. 그런 까닭에 육아가 즐겁지 않다고 대답하는 여성이 제일 많은 나라가 일본이다.

앞으로 언급할 것이 처음부터 원치도 않았던 자식, 사랑스럽지도 않은 자식을 학대한 끝에 죽인다고 하는 야만적인 행동인데, 여기까지 오면 사태는 최악의 단계에 이르렀다고 말할 수밖에 없다.

결국 원치도 않았는데 '실수'로 자식을 만드는 것이 잘못의 근원인 것이다. 자식을 죽이는 것은 물론 살인이다. 살인도 마다하지 않을 정도로 자식 키우는 것을 싫다고 하는 사람들은 자식을 가질 자격이 없다.

미래에는 자식을 낳고 기르려면 '육아 면허'가 필요한 세상이 올 지도 모른다. 자식을 갖고 싶은 부부는 사전에 교습을 받아 실기시험과 필기시험과 면접시험에 합격하여 면허증을 얻는다. 이 면허증이 없는 사람에게는 자식을 갖는 것을 인정하지 않는다. 한편에서는 그렇게까지 싫은 육아 같은 것은 처음부터 하지 말자고 생각하고 있는 사람은 점점 자식을 낳지 않게 된다.

그런데 이렇게 무면허로 자식을 갖는 것을 금지한다면 무슨 일이 일어날까? 70%의 사람은 귀찮아서 자식 만들기를 그만둔다. 20%의 사람이 착실하게 면허를 취득하여 자식을 가질려고 한다. 10%의 사람은 면허를 취득할 생각도 없지만 임신했을 경우 무면허로 아이를 낳는다. 나라가 그 무면허 아기를 '몰수' 하면 그 남녀는 그 같은 일을 반복한다. 이윽고 '무면허 아이'의 육아는 나라의 몫이 되고 그 결과 재정 적자가 늘어난다. 그 다음에는 차라리 출산, 육아, 교육 등의 모든 일을 나라가 관리하면 어떨까 하는 발상을 하게 된다. 자식의 '생산'을 국가의 일로 하고 인공 수정과 인공 자궁에 의한 출산이라는 기술을 사용하여 우수한 아이를 계획적으로 생산하기로 한다면 산아 제한과 인구 감소의 문제도 결국에는 해결할 수 있지 않은가. 이것은 가까운 미래의 SF 공상이지만 육아 포기, 유아 학대, 자녀 살인에서 DINKS 증후군, 산아 제한, 인구 감소까지를 통합하여 해결하기 위한 가장 합리적이고도 현실적인 대책일지도 모른다.

글자를 익히는 것은 빠를수록 좋은가

'읽고 쓰기는 모두 학교에서 배우니까 그때 다른 아이들과 함께 익히면 된다'고 생각하는 사람들이 있다. 이른바 자유로운 사고방식을 가진 사람은 무슨 일이든 본인의 자유에 맡기고 느긋하게 기르는 것이 최고라는 신념을 가지고 있는 경우가 많다. 하지만 유감스럽게도 이것은 잘못된 생각이다. 느긋하게 기른다고 하는 것은 부모가 아무것도 하지 않고 방치하는 것이 아니다. 아이는 부모가 착실하게 상대를 해서 말을 시키지 않으면 말도 익히지 못한다. 피아노를 만질 기회를 주지 않으면 아이에게 피아노를 잘 칠 재능이 있는지 없는지 모른다.

또 아이의 교육 전반에 대해서도 '그것은 학교의 일이니 학교에 맡기면 된다, 부모로서 특별한 것을 할 생각은 없다, 아이가 하고 싶은 대로 하게 하면 된다' 라는 불간섭주의, 자유 방임주의를 취하는 부모들이 있는데 이것도 잘못된 생각이다. 본래 자유 방임이란 본인이 '괜찮으니까 간섭하지 말아 줘' 라는데 대응하여 취할 수 있는 태도로 부모 쪽에서 멋대로 '내버려두자' 고 하는 것은 단순한 책임 포기에 불과하다.

예를 들면, 아이가 글자를 익히는 데 관해서 아무것도 할 필요가 없다, 형편에 맡기고 방임해 두면 된다는 태도가 잘못되어 있는 것은 다음 이유에 기인한다.

아이는 빨리 글자를 익히면 익힐수록 그 '정보 탐색 능력' 은 높아지고 주위에서 그만큼 많은 정보를 받아들일 수 있다. 그 결과 '뇌의 힘' 은 발달한다. 예를 들면, 글자를 읽을 수 있게 된 아이는 전철을 타고 어디로 갈 때 정차역마다 홈의 역 이름을 보고 머릿속에 노선도를 만들어 간다. 글자를 읽을 수 없는 아이는 역 이름의 표시 같은 것은 아무런 의미도 없기 때문에 그저 멍하니 풍경이 스쳐 지나가는 것을 바라볼 뿐이다. 어린아이가 머릿속에 노선도를 만들어서 무슨 도움이 되는가 해서는 안 된다. 글자를 알고 있는 때문에 노선도를 만든다고 하는 능력까지 발전한 데 의미가 있는 것이다. 초등학교에 들어갈 무렵까지는 더욱 고도의 것을 할 수 있게 된다. 글자도 익히지 않고 방치된 아이는 초등학생이 되어서야 겨우 글자를 익히는 것부터 시작하여야 한다. 이 단계에서의 차이는 그 후 어른이 되어도 결국 좁혀지지 않을지도 모른다.

그러나 이것은 2, 3살 때부터 부모가 항상 붙어서 글자를 가르쳐야 한다는 것은 아니다. 글자나 기호에 흥미를 갖는 아이는 자연히 주위 사람들에게 '무엇' 하고 묻게 되고, 가르치면 순식간에 익히게 된다. 이런 능력과 호기심을 가지고 있는지 여부는 유전자의 문제일지도 모른다. 하지만 부모는 적어도 자식의 호기심을 자극하여 유도하는 환경을 만들어 주어야 한다.

'탈'학교의 천재들

역사에 이름을 남기고 있는 사람들의 학교생활은 어떠했는가. 모두가 될 성 부른 나무는 떡잎부터 알아본다고는 할 수 없다. 어렸을 때는 '미운 오리새끼'였다가 훗날 고니나 콘도르로 바뀌는 타입도 적지 않다. 그 대부분은 좋은 의미든 나쁜 의미든 특이한 아이였다고 말할 수 있는데, 특별히 눈에 띄지 않는 보통 아이로 학교생활을 마쳤다는 사람도 많다.

예를 들면, 바그너(1813~1883년), 아인슈타인(1879~1955년), 히틀러(1889~1945년), 키신저(1923~) 등은 낙제생 타입의 아이들이었다. 금세기 최대의 천재 과학자라고 일컬어지고 있는 아인슈타인도 학창시절에는 그 재능의 편린도 보이지 않고 전형적인 낙제생이었다고 한다. 원래 발육이 늦고, 말이 서툴렀기 때문에 말수가 적었던 아인슈타인은 당시의 김나지움(Gymnasium : 독일의 9년제 중·고등학교)에 정을 들이지 못하고 자기가 하고 싶은 것밖에 관심이 없었다. 뛰거나 하여 몸이 피로해지는 것이 싫어서 일평생 동안 군대 교련적인 것을 혐오했다. 수학만을 좋아했는데, 이윽고 탁월한 재능을 보여 스위스 공대에 무시험으로 입학하게 되었다. 이로 인해 아인슈타인은 자신이 좋아하는 것을 하여 재능을 발휘할 수 있는 길을 발견할 수 있었던 것이다.

루소(1712~1778년), 링컨(1809~1865년), 노벨(1833~1896년), 에디슨(1847~1931년), 채플린(1889~1977년)도 이른바 낙제생 반이다. 에디슨은 학교에서 모든 아이들에게 무시당하는 낙제생으로 담임 교사조차도 바보라고 하여 에디슨은 울면서 집으로 돌아갔다. 그러면 에디슨의 어머니는 화가 나서 등교 거부를 선언했다. 하지만 에디슨의 아버지는 돈이 들지 않게 된 것을 기뻐했다(당시는 의무교육이 없었다). 그 이후 어머니가 에디슨에게 읽고 쓰기를 가르쳤다. 그는 학교에 가지 않고도 대발명가가 되었다.

이런 학교 부적응 아동은 철저하게 학교를 증오한다. 헤르만 헤세(1877~1962년), 처칠(1874~1965년), 토마스 만(1875~1955년), 카프카(1883~1924년), 야스퍼스(1883~1969년) 등이 그 예이다.

괴테(1749~1832년)도 학교를 싫어해서 가정 교사에게 교육을 받았다. 좋아하는 일에 관해서는 뛰어난 이해력을 보였지만 획일적인 공부에는 흥미가 없었다. 그래도 괴테의 아버지는 아들이 하고 싶어하는 대로 내버려두었다. 훗날 괴테의 다방면적인 활약도 자신이 재미있다고 생각하는 것만큼 자유롭게 행동하고 생각한 결과이다. 괴테는 자신의 일에 전문성을 가진 사람이나 충실하게 임하는 사람을 업신여기고 이렇게 말하고 있다.

"나는 내가 할 수 있는 것, 그때 그때 생각났을 때 즐기면서 계속하는 것이라면 무엇이든 '놀면서' 하고 싶다. 젊었을 때는 무의식적으로 놀았다. 나머지 인생은 의식적으로 놀며 지냈다."

부유한 집안에서 이런 유형의 인간이 나타나는 경우가 많다. 이런 경우 부모도 자식을 어떤 학교에 보낼 것인가, 어떤 자격을 취득하게 할 것인가 하는 '시시한' 문제로 고민할 필요가 없다.

이들 학교 부적응형 천재와 정반대의 인물로는 데카르트(1596~1650년), 칸트(1724~1804년), 나폴레옹(1769~1821년), 헤겔(1770~1883년), 니체(1844~1900년), 레닌(1870~1924년), 스탈린(1879~1953년), 프로이트(1856~1939년), 헤밍웨이(1899~1961년), 사르트르(1905~1980년), 시몬 드 보브아르(1908~1986년)와 같은 될 성 부른 나무는 떡잎부터 알아본다는 말에 속하는 사람도 있다. 그들은 학교에서 탁월하게 공부를 잘 하는 아이들로서 처음부터 두각을 나타내고 있었다. 학교생활에 적응할 수 있는 유형의 신동으로서는 학교는 금메달을 따는 경기장과 같은 것이다. '10살에 신동, 15살에 재사, 20살이 지나면 보통 사람'이라고 하는데, 신동이 모두 평범한 사람이 되는 것은 아니다. 신동이었던 사람은 어른이 되어도 보통의 인물은 아니다. 다만, 일본에서는 '보통 아이와는 다른 아이'를 배제하거나 교정하는 경향이 강하고 천재를 키우는 환경이 마련되어 있지 않은 것처럼 보인다. 예를 들면, 사르트르와 같은 외모를 가진 아이(머리만 큰 땅딸보에다 사시)는 일본의 학교에서는 괴롭힘을 당해 자살해 버릴지도 모른다.

그러나 천재들의 유년기는 신동인가, 아니면 학업을 따라가지 못하고 뒤쳐지는 아이인가, 학교를 안 가는 아이인가 등의 양극단이 된다고도 말할 수 없다. 실제로 대부분의 위대한 인물들은 특출나지도 않지만 그렇다고 도무지 어떻게 할 도리가 없을 정도로 뒤쳐지지도 않고, 오히려 양호한 성적으로 학교를 졸업하였다. 루터(1483~1564년), 페스탈로치(1746~1827년), 에드가 알란 포(1809~1849년), 다윈(1809~1882년), 비스마르크(1815~1896년), 마르크스(1818~1883년), 제임스 조이스(1882~1941년), 도스토예프스키(1821~1881년), 체호프(1860~1904년), 간디(1869~1948년), 파울 클레(1879~1940년) 등은 평범한 어린 시절을 보냈다.

위의 설명으로 미루어 볼 때 부모는 자신의 아이를 어떻게 하면 좋을지 잘 알 수 없게 된다.

● 신동형으로 학교생활에도 잘 적응하고 있으면 장래도 걱정하지 않아도 될 것이다. 상당히 위대한 인물이 될 가능성이 크다. 그러나 보통 사람이 되는 경우도 있으므로 안심할 수는 없다. 그렇지만 부모가 해야 할 일은 아무것도 없다.

● 천재의 편린은 있어도 학교에 적응할 수 없는 경우, 이 아이를 천재로 키운다는 것은 매우 어려운 일이다. 우선은 아이를 학교에서 멀리 떼어놓고 보호하며 하고 싶어하는 것을 시키며 그 다음은 순리대로 따라가야 할 것이다.

● 성적도 그저 그렇고 무난히 학교생활을 마칠 수 있을 것 같은 경우, 이 아이가 장래 위대한 인물이 될 지 평범한 사람이 될

지는 아무도 모른다. 부모는 아이가 될 수 있는 한 조건이 좋은 진로를 잡도록 마음을 써 줄 수밖에 없다.

● 성적도 나쁘고 학교생활도 제대로 해나갈 수 없을 것 같은 아이를 두었다 할지라도 한 가닥의 희망은 있다. 왜냐하면 장래에 천재로 바뀌는 예도 적지 않기 때문이다.

아무튼 부모는 자식을 학교에서 지켜주고 괴롭힘에서 지켜주고 세상에서 지켜주며, 하고 싶은 것을 하도록 해주어야 한다.

아이를 어른으로 만든다

육아의 최종 목표는 자신의 아이를 어른으로 만드는 것이다. 어떤 아이도 성장 도중에 죽지 않는 한 육체적으로는 어른이 된다. 다만, 여기서 말하는 '어른'이란 사회적 동물로서 혼자서 살아갈 수 있는 인간을 가리킨다.

자식이 독립하여 살아갈 수 있게 되면 부모로서의 임무는 일단 끝났다고 할 수 있다. 물론 부모는 '일단'으로는 만족할 수 없다. 자식이 결혼하여 가정을 가질 때까지는 아직도 어린아이처럼 느껴져 그것이 걱정거리가 된다. 또 자식이 결혼해도 손자가 생길 때까지는 어떤 미완의 상태에 머물고 있는 것 같은 느낌이 든다. 손자가 태어날 때까지는 당신의 유전자가 당신의 자식에게서 영원히 소멸이 될 가능성도 아직 남아 있다. 그러나 손자가 태어나면 당신의 유전자는 또 하나의 다음 대까지 계속되는 것이 보장된 것이다. 그러나 그 손자에게서 당신의 증손이 태어날지는 장담을 못 하며 또한 거기까지는 아무도 걱정하지 않는다.

그래서 자식이 결혼하여 손자가 생김으로써 부모로서의 당신의 일은 완전히 끝나고 이 세상에서 아무 때나 퇴장해도 좋다고 하는 상태가 된다.

손자를 돌보는 것은 일이라기보다는 취미에 속한다.

당신이 남보다 일찍 결혼하여 빨리 자식을 둔 경우 자녀도 일찍 결혼하여 빨리 자식을 갖는 경우가 많다. 만약에 20살에 첫딸을 가진 사람이라면 40살에 첫손자를 볼 기회도 많다. 그러나 이것은 대부분이 저학력의 사람이 속하는 경우이고 고학력의 사람은 이렇게 되지는 않는다. 자신이 결혼이 35살에 결혼했던 사람은 자식도 고학력자가 되고 결혼도 30살이 지나서 하며 손자를 보게 되는 것은 70살 때이다. 아들 부부가 DINKS를 하고 있으면 결국 손자의 얼굴을 보지 못하고 이 세상을 떠나게 된다.

자식의 가정교육(예의 범절)

자식을 어른으로 키우려면 동물을 훈련시키는 것처럼 교육을 시켜야 한다. 다시 말해서 해서는 안 될 것과 해야 하는 것을 확실하게 보여주고, 지시나 명령대로 했을 때는 칭찬하고 잘못했을 때는 꾸짖는다. 이것이 동물이나 자식에게 공통된 교육의 기본이다.

어른에 다가간 단계에서는 '해서는 안 될 것을 정한 룰' 을 보여주고, 룰을 어겨서 해서는 안 될 일을 하면 어떤 벌을 받는가, 얼마나 혼나는가를 뼈저리게 몸으로 느끼게 하는 것이 중요해진다. 다시 말해서 금지사항에 대응하는 벌을 알고서 룰을 지킬 것인가 위반할 것인가를 자신의 책임으로 결정하게 하는 것이다. 어른 세계의 법률은 반드시 그렇게 되어 있다.

예를 들면, 형법에는 '사람을 죽여서는 안 된다' 라고는 명시되어 있지 않다. '사람을 죽인 자는 사형 또는 무기징역 또는 3년 이상의 징역에 처한다' 라고 명시되어 있다. 사람을 죽일 것인가 죽이지 않을 것인가는 당신의 자유다. 다만, 사람을 죽인 경우에는 사형 또는 무기징역에 처해진다. 그것을 각오하고 죽일 생각이라면 어쩔 수 없다. 그 다음은 자신의 판단으로 결정하라는 것이다. 이 형법을 자식에게 적용해서 좋을지 나쁠지 하는 문제는 자식이 이 룰을 이해하고서도 자신의 판단으로 행동할 수 있는지 어떤지 하는 점이다.

그런데 가정교육을 하려면 부모가 교육 방법을 알고 있어야 한다. 흔히 지금의 아이들은 가정교육이 제대로 되어 있지 않다고 하는데 그것은 부모 자신이 아무것도 모르고 자식을 기르고 있기 때문이다. 자식에게 가정교육(예의 범절)을 시키기 위해서는 우선 부모의 교육부터 시작해야 한다. 개를 훈련시키는 경우, 개뿐만 아니라 주인도 함께 훈련을 받는다. 사람의 경우도 마찬가지이다.

그러나 지금의 아이들의 가정교육을 제대로 시키기 위해서 부모와 조부모 또 그 부모의 교육 식으로 거슬러 올라가서 고쳐야 한다는 것은 이미 엎어진 물과 같은 것이다. 이렇게 하여 어른이 되지 못한 아이가 횡행하게 되며, 그 경향은 점점 심해질 것이다.

자녀의 가정교육은 부모가 마음만 먹는다면 어렸을 때일수록 간단하게 할 수 있다. 그 부모가 '가정교육 같은 것을 하지 않는다고 어떻게 되는 것은 아니다' 라고 생각하고 있다면 가정교육은 할 수 없다.

예를 들면, 젓가락질을 이상하게 하는 것도 '해서는 안 된다' 는 것 중 하나이다. 젓가락질을 제대로 하기 위해서는 '올바로 잡는' 방법을 익히게 해야 한다. 이런 점을 반대로 이해하고 있는 사람이 적지 않다. 요컨대 아이는 젓가락을 바로 잡는 법, 사용 방법을 익히는 것이 중요하다는 것을 목표로 하여 다소나마 목표에 다가가면 된다고 생각한다. '어린아이니 목표를 100% 달성하지 못해도 되지 않는가' 라고 생각하는데 그렇지 않다. 어떤 때라도 '잘못' 잡는 방법을 절대로 하지 않도록 하는 것이 진짜 목표이다.

일반적으로 올바른 행동, 훌륭한 생활태도가 목표가 되는 것이 아니다. 올바르지 못한 행동이나 해서는 안 될 행동을 하지 않을 것, 예절에 벗어나는 행동을 하지 않는 것이 목표이며 이것을 달성하였을 때 아이는 기본적인 훈련이 된 사회적 동물이 된다.

그 다음은 시장에서 일하여 돈을 버는 특별한 능력이 몸에 배도록 더욱 고도의 훈련을 하여야 한다. 이것이 바로 넓은 의미에서의 교육이라는 것이다. 예를 들어 설명한다면 개에게 줄넘기라든가 물구나무 서서 걷기라든가 마약을 탐지해내는 특별한 능력을 훈련시키는 것에 해당된다. 그리고 맹인 안내견, 경찰견, 마약 수사견 등의 제 몫을 다할 수 있는 단계에 이른 애완용 견에 비유될 수 있는 것은 대학을 갓 졸업해 사회에 첫발을 내디딘 샐러리맨일 것이다. 이들은 특별한 일은 할 수 없지만 조직 속에서 커가면서 일을 원만하게 처리할 수 있으며 해서는 안 될 일을 하는 짓은 하지 않는다는 것이다.

자녀의 예의가 바르지 못한 것은 아이 자신의 결함일 뿐만 아니라 그 부모가 가지는 어떤 결함을 밖으로 드러내서 다른 사람에게 알려주는 '경보적(신호적) 효과'를 갖는다. 이른바 '내력이 드러난다' 든가 '자란 환경을 알 수 있다' 고 하는 것이 바로 이 경보적 효과이다. 그런 것이 드러나도 전혀 신경 쓰이지 않는다고 하는 사람은 자식 교육에도 마음을 쓰지 않는다. 사람들이 뒤에서 비웃어도 아랑곳하지 않는다. 그러는 사이에 자식의 버릇없는 행동과 남에게 폐를 끼치는 정도가 지나치게 되면 "댁의 아이는 어떻게 안 되나요?" 하고 직접적으로 말을 듣게 된다. 그런데도 "남의 아이를 두고 왜 이러쿵저러쿵 해요. 상관하지 말아요" 하고 오히려 자식을 두둔하는 부모가 지금은 적지 않다. 이런 자기 중심적이고 미성숙한 사람이 늘어나면 개에게 물리면 개주인을 상대로 소송을 제기하듯이 아이의 장난으로 피해를 입으면 그 '부모'의 책임을 추궁하여 소송이라도 제기할 수밖에 없다.

'물건을 훔쳤다고 어떻게 되는 것은 아니다. 어렸을 때는 누구나 한 번은 하고 있다' 고 생각하는 부모가 있다면 이 부모의 자식은 평생 도둑질을 일삼으며 살아갈지도 모른다. 모든 일을 이런 식으로 자녀의 교육을 방치한 경우 자녀가 앞으로 어떤 사람으로 자라게 될지 쉽게 상상할 수 있다.

MQ 100의 어엿한 어른이 된 사람이라면 남에게 폐를 끼치는

일을 무엇보다 두려워하고(그것은 자신에게도 불이익이 되기 때문이
다), 그렇게 되지 않도록 자신의 자녀 교육에도 마음을 쓴다. 자녀
교육을 하지 않는 부모는 남에게 폐를 끼치는 것을 아무렇지도 않
게 생각한다. 결국 폐끼침을 당하는 것은 타인이지 내가 아니다.
그래서 '그러니까 뭐 어때' 하는 모양이다. 옛날에는 세상이 이런
사람을 철저히 견제해왔는데 지금은 이런 사람들도 남들과 어울
리며 살아갈 수 있다.

　시장은 조악한 상품을 도태시키는 힘을 가지고 있는데 유감스
럽게도 조악한 사람을 도태시키는 힘은 없다.

편식이 안 좋은 이유

　　편식은 먹을 것이 많아서 자신이 좋아하는 것을 고를
수 있는 상태에서 발생한다. 먹을 것이 한 가지밖에 없
어서 그것을 안 먹으면 살아갈 수 없을 때는 사람도 동물도 그것
을 먹고 살아갈 뿐이다. 음식을 가려서 먹을 여지가 없기 때문에
편식도 있을 수 없다. 피망밖에 없는 땅이라면 아이들은 가릴 것
없이 피망을 먹는다. 좋고 싫고를 가릴 수 있는 처지가 아니다.
'피망을 좋아해요?' 하고 물으면 대부분의 아이들은 좋아한다고
대답할 것이다. 그러나 피망 외에 마늘도 먹을 수 있게 되면 마늘
이 좋고 피망은 싫다고 하는 아이가 나타난다. 편식은 식생활이
풍부한 데서 나오는 산물이다.

아이들이 극단적인 편식을 한다 해도 그것은 아이들의 자유이고 다른 사람이 지도하여 교정해 줄 성질의 것이 아니다. 다만, 그런 아이들을 기른 부모도 역시 편식을 하겠지 하고 추정하여 그 육아나 가정 교육에 문제가 있을 것 같다고 '그릇된 추측'을 하는 것도 자유이다. 아이들에 대해서는 그런 편식 때문에 MQ도 낮을 것 같다고 하는 '편견'을 가지고 보게 된다. 이런 편견이 싫은 사람은 자신이나 자녀의 편식을 고치면 된다. '편식하는 것이 뭐가 나쁜가, 이것도 자신의 개성이니까 상관없지 않은가' 라고 생각하고 있는 사람은 편식을 고칠 수 없다. 고칠 마음이 없는 사람은 더 더욱 어쩔 수 없다.

그러면 음식의 좋고 싫음을 고치려면 어떻게 하면 되겠는가.

아이가 싫어하는 피망이나 마늘을 잘게 썰어서 다른 음식에 섞어서 먹이는 어머니가 있다. 현명한 방법처럼 보이지만 별 의미가 없다. 왜냐하면 피망이나 마늘을 먹게 하는 이유는 그 영양분 때문이 아니다. 대부분의 어른이 보통 먹고 있는 식품을 먹지 못한다, 그리고 먹지 못하는 것이 몇 가지 있다고 한다면 사회생활에 지장을 초래할 우려가 있을 뿐만 아니라 '저 사람은 편식이 굉장히 심해. 마치 어린애 같다니까' 라는 평가를 받게 된다. 다시 말해서 영양이나 건강상의 문제가 아닌 것이다.

아이들의 편식을 고치려면 우선 부모가 자신의 편식을 고칠 수밖에 없다. 그리고 무엇이든 골고루 먹어 보이고 아이들도 무엇이든지 먹게 한다. 식사 양이 너무 많은 경우라도 음식을 남기지 않고 모두 먹는 것이 원칙이다. 이 간단한 것을 아이들이 태어났을 때부터 하고 있으면 아이들은 절대로 편식을 하지 않는다. 자신이 어렸을 때부터 하지 않았던 것을 지금부터 갑자기 하는 것은 거의 불가능하다. 가정교육의 문제는 앞에서 설명한 것처럼 손주에게서 부모에게, 또 그 부모로 거슬러 올라가 해당되는 문제이다.

자식은 부모를 어떻게 평가하는가

 아이들은 언제나 부모를 보고 있다. 그리고 나름대로 평가하고 있다.

옛날에는 아이들에게 '존경하는 인물은?' 하고 물어보면 슈바이처 박사, 노구치 히데요(1876~1928년. 세균학자), 도요토미 히데요시 등의 위인이나 영웅이었는데 언제부터인가 자신의 아버지를 존경한다는 아이들이 많아졌다. 지금은 텔레비전에 자주 나오는 스포츠 선수 등을 들겠지만 아이들은 출세하지 못한 아버지를 경멸하거나 혐오하는 일은 없다. 하지만 무능력한 아버지가 매일 술을 마시고 폭력을 휘두르면 결국은 아이들도 경멸과 증오에 찬 폭력을 휘두르게 된다. 이러한 현상은 어머니에 대해서도 마찬가지이다.

그런데 모리 오가이는 왜 그렇게도 아이들에게 호감을 샀을까? 모리 오가이가 아이들을 열렬하게 사랑했기 때문에 아이들도 모리 오가이를 좋아한 것이다. 아이들은 오가이에게 재롱과 응석을 부렸지만 사이 좋게 놀아주는 친구와 같은 존재라고는 보지 않았다. 각별히 훌륭한 존재로서 존경하고 있었던 것이다. 장녀인 마리는 오가이를 '아빠' 라고 부르면서 마치 연인처럼 생각하고 있었다. 이것을 '파더 콤플렉스' 라고 하는데, '마더 콤플렉스' 에 비해 흔하지 않다. 요즘의 젊은 딸들 가운데 아버지를 동경하여 연인처럼 생각하는 여성은 없다. 그만큼 아버지가 한심한 존재로 전락했다는 의미이기도 하다.

진학 전략

어떤 진학 코스를 선택하는 것이 이익을 보는가를 따질 때 이 경우의 이익과 손해는 돈이 들고 안 들고의 문제가 아니다. 단순하게 돈을 적게 들여서 진학하고 싶다면 공립학교만 선택하여 진학하면 된다. 또한 교육비를 들이고 싶지 않다면 고등학교와 대학에도 가지 않는 것이 경제적으로 이익이다. 그만큼 일찍부터 일하면 남보다 빨리 벌므로 인생의 시작점은 차이가 생길 수도 있다. 그러나 이렇게 단순하게 생각하는 사람은 역시 적은 것 같다. 사람들은 돈이 들어도 좋은 학교, 상급 학교에 진학하여 공부하는 것이 좋다고 생각한다. 특히 부모는 더욱 더 그렇게 생각하고 자녀의 진학 코스를 정한다.

현재의 학교 교육 제도 아래에서는 초등학교 - 중학교 - 고등학교 - 대학 - 대학원으로 진학하게 되어 있다. 그래서 우선은 초등학교 단계에서 가능한 한 좋은 학교를 선택하여 중학교와 고등학교도 될 수 있는 한 좋은 학교에 진학하면 되지 않는가 하고 생각한다. 여기서 '가능한 한'이라고 한 것은 공립학교는 학군제가 있고 사립학교도 통학 거리에 제약이 있기 때문에 항상 일본 제일의 학교로 입학한다는 것은 불가능하기 때문이다. 따라서 가까이 있는 공립 또는 사립 학교 중에서 제일 좋다고 생각되는 학교를 선택할 수밖에 없다. 대학교는 본인도 부모곁을 떠나 어디라도 갈 수 있기 때문에 일본 제일의 대학을 가는 것은 입학시험이라는 여건만 극복한다면 가능하다.

초등학교에서 대학까지의 진학 코스에는 현재 다음 A~D의 네 가지 코스가 있다.

A코스 : ① 공립 초등학교 — ② 공립 중학교 — ③ 공립 고등학교 — ④ 대학(국립 또는 사립)

B코스 : ① 공립 초등학교 — ② 중·고 일관제의 사립학교(6년) — ③ 대학

① 공립 초등학교 — ② 공립 중학교 — ③ 사립 고등학교 — ④ 대학

②의 중학 입학 시험에서 실패한 경우, 그리고 이 중·고 일관제 사립학교가 고교 입학생을 받아들이는 경우에는 이 코스를 선택할 수 있다. 다만 ②, ③, ④ 3회의 입학시험을 쳐야 한다.

C코스 : ① 사립 초등학교, 중학교, 고등학교 — ② 대학

D코스 : ① 사립 초등학교, 중학교, 고등학교, 대학

① 공립 초등학교 — ② 사립 중학교, 고등학교, 대학

A코스에서는 ③과 ④에서 두 번의 입학시험을 봐야 한다. B코

스에서도 ②와 ③에서 두 번의 시험을 치게 되는데 사립 중학교 (고등학교까지 갈 수 있다) 입학시험을 칠 것인가 공립 고등학교의 입학시험을 칠 것인가의 차이는 크다. B코스에서는 초등학교 때 시험을 치지만 A코스에서는 중학생 때 시험 치게 된다. 이 고등학교 입학시험은 정신적 성장이 가장 불안정한 단계에서 경험하는 홍역과 같은 것이기에 스스로 자신을 컨트롤할 수 없는 학생은 좋은 결과를 낼 수 없다. 또 고등학교 입학시험에서 실패하여 재수한다는 코스는 사실상 선택할 수 없다. 그러므로 실패하지 않기 위해서는 합격선을 낮추어서 확실히 합격할 수 있는 고등학교를 선택해야 한다. 그렇지만 자신이 원하지 않은 학교에 입학하는 경우라면 등교 거부, 퇴학이라는 과정을 밟게 될 위험도 크다.

그에 비해서 B코스의 중학 시험은 아이가 어머니와 마음을 합쳐 시험에 대비할 수 있다. 초등학생에게 시험 공부를 강요하는 것을 비난하는 사람이 많지만 사춘기 이전의 아이는 실제로는 시험 공부를 그다지 고통스럽게 생각하지 않고 오히려 높은 단계의 공부에 재미를 붙이는 일도 많다. 한편 시험에 떨어졌다 해도 공립 중학교에 들어가면 되기 때문에 실패로 인한 충격은 그다지 크지 않다. 그리고 고교 시험에서 유명 사립학교에 재도전할 수도 있다. 이 밖에 무엇보다도 좋은 것은 이와 같은 중·고 일관제 학교에 입학한 경우 학력이 높은 학생을 대상으로 중학 단계에서 '월반'적인 교육 과정 수업이 이루어지기 때문에 학력은 비약적으로 높아진다. 또한 중학교와 고등학교 사이에 입학 시험이 없기 때문에 과외활동을 즐길 수 있으며, 과외활동을 통해서 친구도 사귀고 학교생활을 즐긴 후 자신감을 가지고 대학 시험에 임할 수 있다.

그러면 C와 D 코스는 어떨까?

이 두 코스는 모두 초등학교 단계에서 '될 수 있는 한 좋은 학교'에 들어가려고 하는 것이다. 그리고 그렇게 하기 위해서는 ①에서 일찍 입학 시험을 치게 된다. 그리고 어머니는 이른바 '시험'을 위해 열심히 뒷바라지 하여야 한다. 그러나 '시험'을 지향하는 유아의 공부는 그 후의 학력 신장을 보증하는 것은 아니며 면접에 합격하기 위한 특훈 등은 별로 효과가 없다. 무엇보다도 유아 단계에서 아이의 능력을 정확히 판정하여 합격, 불합격을 정하는 것은 불가능하며 어려운 입학 시험에서 선발된 초등학생이 반드시 그후로도 탁월한 실력을 보여준다고는 할 수 없다.

특히 D코스를 선택하는 부모는 아이에게 입학 시험을 보게 하는 것은 한 번으로 충분하다고 생각하기 때문에 대학까지 편히 갈 수 있는 코스를 밟으려고 기를 쓴다. 상류층 가정에서는 아이의 교육과정을 명문 초등학교에서 시작하여 명문 대학까지 보내려고 생각한다. 이 사람들은 보통 사람은 실력만으로는 들어갈 수 없는 학교에 자신의 아이를 입학시키고 싶은 것이다.

사립 명문 대학 중에는 부속 초등학교, 중학교, 고등학교가 있고 이 D코스를 준비하고 있는 것이 있다. 그래서 그 초등학교에 입학하면 별 일이 없는 한 대학까지 올라갈 수 있다.

이러한 초등학교에서 대학까지 계속 이어지는 교육의 최대 난점은 같은 울타리 안에서 유아 때부터 대학생이 될 때까지 16년 동안이나 계속 있게 되는 '정체 효과'와 한 번도 시험이라는 관문에 직면해 보지 않은 '무시련 효과'이다. 편하고 변화가 없는 환경에서 십수 년이나 보호받고 있으면 두 종류의 극단적인 인간이 길러진다. 재능이 있는 소수의 사람들은 아무런 제재 없이 멋대로 하고 싶은 것만 하여 독특한 재능을 키울 수 있을지도 모르지만 다른 한편에서 평범한 사람은 학력도 의욕도 낮은 '유아적 정체'에 빠져서 도무지 어떻게 할 도리가 없는 줏대 없는 인간이 되어 버린다.

대부분의 사립학교에서는 이 '정체'의 해를 줄이기 위해 중·고교 단계에서 외부에서 신입생을 받아들이고 있다. 그러나 초등학교 때부터 입학, 재학중인 학생은 '무시련'으로 '정체'에 몸을 맡기고 있는 것이다. 일관 교육이라는 이름으로 이런 이상한 '실험'을 하고 있는 예는 일본에서밖에 볼 수 없다. 게다가 초등학교 입시로 선발된 학생들의 대부분은 정말로 재능도 학력도 우수한 학생이라고 할 수 없다. 잘못 선발된 능력도, 하고자 하는 의욕도 없는 인간은 16년 동안에 어디까지 전락될 것인가 하는 '실험' 대상이 되는데 불과하다.

이들 요인의 상승 효과로 D코스 속에는 터무니없이 학력이 떨어지는 학생이나 무기력한 학생이 발생할 위험이 있다. 이것이 괜한 걱정이 아니라 현실이라는 것은 일관제 사립학교에서 '내부 추천 진학'을 받아들이고 있는 사립 대학의 관계자라면 충분히 알고 있을 것이다.

C코스는 D코스에 만족하지 못하게 된 우수한 학생과 D코스에서 탈락한 학생이 부득이 하게 선택하는 코스이다. 특히 초일류 대학을 최종 목표로 하는 사람으로서는 최초부터 B코스를 택하는 것이 옳았던 것이며 초등학교부터 사립 명문으로 보낸다고 D

코스를 선택했던 것은 실패였다는 결과가 된다.

금후 교육 개혁의 이름으로 학교 제도에 손댈 가능성도 있다. 그 경우에 B코스를 제1위로 미는 것은 할 수 없게 될지도 모른다. 좀더 유리한 새 코스가 출현할지도 모른다. 아무튼 코스 선택을 위한 이해 계산은 간단하다. 시험은 적은 쪽이 좋다. 그러나 시험이 한 번뿐이고 그 다음에는 없다는 D코스는 문제다. 대학 이전의 시험은 중·고가 아니라 초·중에서 하는 것이 잘된다. 교육은 '높은 사람이 공짜로 해주는 서비스'가 아니라 스스로 돈을 들여서 사야 하는 서비스이다. 때문에 공립이 교육비가 적게 든다는 것은 학교 선택의 이유가 되지 않는다.

국내 사정이 금후 어떻게 변할 것인가와 상관 없이 좀더 고려할 만한 가치가 있는 코스가 사실은 이미 존재해 있다. 그것이 바로 E코스이다.

E코스 : ① 초등학교 — ② 중학교 — ③ 미국 유학(고등학교)
　　　　　 —④ 미국의 대학

옛날에는 ③의 미국(기타 외국) 유학을 부모의 근무 사정으로 부득이 불리한 환경에 처해졌다고 간주하여 그 후의 일본의 대학 시험에 응시할 경우 혜택을 주자는 특별히 마련한 기준으로 일본의 일류 대학에 입학할 수 있다는 코스가 있었다. 그러나 미국 유학을 일본의 대학에 입학하는 경우의 불리한 조건이라고 생각하는 것은 잘못이며, 고등학교 단계에서의 유학을 미국의 대학에 입학하기 위한 유리한 조건이나 준비 단계로 생각해야 할 것이다. 일본의 대학보다 미국의 대학이 좋다는 것은 두말할 필요가 없다. 지금까지도 일본에 돌아와서 일본의 대학에 들어가려고 하는 것은 보다 높은 심하고 치열한 경쟁에 대한 도전을 피하는 행동이라고 볼 수 있다. 따라서 앞으로는 발상을 전환해야 할 것이다.

F코스 : ① 초등학교에서 고등학교까지는 일본의 학교 — ② 미국의 대학

이것을 실현하여 MIT에 입학한 여학생도 있다. 앞으로는 이런 예가 늘어날 것이다. 일본의 일류 대학과 미국의 일류 대학을 동시에 지원하는 예도 적지 않을 것이다. 그 경우에 '실패할 경우를 생각해 다른 학교에도 시험을 치게 되는' 것은 일본의 일류 대학 쪽이다.

2001년 이치로 선수가 메이저 리그에 들어가고부터 일본의 프로 야구 선수들도 자신의 전성기 때 메이저 리그에 입단할 수 있다는 희망이 생겼다. 앞으로는 일본의 프로 야구를 거치지 않고서 직접 메이저 리그에 도전하는 선수가 증가하게 될 것이다. 일본에서 고등학교를 졸업한 학생이 직접 미국의 대학을 지향하는 것도 이것과 같은 것이며, 능력과 의욕이 있는 젊은이라면 이렇게 행동하고 생각하는 것이 올바른 태도이다. 그리고 미국에서 성공을 거둔 경우에는 일본으로 되돌아올 것은 생각하지 않는다는 결과가 된다. 여기서도 일본과 미국 사이에 '노 U턴의 법칙' 이 작용하는 것이다.

Q 외아들인데 A초등학교에 입학시키려고 합니다.

A 시험을 치러야 하겠군요. 남편의 직업은 무엇입니까?

Q 외자계의 경영 컨설턴트 회사에 근무하고 있어요. 나는 친구와 부티크를 하고 있어요.

A 두 분이 벌고 자녀는 외아들 한 명이니 경제적으로는 여유가 있으시겠군요?

Q 네, 그럭저럭. 그래서 우리 애를 중상류층 가정의 자녀들이 가는 학교에 입학시키고 싶어서요.

A 그리고 그대로 최상층까지 가는 코스를 밟을 생각인가요?

Q 거기까지는 생각지 않고 있어요. ○○도 대학은 반드시 일류라고는 할 수 없으니까요.

A ○○대학은 분명히 말해서 이류 가운데에서 아래에 속할 것입니다. 좀더 위로 올라가고 싶다면 그 코스를 밟는 것은 모든 면에서 낭비이고 계획이 잘못되어 있습니다. ○○대학에서 대만족이라는 사람들만이 초등학교에서 그 코스를 밟으면 되는 것입니다. 또는 재계·정계에서 이름이 알려진 명문가라든가 연예인, 기타 유명인의 자녀처럼 아이의 실력 같은 것은 별 문제가 되지 않는다면 유유하게 ○○대학까지 올라가고 그 다음에는 유학이라는 이름으로 해외에 놀러간 후 자신도 이런 사람들의 2세로서 해나갈 수 있습니다. ○○ 같은 곳은 그런 사람들이 가는 곳입니다. 당신의 경우는

거기에 해당되지 않는 것 같은데요. 고소득자라 해도 맞벌이라는 가정은 ○○에 맞지 않는다고 생각합니다.

Q¹ 내 친구도, 이웃의 아는 사람도 모두 A초등학교에 입학시킨다고 해요. 초등학교 중에서는 명문이고 톱 클래스잖아요? 우선 현시점에서는 제일 좋은 학교에 넣고 싶어요. ○○에서는 부족하다고 한다면 도중에 일류 학교로 옮겨 최종적으로는 ××대학으로 가는 코스도 생각할 수 있잖아요.

A 그렇다면 초등학교부터 A에 넣는 것은 헛된 일입니다. 아드님이 실력면에서 우수하다면 주위의 에스컬레이터족과는 분명하게 선을 긋고 중학교 정도에서 ××대학 시험을 위한 공부를 시켜야 합니다. 그러나 이것은 간단히 할 수 있는 것이 아닙니다. ××를 지향한다면 초등학교는 어디든지 상관없이 중학 시험의 준비를 착실히 하여 중고가 일관되어 있는 일류 진학학교에 가는 것이 좋을 것입니다.

Q¹ 말씀은 잘 알겠지만 에스컬레이터에도 매력이 있어서요. 예를 들면, △△ 정도라면 대학도 사립으로는 톱 클래스고, 만족할 수 있을지도 몰라요.

A 당신이 만족할 수는 있어도 아드님은 국립인 ××가 아니면 △△으로는 만족할 수 없게 될지도 모릅니다. 그런 사람이 일부러 △△대학을 가는 코스를 밟는 것은 의미가 없습니다. 일단 시작되면 결국 △△대학밖에 갈 수 없었다 하게 될 공산이 큽니다. 그러므로 내가 하고 싶은 말은 앞으로 가는 곳이 ○○대학이나 △△대학이면 충분하다고 하는 사람 이외는 시험을 치러서 초등학교부터 코스를 밟아야 하는 것입

니다.

＊　＊　＊

Q² 우리 애는 자기 중심적인 데다가 내 말을 전혀 듣지 않습
니다. 생활 태도도 나쁘고 이대로 간다면 중학교 입학시험
에 떨어질 것은 뻔합니다.

A 이것은 내가 상담해 드릴 수 있는 문제가 아니군요. 성격 문
제나 생활 태도의 지도 문제라면 다른 전문가에게 상담하시
는 게 어떨까요? 내가 소개해 드리겠습니다.

Q² 감사합니다. 우리 애는 초등학교 5학년인데 체중이 100㎏ 가까
이 됩니다.

A 그거 대단하군요. 진학보다는 중학교 졸업 후 ○○합숙소에
입문시키면 어떻겠습니까?

Q² 본인에게도 그렇게 말하면서 놀렸더니 "스모 선수가 되고 싶어
서 비만아가 된 게 아니에요" 하고 말합니다. 나도 그런 것은
시키고 싶지 않아요. 우리 아이는 몸을 움직이는 일에는 맞지
않는 것 같아요. 할 줄 아는 운동도 없지만 운동 자체를 싫어해
요.

A 당연히 그런 체질로는 운동 같은 건 할 수 없겠죠.

Q² 네. 운동도 하지 않고 컴퓨터 앞에만 앉아 있으니까 비만이 되
는 거예요.

A 컴퓨터는 잘 합니까?

Q² 장래 대단한 해커가 되어 전 세계 사람들을 깜짝 놀라게 해주고
싶다고 해요.

A 믿음직스럽지 않습니까?

Q² 하지만 그건 범죄잖아요?

A 본래의 해커는 범죄를 하는 게 아닙니다. 하지만 재능이 문제군요. 그만한 재능이 있는지 어떤지, 게다가 해커가 되는 데에는 그런 엄청난 체중은 필요 없습니다. 그 상태로는 20살 이전에 150kg이 될 것입니다.

Q² 시험 같은 것은 도저히 무리에요.

A 아무튼 시험에는 체중 제한은 없지만, 보통 사이즈의 의자나 책상에서는 안 될 테니까 거절당할지도 모르겠습니다.

Q² 지금은 조금이라도 체중을 줄여야 한다고 생각하고 있어요. 하지만 자기 중심적이고 먹고 싶은 것은 마구 먹으니 살만 찔 수밖에 없어요.

A 체중 감량에 대한 상담입니까? 이 문제도 제가 답변하기 어렵습니다. 어쨌든 먹는 것을 조절해주세요.

Q² 그런데 문제는 내가 집을 비운 사이에 냉장고 안의 음식을 전부 먹어 치운다는 거예요.

A 잠금 기능이 있는 냉장고도 있습니다.

Q² 또 제멋대로 돈을 꺼내서는 스넥이나 주스를 대량으로 사옵니다. 어떻게 만들었는지는 모르지만 우리 통장에서 돈을 인출할 수 있는 현금 인출 카드를 위조한 것 같아요.

A 비행 경력은 있습니까? 가정 내 폭력 같은거요?

Q² 그런 것은 없어요. 근본은 얌전한 아이에요. 몸이 그렇게 뚱뚱해지는 바람에 남보다 몇 배나 더 먹지 않으면 살아갈 수 없다는 거예요.

A 실례지만 아드님의 비만은 당신에게도 책임이 있는 것 같군요. 당신의 체형을 보면 알 수 있습니다. 도대체 어떤 방법으로 양육한 것입니까?

Q² 편식에서 시작된 것 같아요. 싫어하는 것이 많아서 좋아하는 것만 먹게 되었어요.

A 당신도 편식이 심하죠?

Q² 편식도 역시 유전하는 걸까요?

A 편식하는 부모 아래에 편식하는 자녀가 있습니다. 그 부모에 그 자식이라고…….

Q² 애한테만은 편식이 되지 않도록 무엇이든 먹이려고 노력해 왔는데도…….

A 자신이 싫어서 먹지 않는 것을 아이에게 먹일 수는 없습니다.

Q² 여러 가지로 궁리하여 피망 같은 것을 요리해서 먹이려고 했어요.

A 그게 잘못되어 있군요. 속여서 먹여봤자 소용없습니다. 왜냐하면 이것은 영양상의 문제가 아니니까요. 영양상의 문제라면 피망 같은 것은 평생 먹지 않아도 상관없습니다. 공부도 마찬가지입니다. 노는 기분으로 저절로 학습되게 하는 방법은 없습니다. 공부는 고통스러운 것이기 때문에 괴로워도 필요한 것은 단호하게 시켜야 합니다. 그래야 스스로 그것을 할 수 있게 됩니다. 그렇지 않으면 시험 같은 것은 꿈 같은 애기입니다.

Q² 그러면 눈앞의 시험보다 지금은 그 애를 좀더 근본적인 면에서

바로잡는 것이 먼저겠군요.

A 될 수 있으면 어머니도 함께 해야 합니다. 분명하게 말해서
좀더 감량해야 할 것입니다.

Q² 알겠습니다. 조금 전에 소개해 주신다던 전문 카운슬러 말인데
요…….

A 아, 그거 말입니까. ○○요트 스쿨이라는 곳인데…….

＊　＊　＊

Q³ 딸이 중학교 시험을 앞두고 있어요. 딸과 함께 학원에 다니고
있는 아이 어머니의 권유로 우리도 학원의 일요 특별 교실에 다
니고 있어요.

A 아이를 가르치기 위해서 어머니도 공부한다는 거군요.

Q³ 네. 그게 부끄러운 일이지만 지금의 중학 시험은 수준이 너무
높아서 그 특별 교실에 나가도 도저히 따라갈 수가 없어요.

A 무엇 때문에 거기서 공부하고 있습니까?

Q³ 딸이 물어 왔을 때 가르쳐 줄 수 있어야 한다고 생각하고…….

A 따님이 학원에서 공부하고 와서도 문제를 풀 수 없다, 매주
테스트 성적도 바람직하지 못하다는 것입니까?

Q³ 유감스럽지만 그렇습니다. 하지만 딸의 친구 어머니 말로는 아
이를 학원에 보내서 공부시키는 것만으로는 안 되고 부모도 함
께 공부하는 자세로 도전하지 않으면 시험은 성공할 수 없다고
해요.

A 다시 말해서 아이에게만 뛰어라, 뛰어라 하고 말만 해서는
안되고, 부모도 함께 뛰어주지 않으면 안 된다는 말씀이시

군요.

Q³ 그런 셈이죠.

A 헛된 일이라고 생각됩니다. 분명히 부모는 코치일지 모릅니다. 하지만 그것은 여러 가지 정보를 모아서 학원을 선택하여 응시할 학교를 결정하고 도시락을 싸 주거나 때로는 학교까지 데려다 주고, 마중 나가고, 시험에 성공하도록 필요한 조치를 해주는 것이 코치의 일입니다. 스스로 뛰어서 특훈을 함께 한다고 해도 어쩔 도리가 없습니다. 왜냐하면 뛰는 사람은 아이니까요.

Q³ 하지만 애가 물어왔을 때 대답할 수 없으면 곤란해요. 아이에게 무시당해요.

A 이과나 사회라면 모르는 것은 어쩔 수 없습니다. 하지만 초등학생의 국어나 산수라면 모른다고 할 수 없잖습니까?

Q³ 산수 문제 같은 것은 모르는 것이 많아요. 그래서 학원에서 설명을 들어도 좀체 알 수가 없어서…….

A 부모의 수준이 그 정도이면 아이도 성적이 좋지 않을 것입니다. 일류 학교의 산수 문제도 어른이 잘 생각하면 어떻게든 풀 수 있는 것이 보통이라 생각하는데요. 함께 뛰는 사람이 아이와 수준이 비슷하다면 함께 뛰어도 별 효과가 없겠죠. 아까 말씀드렸듯이 부모가 할 수 있는 것으로 좀더 중요한 것을 하도록 하세요. 그리고 응시하고자 하는 학교의 수준을 낮게 잡으세요. 제가 볼 때 일류 학교는 도저히 무리인 것 같습니다.

＊　＊　＊

Q⁴ 신뢰할 수 있는 가정교사를 소개받고 싶은데요.

A 자제분은 몇 학년입니까?

Q⁴ 대학 시험을 앞둔 딸은 고2이고, 중학 시험을 앞둔 작은 아들은 6학년입니다.

A 장남은?

Q⁴ 장남은 재수중입니다. 학원에 다니고 있어서 가정교사는 필요없죠.

A 그렇죠. 스스로 알아서 공부할 나이죠. 그래, 고2의 따님과 초등학교 6학년의 아드님은 왜 가정교사를 필요로 하는 것입니까? 학원에 다니고 있지 않습니까?

Q⁴ 네. 둘 다 성적이 별로 좋지 못해요. 딸아이는 사립대학의 문과에 가기를 원하지만 특히 영어가 약하고, 작은 아들은 사립학교를 목표로 하고 있는데 전반적으로 실력이 부족해요. 또 전에 다니던 학교에서 적응을 잘 못 해서 요즘 다른 학교로 옮겼는데 이 학교에서도 생각한 것만큼 성적이 오르지 않아서 몹시 초조해요. 그래서 이 애에게는 산수와 이과 과목을 과외시켜 볼까합니다. 딸아이에게는 여대 영문과나 국제 관계의 영어에 강한 과외 선생님이 좋겠는데요.

A 따님의 경우 학원에서도 영어를 공부하고 있을 텐데 그 이상의 어떤 것을 가정교사에게 배우게 할 생각입니까?

Q⁴ 자세한 것은 모르기 때문에 그것은 가정교사와 잘 상의해서……

A 아드님의 경우 학원의 모르는 문제를 풀어 줄 가정교사라는
겁니까? 대학생입니까?

Q⁴ ○○대학 학생입니다. 아는 분이 소개했는데 알기 쉽게 가르치
고 아주 좋은 분 같아요.

A 학력이 걱정이군요.

Q⁴ 네, 그래서 하다 못해 과외라도 시켜볼까 하고.

A 아니, 그 가정교사의 학력 말입니다. 비록 ××대학의 학생
이라도 시험의 지도 교사로서는 아마추어입니다. 프로로 통
하는 ××생이라면 벌써 학원에서 가르치고 있습니다. ○○
대학의 학생이라면 중학 시험의 지도를 할 만한 실력이 있
는지도 걱정입니다. 중학 입시의 산수나 이과 문제를 정확
히 풀 수 있을까요. 국어의 한자 실력도 의심스럽고요. 그런
가정교사에게 돈을 들여서 귀중한 시간을 허비하는 것은 너
무 낭비하는 것입니다.

Q⁴ 좀더 나은 가정교사가 있을까요?

A 꼭 가정교사를 구하고 싶다면 학원에서 가르치고 있는 사람
에게 부탁할 수밖에 없을 것입니다.

Q⁴ 그렇게 무리하고 싶지는 않은데요.

A 경제적으로 넉넉하면 문제가 없지만 나는 그것도 권하고 싶
지는 않습니다. 왜냐하면 지금부터 한다면 늦습니다. 따님
의 영어 가정교사도 대학생입니까?

Q⁴ 외국에서 살다온 학생으로 영어회화를 잘 하는 것으로 알고 있
습니다.

A 하지만 회화를 배우는 건 아니잖습니까? 입시 영어를 대비

하기 위해서입니까?

Q4 예전에 다른 분에게 영문 해석을 부탁했던 일이 있습니다.

A 그분도 학력이 걱정이군요. 보통 대학생 실력으로는 일류 대학의 영어 문제를 제대로 해석할 수 없습니다. 그런데 어떻게 남을 가르칩니까?

Q4 듣고 보니 그렇군요.

A 댁의 가정교사는 아마도 아르바이트 학생일 것입니다. 그런 가정교사에게 자녀의 교육을 맡기고 어떻게 되겠지 하는 것은 무책임한 부모의 일시적 위로라고 볼 수밖에 없습니다.

Q4 …….

A 불쾌할지 모르지만 시험 공부가 잘 안 된다고 과외를 시키지만 실력은 하루아침에 높아지는 게 아닙니다. 정규 과정의 학교에서는 학생들의 각자 실력에 맞는 학교에 들어갈 수 있도록 가르치고 있을 것입니다. 큰 아드님이나 작은 아드님이나 공부를 등한시해 왔거나, 어지간히 실력이 없다고 보겠습니다. 과외를 시켜도 소용이 없으니 더 이상 집착하지 마세요.

* * *

Q5 아들을 의대에 보내고 싶은데요.

A 상당히 우수한 학생인 것 같군요.

Q5 고2인데 지금 시험을 봐도 합격할 거라는 말을 듣고 있어요. 그런데 본인은 의사가 되는 것은 싫다고 합니다. 수학, 천문학, 우주론 같은 것을 하고 싶다고 합니다.

A 훌륭합니다. 그쪽으로 진학시키는 게 좋을 것입니다.

Q5 하지만 의대로 갈 수 있다는데 아깝지 않습니까?

A 그 반대입니다. 댁의 아드님이 그만한 두뇌와 의욕을 가지고 있다면 의사가 되는 것은 아까운 일입니다. 그렇지 않아도 최고 능력의 학생이 이과에 들어가는 것은 잘못되어 있습니다. 의사가 되는 데는 그런 능력은 필요 없습니다. 아드님과 같은 두뇌의 소유자가 의대에 들어가 암기 과목의 공부와 해부실습으로 매일매일을 보내게 되면 너무 지루해서 적응을 못 할 것입니다.

Q5 우리 아이는 별을 관찰하거나 수학문제 푸는 것을 좋아해요. 최근에는 페르마의 최종 정리를 자기 방법으로 증명했다고 우쭐해 하고 있었어요.

A 그건 대단한 일입니다. 언젠가는 필드상도 수상할 것입니다. 의사가 되는 것은 권하고 싶지 않습니다.

8

소비와 취미

합리적인 소비 생활?

비자는 합리적으로 행동하여야 한다. 그렇다면 '합리적' 이
란 것은 무엇일까?

합리적인 행동에는 몇 가지의 사고방식이 담겨 있다.

① 낭비하지 말 것

필요 없는 물건을 사는 것은 분명히 어리석은 일이다.

우리는 그 물건이 필요하기 때문에 샀다고 하지만 그것이 크게
필요하지 않다는 사실을 깨닫는 데는 그리 오랜 시간이 걸리지 않
는다.

그러나 헛된 돈을 썼다고 후회해보았자 돈이 없어진 후의 일이
고, 그때는 돈을 썼을 때의 쾌감에 대해서는 완전히 잊고 있다.

충동 구매를 할 때의 기분은 말로 표현할 수 없는 것이다. 이렇
게 본다면 가끔씩의 충동 구매는 정신 건강에 오히려 보탬이 되지
않은가. 빚이 늘어나는 일만 없다면 즐겁게 쇼핑하는 것이야말로

현명한 소비가 아닌가. 낭비했다고 스스로 후회하거나 낭비가 두려워서 '살까 말까' 하고 고민하는 것 자체가 비합리적인 행동이 아닌가.

　② 될 수 있는 한 돈을 쓰지 않고 절약하는 것만이 합리적인 생활이라고 하는 사고방식

　돈을 쓰는 것은 나쁘고, 쓰지 않고 남기는 것은 좋은 일이라고 이분법적 사고방식에 집착하고 있는 사람도 적지 않다. 이상한 사고방식이지만 세상의 물건이나 서비스를 사는 데서 즐거움을 발견하지 못한다고 하는 '타고난 구두쇠'도 있는 것이다. 만약 이런 사람과 부부로 같이 지낸다면 아마도 생활이 즐겁지 않을 것이다. 그러므로 원만하게 생활해나가려면 자신도 확고한 신념을 지닌 구두쇠가 될 수밖에 없다.

　이러한 인색함은 저축하려는 마음과 결합되고 있는 경우가 많다. 절약하는 이유는 저축하기 위해서다.

　결국 돈 쓰는 것을 죄악시하는 구두쇠는 돈을 저축하는 것이야말로 인생의 궁극적 목적이라는 인생관의 소유자일 것이다.

　지금 저축하여 내 집을 사기 위한 자금을 마련하겠다는 계획을 세운 사람도 있을 것이다. 이런 사람에게 인색과 저축은 목적이 있는 수단이다. 내 집을 갖는 데 목표를 둔 사람이라면 지금은 돈을 절약할 수밖에 없다. 그리고 계획대로 단호하게 실행하는 것은 합리적인 태도라고 할 수 있다.

　지나치게 쪼들린 생활은 사람을 소모시킨다. 그래서 '가난해지면 자칫 품성이 떨어지게 된다'는 것이다.

　③ 될 수 있는 한 돈을 쓰지 않는 생활에 투철한 사람이 있는데,

그 이유는 돈을 벌기 위한 일을 하기 싫어서다.

이 사고방식은 이것 나름대로 합리적이라고 말할 수 있다. 일을 한다는 것은 고통이므로 고통은 될 수 있는 한 줄이고 싶다. 그렇지만 돈은 조금밖에 벌지 못한다. 그래도 거기에 맞추어 소비생활을 하는 것이다. 빈곤한 생활을 하는 고통보다 싫은 일을 하는 고통이 크다고 생각하는 사람이라면 이 사고방식이 사리에 맞는 것이다.

그러나 이 '청빈주의'에도 약점이 있다. 너무 일을 안 하니까 시간은 충분하다. 하지만 그 시간을 보내기 위해서는 취미라는 소비활동을 하여야 한다. 그런데 소비활동을 하려면 아무래도 돈이 든다. 하지만 그 돈이 없다. 그러나 더 이상 돈을 벌기 위해 일하는 것은 싫다. 이 딜레마와 어떻게 타협할 것인가.

결국 가난한 생활을 하는 것도 쉬운 일이 아니고 디오게네스와 같은 경지에 도달하지 않고서는 돈이 없는 것 자체가 불안이나 불행의 원인이 된다.

④ 갖고 싶은 것이 있으면 돈을 아끼지 않고 산다고 하는 사고방식으로 돈을 쓰는 데 만족한다. 빚을 얻는 것도 꺼리지 않는다.

이 같은 생활을 하고 있는 사람은 언젠가 빚 때문에 꼼짝달싹 못 하게 된다. 그래서 옛날부터 돈을 물 쓰듯이 하는 것은 악이고, 절약과 저축은 선이라고 해왔는데 갖고 싶은 것을 사는 데 돈을 쓰는 것이 빚과 직결되는 것은 아니다. 돈은 재산 증식을 위한 수단인 동시에 원하는 것을 사기 위한 수단이다.

⑤ 빚을 지지 않고, 최소한의 저축을 하며 쓸 수 있는 돈만을 쓰면서 즐긴다.

이런 소비자를 비합리적이라고 비판하는 것은 아니다.

그런 생활을 하고 있기 때문에 돈이 모이지 않는 것이라고 저축파는 말할 것이고, 마이 홈파는 무계획한 생활을 하고 있어서는 집을 살 수 없다고 말할 것이다. 그러나 10년, 20년 고생한 끝에 내 집을 마련했다 하더라도 그 다음에도 돈을 갚기 위해 쪼들린 생활을 계속해야 한다는 것도 한심한 이야기가 아닌가.

이렇게 보면 '현명한 소비자'가 된다는 것도 쉬운 일이 아니다.

얼마 전까지만 해도 여성은 집에서 가사와 육아에 전념하면서 소비를 전문으로 하는 존재로 인식되어 있었다.

지금 여성들이 밖에서 일하는 것이 좋다고 생각하고 있는 이유는 이 '현명한 소비자' 역에 지쳤기 때문일 것이다. 밖에서 일을 하면 돈도 벌고, 번 돈으로 '현명하지 못한 소비자'도 될 수 있다. 이것이 즐거운 것이다.

살기 위해 먹는가 먹기 위해 사는가

절약하여 저축으로 재산 증식을 지향하는 사람은 우선 생활비를 줄이려고 한다. 병이나 영양 실조에 걸리지 않고 생명을 유지할 수 있는 식생활로 절약하면 과연 한 달에 얼마나 절약할 수 있는지 흥미로운 일이 될 것이다. 냉장고 및 기타 충분한 '선행 투자'로 한 달에 10,000엔 이하의 식비로 살 수 있을지도 모른다.

그러나 생명을 유지하기 위해 필요한 최소한의 식비 이상으로 돈을 쓰는 것은 낭비라고 하는 사람에게 먹는 것은 살기 위한 수단에 불과하다. 그래서 먹는 것보다 좀더 중요한 것이 있다고 생각하고 있을 것이다. 물론 사람은 먹기 위해서 사는 것이 아니라 어디까지나 살기 위해서 먹고 있다.

이 사고방식이 옳은 것이고 더 이상의 반론을 제기할 수도 없지만 사람은 먹기 위해 살고 있다는 사고방식도 성립될 수 있다. 먹는다는 즐거움을 위해서는 죽어서는 안 된다. 그래서 살고 있는 것이다. 맛있는 것을 먹을 수 없다면 살아 있어도 즐겁지가 않다.

이 사고방식은 모순점이 많지만 묘한 매력이 있다. 왜냐하면 그렇지 않다면 이렇게까지 많은 사람들이 먹는 것을 논하고 음식이나 술에 대해 이야기하고, 맛있는 음식점을 수록한 정보서나 요리책이 범람할 리가 없다.

이것은 지금에서야 시작된 것이 아니라 에도시대부터 이미 시작되어 오늘과 마찬가지였다.

에도의 메밀 가게의 수가 현재 도쿄에 있는 것보다 많았다고 하며, 그 밖에도 초밥집, 장어집, 요정 등의 정보가 나돌고, 『두부의 백 가지 진미』라는 요리책까지 있었던 것을 보면 미식가에 대한 관심은 지금보다 더하면 더했지 덜 하지는 않았다.

우리가 흔히 미식가, 대식가라고 일컫고 있는 사람들은 먹기 위해 살고 있다고 착각하고 있는 것이다.

CP에 구애되는 사람

'합리적인 소비자' 가운데 CP(Cost Performance : 비용 대 성능 비)에 구애되는 사람이 있다. 이 사람은 그 어떤 음식을 먹더라도 이미 머릿속에서 100엔에 상당한 만족도를 산출하고 판단한다.

예를 들어 설명한다면 마에사와 우시(마에사와 지방에서 나는 소)의 스테이크 맛은 카레라이스 맛의 20배이다. 따라서 20배의 만족감을 얻을 수 있다고 생각하고 있는 사람으로서는 500엔짜리 카레라이스와 10,000엔짜리 스테이크의 CP는 같아진다. 이 사람은 또 같은 500엔의 카레라이스라도 ○○의 것이 ××의 것보다 훨씬 맛있다. 그러므로 CP가 높다는 식으로 구애된다. 분명히 합리적인 소비자라고 할 수 있다.

다만, 만족감을 가져다 주는 것은 맛뿐만은 아니다. 유명한 식당의 비싼 요리를 먹었다고 하는 만족감도 큰 것이다. 이 정체 불명의 만족감을 값으로 나누어서 계산하면 그 유명한 명물 요리는 분명히 CP도 높게 된다.

그런데 요리의 맛이나 식당의 격식 등과는 관계 없이 값비싸다는 이유만으로 만족도가 낮아진다고 하는 사람도 있다. 이런 사람은 유명 레스토랑에서 몇 만 엔이나 하는 요리를 먹는 것 자체가 범죄행위라고 여기게 된다. 반대로 싸면 그것만으로도 절대적으로 만족도가 높아지기 때문에 10,000엔짜리 스테이크보다는 500엔짜리 라면이 절대적으로 CP가 높은 것이다. 때문에 스테이크 같은 것을 먹으려는 마음은 아직까지 없다. 라면을 예로 든다면 라면 가운데에서 될 수 있는 한 CP가 높은 것을 찾아다니면서 라면을 먹게 된다.

비교적 많은 사람들이 맛면에서나 가격면에서나 CP의 점에서나 좋아하는 것은 'B급 미식가'라 일컬어지는 사람들이다.

B급 미식가에게는 적당한 정의가 없지만 여기서는 가장 적절하다고 생각되는 정의를 내려두고 싶다.

● 일품음식으로 점심식사를 하고 통상 1,000~2,000엔의 가격대로 먹을 수 있는 것들 가운데 CP가 최고에 달해 있는 것.

이것이 B급 미식가다. 이 정의에서는 고급 메밀, 고급 카레라이스, 포크커틀릿, 계란덮밥, 튀김덮밥(굴튀김덮밥), 장어덮밥, 빈대떡, 하이라이스, 오므라이스, 비프 스튜, 햄버거 등의 양식과 중국 요리의 면류, 볶음밥, 일식의 '○○정식'이라 일컫는 것 등이 좋아하는 것들이다.

이 아래로 C급 미식가가 있다. 이들은 B급 미식가를 정의한 가격대에서 좀더 내려간 '500엔 전후'의 것을 즐기는데 대표적인 것이 라면이다. 기타 카레라이스, 고기덮밥, 메밀, 우동, 편의점 도시락이나 주문 도시락, 주먹밥, 샌드위치 등이 C급 미식가가 좋아하는 것들이다.

그렇지만 무엇보다도 제일 CP가 높은 것은 집에서 먹는 식사가 아닐까.

당신이 먹을 수 있는 가장 싼 식사를 제공해 주는 곳은 당신의 집이다. 한 달에 1인당 15,000엔 정도의 식비로 생활하고 있는 가정도 적지 않다. 한 사람이 하루에 500엔 전후의 식비가 된다. 현재 500엔으로 세 끼니를 먹을 수 있는 곳은 찾을 수 없다고 생각된다. 돈이 없어서 외식도 할 수 없을 때 집으로 돌아가기만 하면 영양 실조에 걸리지 않는 최소한의 식사는 먹을 수 있다.

분명히 집에서 먹는 식사는 매끼니마다 성찬이라고는 할 수 없지만 그 대신 영양 실조나 병에 걸리지 않고서 살아갈 수 있는 가장 싸면서도 맛있는 식사이다. 이것은 주부라는 요리사 덕분에 가능하다. 이 요리사는 시장 보기에서부터 메뉴를 결정하고 요리하고 설겆이까지 해준다.

그리고 메뉴도 다양해서 일식, 중식에서 프랑스 요리, 이탈리아 요리(파스타 류), 인도 요리 및 최근에는 한국 요리, 타이 요리까지 등장한다.

주부는 싸고 CP가 높은 요리를 만드는 데 있어서는 프로다.

결국 보통 사람은 CP를 엄밀하게 따져서 음식을 먹고 있는 것 같지는 않다.

우선 자신이 쓸 수 있는 돈의 한도를 정하고 가격대를 정해서 그 범위 내에서 CP가 높은 것을 골라서 먹으려고 한다. 400~800엔대의 라면과 7,000~15,000엔대의 설로인 스테이크(소의 허리 윗부분의 고기로 요리한 스테이크)는 존재하는 세계가 다르다. 라면의 세계에서 설로인 스테이크의 세계로 옮길 때는 이차원 공간에 돌입하는 것 같은 결단을 필요로 한다.

그러나 CP를 생각하는데 100엔 단위로 생각하는 사람과 1억 엔 단위로 생각하는 사람과는 그야말로 하늘과 땅 차이가 있다. 진짜 부자는 돈을 쓸 때 CP를 적어도 1억 엔 단위로 생각하는 사람이다. 이런 사람은 10만 엔의 가이세키 요리[1]를 먹고서 값에 비해 맛이 없다, CP가 낮다는 등의 말을 하지 않는다.

사치하는 것

사치란 다른 사람이 볼 때 그 사람이 자기 분수에 맞지 않는 돈을 쓰고 있다고 생각하는 것이다. 허름한 아파트에 살면서 벤츠를 타고 다니는 것을 일반 상식에 비추어 보면 돈을 사용하는 방법이 어리석기 때문에 이것은 그 사람에게는 틀림없이 사치이다. 다만, 벤츠 때문에 다른 사치는 일체할 수 없다, 생활도 궁색한 상태라면 이런 사치는 호화주의라고 하여 무시당한다. '벤츠를 가지고 있기 때문에 틀림없이 부자일 것이다' 라고 다른 사람은 보아주지 않는다.

얼마든지 사치할 수 있도록 돈이 있는 사람이 부자라는 것은 옳은 것일까? 부자가 사치, 다시 말해서 낭비한다고는 할 수 없다. 벤츠는 부자의 생활 스타일을 유지하기 위한 필수품의 하나이기 때문에 부자가 벤츠를 갖는 것은 사치가 될 수 없다. 이런 까닭에 사치는 돈이 없는 사람이 할 수 있는 특권이다. 사치를 해봤자 부자라고 인정받는 것도 아닌데 돈이 없는 사람일수록 사치를 하고 싶어한다. 그래서 인간은 합리적인 소비자가 될 수 없을지도 모른다.

이렇게 하여 사치는 가난한 사람의 특권인 동시에 가난하다는 것에 대한 변명이 된다. '이런 어리석은 사치를 하고 있는 덕분에 돈이 한푼도 남지 않는다' 라고 말을 퍼뜨릴 수 있지 않은가.

사치의 진짜 즐거움을 알려면 가난하지 않으면 안 된다. 사치란 항상 '가난 속의 사치' 인 것이다. 억만장자는 돈을 쓰면서 사치하는 기쁨도 쾌감도 느끼지 않는다. 없는 돈을 몽땅 털어서 쓴다고는 하지 않더라도 한정된 금액 안에서 큰맘 먹고 사서 즐기는 것이 사치인 것이다.

그러나 사치를 하려면 무엇이 사치인가를 알아야 한다. 그러기 위해서는 과거에 정말로 사치를 해본 경험이 있어야 한다. 하루 1,000엔으로 지내야 할 때 갓 구운 바게트에 버터를 발라서 퍼스트 프레시의 다르질링(Darjeeling : 다르질링에서 나는 고급 홍차)과 함께 먹으려면 그런 사치가 있다는 것을 우선 알아야 한다. 과거의 경험이 없다면 부자들의 생활을 엿보거나 책을 읽어 지식을 얻을 수밖에 없다.

돈이 없는 사람일수록 브랜드 제품을 사고 싶어하는 이유는 갖고 있는 지식이 그 정도밖에 없고, 한눈에 알아볼 수 있는 것이 아니면 안 된다고 생각하기 때문이다. 이것이 가난한 사람의 사치의 슬픔이라는 것이다.

돈 쓰는 법에 관한 Q&A

Q 돈을 쓰는 법에 대해 가르쳐 주신다고 들었는데요.

A 그렇습니다. 상담뿐만 아니라 경우에 따라서는 실제로 쓰는 것도 맡아서 하고 있습니다. 그래 무슨 일로 오셨나요?

Q 저는 왠지 낭비가 심해서 스스로도 돈 쓰는 방법이 서툴다고 생각하고 있습니다. 그래서 우선 금년부터 가계부를 쓰기로 했어요. 여기 가져 왔습니다만……

A 그러면 이것이 낭비다, 식비는 좀더 줄이는 것이 좋다라는

식으로 지적해 달라는 것입니까? 모처럼 오셨는데 나는 가계부의 진단은 하지 않습니다. 대체 이런 컬러 사진의 요리 부록까지 붙어 있는 가계부를 사와서 매일 고생스럽게 쓰는 것 자체가 돈 낭비, 시간 낭비가 아닙니까?

Q 컴퓨터의 가계부 소프트웨어로 관리하는 것이 좋다는 말씀이신 가요?

A 그것도 마찬가지일 것입니다.

Q 일단 예산을 세워서 비목마다 배분을 생각하고 계획을 세웠어요.

A 수고 많이 하셨군요. 시간을 들여서 사전에 계획을 세운 다…… '시시한 생각을 하는 것은 아무것도 생각하지 않는 것과 같다'고 하는데…….

Q 하긴 아무리 계획을 세워도 그대로는 안 돼요.

A 계획대로 되면 큰일이죠. 어차피 계획 같은 것은 백지화해서 돈을 쓸 수밖에 없으니까. 그렇다면 계획이란 도대체 무엇이었는가라는 것이 됩니다. 시간 낭비입니다. 애당초 무엇 때문에 계획 같은 것을 세우나요?

Q 낭비를 없애고 저축을 하기 위해서죠.

A 그러면 당신의 문제라는 것은 돈이 남지 않는다, 저축을 할 수 없다는 것입니까?

Q 말하자면 그렇습니다.

A 그렇다면 돈 쓰는 법보다 좀더 돈을 많이 버는 것, 증식하는 것을 생각하면 어떻겠습니까? 그것을 해결하는 것이 우선이 아닐까요?

Q 지금보다 많이 번다는 것은 좀 어렵기 때문에 조금이지만 가지고 있는 돈을 잘 운용해서 늘릴 것을 생각할 수밖에 없을 것 같아요. 그에 대해서도 상담해 주시겠어요.

A 원한다면 해봅시다. 다만 내가 당신을 대신해서 당신의 돈을 쓴다는 형식으로…….

Q 예를 들면, 어떤 방면에 투자하는 것입니까?

A 경마, 기타 도박에 사용합니다.

Q 농담하지 마세요. 돈을 시궁창에 버리는 것과 무엇이 달라요.

A 증권을 사도 비슷합니다. 그렇게 해서 돈을 버리는 것도 돈 쓰는 방법의 하나입니다. 운이 나쁘면 돈을 잃어서 곤란하게 되는 경우도 있지만 말입니다.

Q 아무튼 그렇게 돈 쓰는 법이 아니라 어디까지나 소비자로서 돈 쓰는 법을 개선하고 싶어요.

A 당신은 정말로 돈을 낭비하고 있다고 생각합니까?

Q 부끄럽지만 그렇다고 생각해요.

A 그렇지 않을 것입니다. 나중에 그것은 낭비였다고 생각할지 모르지만 그것을 사서 기뻐하고 있었을 때는 크게 만족했을 것입니다. 그렇기 때문에 낭비했다고는 말할 수 없습니다. 당신은 그때 그때 현명한 소비를 해온 것입니다.

Q 그러면 현명한 소비를 하고 있는 한 돈은 모이지 않는다는 셈이군요. 갖고 싶은 것을 사지 않는 인색한 소비자가 되지 않으면…….

A 그렇지 않습니다. 돈이 없을 때는 욕망도 사라져서 이것이 갖고 싶다 저것이 갖고 싶다는 생각을 안 하게 됩니다. 그러

므로 없는 형편에 맞추어 필요한 것만 사서 지낸다면 아무 문제도 없습니다. 그런데 돈이 모이게 되면 그 돈에 맞추어서 욕망도 생깁니다. 살 수 있을 것 같으니까 이것도 저것도 갖고 싶어지죠. 그런데 사고 싶은 것이 늘어나기 때문에 이것도 살 수 없고 저것도 살 수 없어 돈이 부족하다는 결과가 됩니다. 이 고민을 해결하는 방법은 하나밖에 없습니다.

Q 욕망을 억제하는 것 말입니까? 아니면 우선 순위를 정해놓고 제일 가지고 싶은 것, 만족도가 큰 것부터 산다든가…….

A 경제학 교과서대로의 소비자를 해보겠다는 것입니까? 하지만 그런 일시적 방편으로는 해결되지 않습니다. 올바른 해결 방법은 돈을 늘리는 것밖에 없습니다.

Q 그것은 무리예요. 그것을 할 수 없기 때문에 없는 돈을 쓰는 방법에 골치를 썩이고 있는 게 아니겠어요.

A 당신은 정말로 돈이 필요하다, 돈벌이를 하고 싶다고 생각하지 않습니까? 만약 그렇게 생각한다면 진짜로 해보면 됩니다. '구하라 그러면 얻을 것이다' 라고 하지 않습니까. 당신은 이제 소비자가 아니라 돈을 버는 사람, 돈을 벌 수 있는 사람이 되어 일에 몰입하는 것입니다. 그러면 고민 같은 것은 어디론가 사라져 버릴 것입니다.

Q 간단히 돈벌이 할 수 있는 것처럼 말씀하셔도…….

A 아무튼 억 단위의 돈을 만들고 나서 다시 한 번 오십시오. 그때는 돈 쓰는 법에 대해 조언해 드리겠습니다.

Q 억만 장자의 소비생활의 본연의 자세라는 것 말입니까?

A 억만 장자가 인색한 소비자가 된다고는 할 수 없을 것입니

다. 억만 장자에게는 억만 장자다운 돈 쓰는 법이 있다는 것입니다. 그에 대해서는 나도 한 번 신에게 상담해 봅시다.

Q 신에게?

A 내가 신세지고 있는 돈벌이의 신인데 범려(范蠡)[2]라고 합니다. 사마천의 『사기』에도 나오죠. 이 사람은 부를 구축했다가 버리고 다시 부를 구축합니다. 이것을 몇 번이고 되풀이했습니다. 돈벌이라는 게임은 이렇게 하여 즐기는 것이 이상적일 것입니다.

Q 버린다는 것은 어떤 것입니까?

A 범려는 그 돈을 갖고 싶어하는 사람들에게 뿌려 주었습니다. 이것이 돈 쓰는 법으로서는 최고겠지만 그 밖에도 재미있는 사용법은 얼마든지 있습니다. 눈앞에 억조라는 돈을 쌓아 준다면 당장에 상상력이 작용해서 여러 가지 사용법이 머리에 떠오를 것입니다.

우리의 규정 보수는 그 금액의 10%로 되어 있으니까 잘 부탁합니다.

취미와 심심풀이 경제학

경제학은 돈도 자원도 시간도 한정된 것을 어떻게 유효하게 사용할 것인가에 대해 지혜를 심어주는 학문이라고 한다. 그러면 그 경제학을 이용해서 어떻게 심심풀이를 할 것인가, 시간을 소비할 것인가를 생각해보는 것도 아이러니컬한 이야기가 될 것이다. '심심풀이 같은 것을 하고 있어도 되는 것일까?' 라는 말이 나온다. 그러나 인간은 어떻게 같은 시간을 소비해서 최대의 만족을 낳을 것인가라는 경제학적 발상을 하지 않는다. 쓸데없이 시간과 에너지를 낭비하고 쓸데없이 돈을 사용한다. 거기서 만족을 발견하는 것이 취미라는 것이다.

책을 읽는 것도 음악을 듣는 것도 운동을 하는 것도 모두 심심풀이다. 심심풀이하는 것, 시간을 소비하는 것이 이런 활동의 목적이지 교양을 쌓아서 훌륭한 사람이 되거나 몸을 단련하여 건강을 증진시키는 것이 목적이 아니다.

그런데 세상에는 책을 읽는 것은 교양을 쌓기 위해서이며, 음악을 듣는 것은 활력을 회복하기 위해서이며, 운동을 하는 것은 건강을 증진시키고 스트레스를 해소하기 위해서라고 생각하는 사람들이 많다. 그러나 그것은 거꾸로 된 발상이다. 교양을 쌓기 위해서 책을 읽은 사람도 있겠지만 사실은 재미 때문에 책을 읽는 것이며, 재미있어서 자신을 잊어버린다고 하는 것은 그 동안에 시간이 가는 것도 잊고 있다는 것으로, 시간의 소비 방법으로서는 최고라고 하게 된다. 그러나 책을 읽는 것은 고상하고 슬롯머신을 하는 것은 저질이라는 식으로 이분법적으로 생각할 것은 없다. 어느 쪽을 할 것인가는 취미의 문제이며 자신에게 맞는 쪽을 취할 수밖에 없다. 무엇이든간에 시간을 소비하면서 머리를 쓸 수 있다면 좋은 것이며 그 활동이 취미인 것이다.

취미는 크게 나누어 몸을 사용하여 뇌를 즐겁게 하는 것과 뇌를 사용하여(정보 처리를 하여) 뇌를 즐겁게 하는 것의 두 가지가 있다. 전자의 대표적인 예가 스포츠이며, 후자의 대표적인 예가 독서이다.

사람의 이목을 끄는 취미를 가지고 있는 사람은 능력과 여력이 있는 사람으로서 재력도 시간도 여유가 있는 사람이다. 이런 여유를 즐기기 위해서 일과는 별도로 오락에 속하는 소비활동이 행해지는데 그것을 취미라고 일컫고 있다.

보통 사람이라면 취미에 몰두한 만큼 본업에 소홀하게 된다. 본업을 소홀히 하지 않는 한 취미를 즐길 여력은 나오지 않는 것이다. 재력도 시간도 마찬가지다. 여유 돈이 없는데 취미생활에 돈을 쓴다면 생활은 파탄날 것이고, 시간이 없는 사람이 취미생활에 시간을 빼앗기면 변변한 일도 할 수 없게 된다.

간단히 말해서 먹고 사는 데 바쁘면 글자 그대로 여유가 없고 취미에 관심을 가질 여유도 없다. 그러나 세상에 나타낼 만한 일도 하지 않았는데다가 취미까지 없다고 한다면 아무리 좋게 생각해도 기량이 떨어진다는 것을 증명하는 것과 같은 것이다. 그래서 많은 사람들이 모임 등의 자리에서 재주를 보이기도 하고 골프 솜씨를 자랑하곤 한다.

사람은 무엇인가 뛰어나고 싶다, 두드러지고 싶다고 생각하기 마련이다.

취미와 사는 보람

텔레비전의 상담 프로에 나오는 연예인들은 외로운 처지에 있는 여성들(왠지 몰라도 전화를 걸어오는 사람 가운데 99% 이상이 여성이다)에게 노후의 사는 보람으로 취미를 가져보는 것은 어떤가 하고 권한다. 60세 정도의 여성에게는 아직 앞날이 많이 남아 있으니 연애에 나이는 없다, 당신도 좋은 사람을 만나서 연애라도 하면 어떻겠냐고 무의미하고 무책임한 설교까지 한다. 늙어서 울적한 상태에 빠져 자기 부정의 태도를 굳혀버린 사람은 아무것도 할 생각도 없고 무엇을 해도 재미가 없다. 뭔가 취미를 찾아보라고 해도 그럴 기분이 될 수 있는 것이 아니다. 사람을 싫어하는 증세가 진행되어 자신도 남도 싫어지게 되니 노후의 반려자를 찾으려는 마음이 생길 리도 없다.

이런 사람이 취미를 사는 보람으로 여기고 노후를 산다는 것은 과연 가능할까?

"보통 사람은 프로로서 돈을 벌기 위한 일을 하는 것 외에는 살아갈 수 없다. 이것을 그만두고 취미만으로 살아가려고 해도 잘 안 된다. 취미로 살기 위해서는 오랫동안 터득한 솜씨가 필요하다. 옛날의 귀족처럼 일을 하지 않아도 되는 신분의 사람은 젊었을 때부터 시간과 돈을 주체하지 못해 취미에 사는 수련을 쌓아왔기 때문에 그것을 할 수 있는 것이다"   -P. 드러커 『단절의 시대』

노후에 일도 없고 가족이나 친구도 없어서 외롭기 때문에 취미

생활을 하면 된다는 것은 아니다. 그런 사람에게는 건강하고 가능한 한 일을 하라고 권하는 것밖에 없다. 일을 하면 돈을 벌 수 있다, 시간을 보낼 수 있다, 싫어도 여러 사람과의 관계가 생긴다는 효용 가치가 창출된다.

사람이 좋아서 일에 몰두하고 때로는 그것을 사는 보람이라고 느끼는 것은 상당히 합리적인 태도이다. 일에 힘껏 시간과 에너지를 쏟아붓고 난 후의 시간은 오로지 휴식을 하게 된다. 이 시간은 피로 회복을 위해서 사용되기 때문에 따분해서 견딜 수 없다는 일은 없다.

일본인들의 대표적인 휴식 스타일은 옷을 입은 채 아무렇게나 자는 것과 텔레비전을 보는 것 이 두 가지이다.

그리고 이 밖의 것을 할 만한 기운이 있는 사람은 음악을 듣거나 책을 읽거나 정원 가꾸기를 하거나 슬롯머신을 하기도 한다. 한편 활동할 수 있는 에너지가 남아 있고 시간도 있는 사람은 골프, 낚시, 테니스 등의 취미를 즐긴다.

취미는 돈을 버는 일은 아니다. '취미와 실익을 겸한다' 는 말도 있지만 실익을 겸하게 되면 그것은 일이 된다. 실익도 겸한 취미가 있는 것은 아닐까 하고 기대하는 것은 잘못이다. 취미는 어디까지나 실익과는 관계 없이 돈과 시간이 드는 것이다. 그것을 낭비라고 생각하는 사람은 취미를 가질 필요가 없다. 동물은 먹이를 잡는 활동(동물로서의 활동)과 생식 활동과 육아 활동 이외의 시간은 아무것도 하지 않고 지낸다. 사람이 그와 같은 휴식을 취하거나 시간을 갖는 것도 전혀 지장은 없다. 다만, 사람의 경우 따분해지기 때문에 뒹굴면서 텔레비전 정도는 본다. 그러면 이 텔레비전을 보는 것은 취미일까? 텔레비전은 하나의 환경이다. 거기에는 화상과 음성의 형태로 정보의 바람이 불고 있다. 숲 속에 바람이 불고 있듯이 그런 환경 속에서 뒹굴고 있는 것은 휴식의 일종이지 취미라는 활동은 아니다.

취미를 즐기는 것을 일처럼 열심히 하지 않으면 만족하지 못한다는 사람이 있는데 남과 진지하게 스코어를 다투고, 일류 프로의 영역을 지향하며, 타인에게 높이 평가받고 존경받기 위해서 노력한다.

잘돼도 좋고 안 돼도 좋다는 식의 태도로서는 취미도 사는 보람이 되지 않는다.

제1종의 취미와 제2종의 취미

대부분의 사람들은 취미라고 할 만한 취미를 갖지 못한 채 살고 있다. 그러던 것이 60, 70살이 되어 갑자기 취미를 가져라 해도 가질 수 있는 것이 아니다. 그 나이에 일해서 돈을 버는 것은 어렵겠지만 취미를 가지고 즐기는 것이라면 누구나 간단히 할 수 있다고 생각하는 것은 잘못이다. 취미를 가지고 즐기려면 여유 외에 그 나름의 재능도 필요하다. 지금까지 취미 없이 살아온 사람이 취미를 가지는 것은 쉬운 일이 아니다.

여기서는 자신이 할 수 있을 만한 취미를 찾고 싶다는 사람을 위해 '쉬운 취미'와 '어려운 취미'를 살펴보자.

취미에는 제1종의 취미와 제2종의 취미가 있다.

제1종의 취미는 일정한 수준의 기능이나 지식이 있어야 즐길 수 있는 것으로서 예를 들면, 차로 드라이브하는 취미라면 우선은 운전 면허를 취득해야 한다. 수영이라면 물에 떠서 실제로 헤엄치지 않으면 수영이 될 수 없다. 피아노라면 몇 곡을(곡의 수가 많이 있다 해도) 치지 않으면 피아노를 취미로 할 수는 없다. 이런 식으로 필요한 것을 배워서 일정한 수준을 넘지 않으면 안 된다.

이 경우 '일단 할 수 있게' 될 때까지의 난이도는 어떨까? 예를 들면, 60살에 피아노를 처음부터 배우기 시작하여 쇼팽의 왈츠를 '연속해서 끝까지 칠 수 있도록' 되는 것과 60살에 컴퓨터를 처음으로 배워서 문서를 작성하거나 인터넷을 할 수 있는 정도가 되는 것 가운데 어느 쪽이 어려울까? 말할 것도 없이 피아노 쪽이 어렵다. 컴퓨터로 문서를 만드는 것은 1주일만 연습하면 누구나 할 수 있지만 피아노로 어린이용 연습곡이나 바하의 인벤션을 칠 수 있을 때까지는 훨씬 시간이 걸린다. 아니 그보다 몇 년을 연습해도 치지 못 하는 사람도 있다. 60살에 피아노를 배우기 시작해 바하의 평균율 클라비아곡집 하나라도(제1권 제1번을 제외한다) 칠 수 있게 되는 사람은 거의 없을 것이다.

그래서 제1종 취미의 난이도를 쉬운 것부터 순서로 나열해 보면 다음과 같다.

● 컴퓨터 : 메일을 주고받을 수 있다.

● 수영 : 처음부터 시작해서 자유형 또는 평영으로 25m 헤엄칠 수 있게 된다.

● 드라이브 : 운전 면허증을 취득한다. 단, 오토매틱이 좋다.

- 영어 회화 : 해외 여행을 할 때 호텔 예약이나 쇼핑, 기타 간단한 의사 전달을 할 수 있다.
- 마라톤 : 42.195km를 완주한다. 소요 시간은 상관 없다.
- 피아노 : 모차르트의 피아노 소나타 제11번 E장조 '터키 행진곡'을 끝까지 칠 수 있다.

60살부터 마라톤을 시작하는 것은 체력적으로 도저히 불가능하다는 사람이 많을 것이고 피아노를 칠 경우 음악적 재능은 전혀 없는 것이나 다를 바 없는 사람도 있다. 제1종의 취미는 서툴지만 자신이 좋아하는 것이기에 해야 한다는 의욕만으로 할 수 있는 성질의 취미가 아니다. 서툴러도 좋아하는 것을 하고 싶은 경우에는 제2종의 취미를 선택하는 것이 좋다. 제2종의 취미라면 입문하는 그 날부터라도 서툰 대로 어떻게든 할 수 있다. 그리고 시일을 두고 하면 할수록 기량이 늘고, 어디까지 가면 완성한다든가 '스승의 오의를 모두 전수한다'는 것도 없기 때문에 언제까지나 할 수 있다.

제2종의 취미에는 카메라, 그림, 서예, 하이쿠, 단가, 음악 감상, 원예, 요리(남성이 하는 경우), 낚시, 등산, 조깅, 워킹, 게이트 볼, 골프, 테니스, 탁구, 승마, 합창, 사교 댄스, 해외여행, 수집(서화, 골동품, 우표 등), 갬블, 미식, 술(와인) 같은 것이 있다.

노후에 취미로서의 종교

젊은 사람이 종교에 입문하는 동기로 자신의 인생 설계가 잘되지 않아서 괴로울 때 그 해결방법을 종교에서 구한다는 경우가 많다. 노년이 된 사람에게는 이와 같은 동기는 없다. 자신의 인생에서 뜻을 이루지 못한 것이 있었다 해도 새삼스럽게 그것을 다시 설계해서 시작한다는 것도 할 수 없으며, 금후 도전해야 할 문제가 있다면 어떻게 죽을 것인가 또는 죽음을 맞을 때의 불안을 어떻게 할 것인가라는 문제다. 물론 이런 문제를 일체 젖혀놓고 형편에 맡긴다는 생활 태도, 죽음을 맞이하는 방법도 있다. 또 '죽음'을 진지하게 생각하는 경우에도 그것은 종교와는 무관하게 스스로 결정할 수 있는 문제다.

그런 의미에서 사람은 노년을 맞아 갑자기 신의 존재를 의식하고, 종교에게 의탁해야 한다는 것은 아니다. 사람은 종교가 없어도 살아갈 수 있고 실제로 많은 사람들이 그렇게 하고 있다.

현대인들은 많은 문제를 안고 있어서 불안하기 때문에 '마음의 의지할 곳'으로서의 종교나 고민을 풀어주는 특별 서비스를 제공해 주는 종교가 필요하다는 설도 있다.

어떤 연령에 이르렀을 때 취미의 영역을 넘어서 진심으로 종교에 귀의해 살 것을 생각하는 사람에게는 일신교(유대교, 크리스트교, 이슬람교)보다 불문으로 들어가는 것이 적당하다고 생각된다.

예를 들면, 크리스트교에서는 중년 이상의 사람이 목사가 되는 것은 불가능할 것이다. 따라서 당신은 교회나 성직자에게서 종교 서비스를 받는 재가의 신자밖에 될 수 없다. 수행자도 될 수 없고

성직자도 될 수 없다. 그런데 불교라면 출가하여 당신 자신이 수
행자로서 살 수도 있다.

운동을 둘러싼 착각

운동은 몸에 나쁘다. 이 단순한 진리를 사람들은 이해
하지 못하고 있다. 프로 선수들은 일반 사람에 비해서
단명하고, 현역 프로 선수들은 갖가지 부상에 시달리고 있다.

땀을 흘리는 것은 건강에 좋고, 상쾌하다고 하는 것도 하나의
믿음에 불과하다. 동물은 의미도 없이 땀을 흘리면서 운동하지 않
는다. 사자를 예로 들어보자. 사냥감을 잡기 위해서 전력 질주하
는 경우를 제외하고는 대부분의 시간을 누워서 지내고 있다. 특히
숫사자는 사냥에는 거의 참가하지 않고 암사자가 잡아온 사냥감
을 맨 먼저 먹을 뿐이다. 그리고 숫사자가 하는 일은 무리의 수를
늘리고 암사자를 라이벌 사자에게 빼앗기지 않도록 방위하는 것
이다.

사자의 몸은 생존원칙에 의해 강인하게 만들어져 있기 때문에
따로 운동을 하여 단련할 필요도 없다.

인간의 경우 운동을 하여 몸을 단련시키고 있는 것이 아니라 운
동을 하기 위해서 필요한 몸을 트레이닝하여 무리하게 만들고 있
는 것이다.

지구상에서 무의미하게 몸을 움직여서 즐기는 존재는 인간의

아이와 동물의 새끼뿐이다. 동물의 새끼가 형제나 동료와 서로 장난치는 것은 장래의 먹이사냥을 위한 트레이닝에 도움이 될지도 모른다.

인간은 어른이 되어서도 이 장난을 '룰이 있는 경쟁', 즉 게임으로서 언제까지나 하고 있다.

인간은 즐거움 때문에 또는 스트레스를 해소하기 위해서 격하게 몸을 움직여 운동을 한다. 그러나 격한 운동 그 자체가 인간에게 스트레스가 되며 체내에 활성 산소를 만들어내서 몸을 해치는 원인이 된다. 또한 부상도 입는다. 그런데도 많은 사람들이 건강 증진에 필요한 것이 운동이라고 믿고 있다.

나이가 들어도 '기력이 정정해서' 운동을 계속하고 있는 사람들이 있다. 그들은 운동 때문에 건강을 유지한다고 본인 스스로도 말하고 주위 사람들도 그 말에 탄복한다. 그러나 진실은 그 사람은 다행하게도 그 나이에도 몸에 나쁜 운동을 할 수 있을 정도로 몸이 건강하다는 것이다. 운동 덕분에 건강하다고 착각하고 언제까지나 계속하면 조깅이나 골프, 수영을 하는 도중에 갑자기 죽을 수도 있다.

사람은 나이가 들면 심한 운동을 할 수 없을 정도로 건강하지 못하기 때문에 자연히 운동을 안 하게 된다. 그 대신 일상생활에서 몸을 활발하게 움직이면 오히려 이 쪽이 장수한다. 아니, 적어도 그 사람의 타고난 수명까지는 살 수 있는 것이다.

운동 가운데는 60살부터 시작하기 어려운 운동들이 많다. 노령층 스포츠 애호가들의 대부분은 젊었을 때부터 그 운동을 계속 해온 사람이거나 '옛날에 익힌 솜씨'로 옛날에 하던 스포츠(예를 들면, 스키 등)를 부활시킨 사람이다. 그런 '스포츠 노인' 이라도 럭비나 축구와 같은 운동량이 많고 심한 신체적 접촉이 있는 스포츠를 언제까지나 계속할 수는 없다. 골프와 같은 스포츠도 중·고령의 사람이 플레이 도중에 갑자기 쓰러져 죽는 일이 있다.

노후에 하는 운동은 건강을 해친다고 하더라도 즐겁기 때문에 한다는 각오를 가지고 해야 하는 것이며, 건강 유지나 체력 증진을 위해 한다고 생각하는 것은 착각이다. 그러나 지금껏 그 착각에서 벗어나지 못한 사람들이 많다.

세상에는 자신의 건강을 돌보는 일에 집착하여 온갖 건강법을 다해보는 사람들이 있다. 예를 들면, 조깅 등을 하여 몸을 단련하거나 몸에 좋다는 것은 닥치는 대로 먹고, 몸에 나쁘다는 것을 피해서 건강해지려고 한다. 자신의 '건강 상태'를 끌어올리려고 분발하고 있는 것이다.

건강이란 병이 없는 상태를 말하는 것이다. 보통 사람 이상으로 '강건' 할 것을 지향하는 사람은 그 강건하다는 것을 실증하기 위해 상당히 격한 운동을 해보이지 않으면 안 된다. 그리고 그 운동에 열중하게 되면 이 사람의 취미는 건강법의 실천에서 스포츠로 이행한 셈이 된다.

반대로 젊은 사람들 중에는 방탕한 생활로 건강을 해치는 것을 목표로 하고 있다고밖에 볼 수 없는 사람도 있다. 그들은 그런 생활을 하면 '몸에 좋을 리 없다' 는 것을 알면서도 자신의 생활을 바꾸려고 하지 않는다.

1) **가이세키 요리** : 정식 일본 요리를 간략화시킨 요리인데, 현재는 주연을 위한 고급 요리

2) **범려** : 중국 춘추시대 때 월나라의 공신. 오나라의 왕 부차에게 패한 월나라의 왕 구천을 도와 국력을 배양하여 부차를 쳤다. 훗날 산동에 살면서 수많은 재산을 모았다.

9

죽는 방식

죽는 방식을 결정한다

사이교(西行 : 1118~1190년. 헤이안 말기에서 가마쿠라 초기의 가인)는 자신의 죽음에 대해 《바라건대 꽃 아래에서 죽고 싶다, 음력 2월 보름 때쯤에》라고 노래했는데, 이 노래대로 1190년 음력 2월 16일에 이 세상을 떠났다. 사이교는 다행하게도 자신이 원했던 죽는 방법을 취할 수 있었던 것이다.

이탈리아의 수학자인 카르다노(Cardano : 1501~1576년)는 점성술에 몰두했는데, 자신의 죽음을 점쳐 보고 1576년 9월 21일에 죽는다는 것을 알았다. 그런데 이 날이 되어도 죽을 것 같지 않아서 자살해버렸다고 한다. 자신의 죽음을 스스로 완벽하게 관리하려고 하는 사람은 결국 자살이라도 할 수밖에 없는 것 같다.

인간이 죽는 방법에는 크게 두 가지가 있는데 순리대로 형편에 맡겨서 죽는 방법과 스스로 정한 방식에 따라서 죽는 방법이다.

전자는 죽는 방식에 대해 아무것도 정하지 않고 계획하지도 않고 모든 것을 가족과 의사와 장의사에게 맡기는 것이다. 대다수의 사람들은 이 방식을 취하고 있다. 바꿔 말하면 죽음을 염두에 두지 않고 살며, 죽음이 찾아왔을 때는 나 이외의 누군가가 필요한 조치를 해줄 것이라고 '남에게 맡기는' 죽는 방식이다. 이것은 자신은 갑자기 찾아오는 죽음을 그저 받아들일 뿐이다. 왜냐하면 자신이 죽으면 스스로는 아무것도 할 수 없기 때문에 자신의 죽음에 관련된 모든 일은 가족 및 주변 사람들이 생각하고 그들의 형편에 맞추어 처리할 수밖에 없다는 것이다.

그러나 실제로는 죽음에 이르기까지의 여러 장면에서 '당신은 어떻게 할 것인가' 라는 선택, 결단을 내려야 하며 그것을 일체 회피하여 남에게 맡길 수는 없다.

예를 들면, 병원에 갈 것인가, 간다면 어떤 병원에 갈 것인가, 수술을 받을 것인가 등을 누군가하고 상담한다 해도 결국에는 자신의 의사로 결정해야 한다. 요즘은 환자에게 진료의 목적, 내용을 충분히 설명하여 환자가 납득한 다음에야 치료하는 방법(informed consent)이 유행이기 때문에 자신의 의사를 숨긴 채 '전부 맡기겠습니다' 로는 통하지 않는다..

따라서 자신의 죽는 방식은 싫어도 스스로 생각하고 결정해야 하는 시대가 된 것이다. 그렇게 되면 자신에게 주어진 조건하에서 어떻게 죽는 방식이 제일 좋을까라는 문제에 놓이게 된다. 그것은 직업의 선택이나 재산의 관리 운용과도 비슷하다. 충분히 이익과 손해를 계산한 후에 결론을 내려야 할 문제인 것이다. 그러므로 죽는 방식을 연구하는 경제학이라는 것이 있어도 좋을 것이다.

 죽는 방식에 대해서는 문제마다 여러 가지 선택 사항
이 있다.

① 자살한다/순리에 따른다.

이것은 노쇠나 불치의 병으로 죽음이 다가왔을 때 스스로 죽음
을 실현하는 방법으로서의 자살이 문제인데, 이 방법을 선택하는
사람은 극히 적다. 그것은 '아직 실낱 같은 희망이 있는데도 스스
로 목숨을 끊는다'는 것이기 때문에 대부분의 사람들은 그렇게까
지 해야 할 이유는 없다고 생각하는 것이다.

② 어떤 치료도 받지 않고서 죽는 것만을 기다린다/치료를 받다
가 죽는다.

전자는 결국 야생 동물처럼 죽음을 맞는 것을 의미한다. 그러나
이것은 매우 힘들다. 왜냐하면 가족, 문명사회와 단절하지 않는
한 가족이나 주위 환경이 가만두지 않기 때문이다.

제논[1]의 제자인 클레안테스는 심한 치주염에 걸려 식사를 못
하게 된 것을 기회로 자신은 살 만큼 살았다고 결정을 내린 후 의
사의 치료도 거절하고 그대로 굶어 죽었다고 한다. 이것은 자살의
일종이라고 볼 수 있다.

동물은 고통을 견디며 죽는 것을 기다려야 한다. 그런데 진통제
를 쉽게 구할 수 있는 사람이 감히 동물을 닮아야 할 이유는 무엇
일까? 그만큼 철저하게 반문명적 생활을 하는 사람이라면 샐러리
맨으로 살아오지 않았을 것이다. 대다수의 사람들은 치료를 받으
면서 죽음을 맞는다. 치료는 가능한 한 죽음을 연장하기 위해서,

또 고통을 없애기 위해서 행해지는 조치로서 의사나 병원의 의료 서비스를 구입한다는 형태를 취하기 때문에 선택의 폭이 넓다. 다른 많은 재물이나 서비스를 구입하는 경우와 마찬가지로 의료 서비스에 대해서도 그 효과와 비용의 관계를 생각하고 어떤 서비스를 받고 어떤 서비스를 거절할 것인가를 결정하는 것이 원칙인데, 새삼스럽게 '인폼드 컨센트' 한다는 것이 이상할 정도다.

③ 병원에서 죽는다/자택, 기타 자신이 희망하는 장소에서 죽는다.

옛날에는 집 밖에서 변사한 경우를 제외하고는 자택에서 죽는 것이 원칙이었다. 그리고 임종할 때에는 당연히 주위에 가족이 있었다. 그러나 지금은 병원에서 죽는 것이 원칙으로 되어 있다. 또한 가족이 임종 시간을 놓치는 경우도 있다.

담당 의사도 없는 사람이 자택에서 급사할 경우 상황에 따라서 '변사' 했다는 의심을 불러일으킬 수 있기 때문에 사인을 분명하게 하기 위해서 부검을 해야 하는 경우도 있다.

병원에서 죽으면 장례에 대해서도 병원에 출입하는 장의사가 도맡아 해준다.

④ 가족이 지켜보는 가운데서 죽는다/그것을 거부한다.

가족이 있는데 일부러 멀리하고 혼자 죽는다는 것은 보통의 방법이 아니다.

가족에게 죽음에 이르는 몇 시간을 보이면서 정신적 고통을 느끼게 하여도 그것으로 자신이 편해지는 것도 아니다.

그런 철저한 '공리주의적 판단' 에 의거하여 하인들을 멀리한 것은 공리주의의 원조인 제러미 벤담이었다. 그는 평생을 혼자 살았기 때문에 임종 자리를 지켜줄 부인도 자식도 없었던 것이다.

자택에서 죽는 경우에도 보통 가족이 있고, 병원에서 죽는 경우에도 의사들은 가족들이 환자의 임종을 지켜볼 수 있게 하기 때문에 가족 없이 죽는 것은 거의 불가능하다.

한 노부부의 노래에 이런 내용이 있다.

《바라건대 의식이 희미해지지 않고 고통을 느끼지 않고 싫어하지 않고 아이들의 간호를 45일 동안 받아서》

보통 사람이 바라는 죽는 방법은 대략 이와 같은 것이다.

⑤ 친구, 기타 사람들이 지켜보는 가운데서 죽는다/그것을 거부한다.

개인의 죽음 그 자체는 사회적 관심사가 아니다. 보통 병원에서 의사와 간호사와 가족이 지켜보는 가운데서 '조용히' 죽는다. 그러나 형편에 따라서는 친한 친구나 특별한 주위 사람들이 달려와서 죽음의 순간에 입회하는 경우도 있다. 사회적 지위가 있는 사람들 예를 들면, 정치인이나 작가 등의 경우 본인이 그것을 희망하지 않아도 사회적 관심사가 되는 경우가 있다.

⑥ 살아 있는 사람에게 메시지를 남긴다/남기지 않는다.

유서를 남길 것인가 하는 점에 대해서는 죽을 때의 사정에 따르기도 한다. 남기고 싶어도 남길 수 없는 경우도 있지만 여기서는 의도적으로 남기는 태도와 '할 수 있어도 하지 않는' 태도로 나눈다. 죽어 가는 인간으로서는 일체의 메시지를 남기지 않는다. 이것도 하나의 의미 있는 선택이다.

⑦ 미완성 작품, 미발표 작품, 노트, 일기 등의 정리, 편집, 출판을 누군가에게 부탁한다/부탁하지 않는다/미완성 작품의 소각을

누군가에게 부탁한다.

유명한 작가나 학자가 이에 대해서 아무런 의사도 표명하지 않고 죽으면 친구나 제자, 출판사 등이 미발표 작품을 편집하여 출판하는 경우가 많다. 그렇게 하는 것이 남겨진 사람들의 고인에 대한 예의이며 의미이기라도 한 것처럼 느끼게 될 것이고 그것이 유족이나 기타 관련자들에게 이익이 되는 경우도 있다.

카프카는 맥스 브로드(Max Brod : 1884~1968년. 독일의 작가, 연출가)에게 원고를 불태워버리라고 부탁했는데, 브로드는 카프카의 유언을 따르지 않고 그의 작품을 출판하였다. 유언에 따를 것인가 어떨 것인가 하는 것은 살아 있는 사람이 결정하는 것으로 죽은 사람은 살아 있는 사람을 지배할 힘이 없는 것이다. 반드시 소각하고 싶은 경우에는 생전에 스스로 소각하든가 누군가에게 부탁하여 자신이 보는 앞에서 소각하는 수밖에 없다.

⑧ 법률상의 효력을 갖는 유언을 남긴다/남기지 않는다.

이것은 주로 유산 상속에 관한 '유언장'을 어떻게 할 것인가 하는 문제이다. 유산 상속에 대한 모든 문제를 민법의 규정에 맡긴다면 유언을 하지 않아도 된다. 그러나 사후에 발생할 수 있는 싸움 등을 피하기 위해서는 자신의 의사를 분명히 해두는 것이 좋을 것이다.

⑨ 장례식을 행한다/행하지 않는다.

장례는 보통 지내는 것이다. 장례를 지내지 않는 것은 이례적인 일이기 때문에 여기까지 유족을 구속하는 데는 의문이 생긴다.

장례는 본인의 의사도 물론이거니와 유족이 여러 가지 이유에서 세상에 대해 행하는 일이기도 하다. 따라서 이것도 ⑦의 문제와 마찬가지로 죽은 사람의 의사가 살아 있는 사람에 의해서 무시되는 결과가 되어도 어쩔 수 없다.

⑩ 장례식의 스타일에 대해서 자신이 결정한다/결정하지 않는다(가족이나 관계자에게 맡긴다).

장례식에 대해서는 거의 '형식'이 정해져 있다. 또 그 시대의 유행하는 스타일이라는 것도 있다. 고인의 각별한 주문이 없으면 유족은 장의사에게 모든 것을 맡겨서 장의사가 제시하는 것 중에서 세부적인 방법이나 '등급'을 정한다.

본인이 일반적인 장례식과는 다른 방법을 생전에 정해두는 것도 가능하다. 유족은 고인의 최후의 '자기 뜻'을 될 수 있는 한 존중하려고 하지만 너무 기발하고 비상식적인 것은 역시 고인의 의사가 무시될 것임에 틀림없다.

어떤 종교 절차에 따를 것인가는 그 집의 종교, 종파가 있는 경우에는 거의 문제가 되지 않는다. 그러나 고인의 종교와 다른 가족의 종교가 일치하지 않는 경우는 약간 번거로워진다. 하지만 최종적인 결정권은 유족에게 있다. 유족이 특정 종교나 종파에 의뢰하는 것을 좋아하지 않는 경우는 '무종교 형식의 고별식'으로 할 수도 있다. 그 경우의 장례식에 대해서는 장의사가 처리해준다.

⑪ 자신의 사체를 해부용으로 '기증'한다/이식용 장기를 기증한다/전부 하지 않는다.

자신의 사체나 장기의 기증을 원한다면 본인이 생전에 그 의사를 명확히 표명해 둘 필요가 있다. 그러나 이에 대해서도 유족의 의사로 취소할 수 있다. 특히 뇌사의 경우, 장기 기증은 본인의 의사와 유족의 의사가 일치한 경우에만 '기증'하는 것이어야 한

다. 유족이 '기증하지 않는다'고 결정하면 장기 기증은 있을 수
없다.

죽음을 어떻게 준비할까?

이상의 설명처럼 죽음에 대해서 어떤 태도를 취할 것
인가는 본인 및 가족의 사생관이나 종교관과 관계 있
지만 어떤 확고한 사생관이나 종교관이 없어도 어떻게 죽을 것인
가에 대한 세부 사항은 결정할 수 있다. 사람은 죽음에 대해서 명
확한 생각을 갖지 못하고, 어떤 신앙도 갖지 않고, 종교는 장례식
의 의례적인 형식으로서 보통으로 이용할 뿐이라는 태도로 임할
수도 있다. 일이 되어가는 형편에 따라 맡겨 두어도 사람은 큰 허
물 없이 죽음을 맞을 수 있고, 장례식을 거쳐 묘지에 묻히는 것이
다. 불교식 장례나 기독교식 장례에 반감을 가지는 사람이나 무신
론자임을 표방하고 싶은 사람은 무종교 형식의 고별식을 행하면
된다.

아무것도 주문하지 않고 세상의 관례에 따른다는 입장을 취하
는 사람은 죽음에 대해 사전에 생각하기를 거부하고 있는 사람이
라고도 말할 수 있다. 대다수의 사람들이 여기에 속한다고 볼 수
있다. 따라서 죽음에 직면하여 오랫동안 고통을 겪는 것은 싫고,
갑자기 고통 없이 죽는 것이 이상적이라고 말하는 사람은 죽음에
대해 생각하기 전에 죽음이 찾아오면 그 다음의 일은 모두 남겨진

사람들에게 맡길 수 있다고 생각하고 있는 것이다.

예를 들면, 뇌졸중으로 의식을 잃고 그대로 죽는다든가 심부전으로 순식간에 죽는 경우가 이상적인 죽음이라 여긴다. 몽테뉴도 "우리는 그렇게 오랜 세월을 두고 일을 계획해서는 안 된다. 혹은 적어도 그 완성을 보지 않는다고 해서 안달복달할 정도의 의도를 가지고 해서는 안 된다. 우리는 그저 일하기 위해 태어난 것이다"라고 말하여 오비디우스(Ovidius : B.C. 43~A.C. 17년경의 로마 시인)의 "죽을 때는 아무쪼록 일하고 있는 사이에 죽었으면 좋겠다"라는 말을 인용하고 있다. 죽기 위한 준비에 마음을 쓰기보다 담담하게 일을 하면서 갑자기 죽음을 맞이하고 싶다는 것은 대부분의 사람들이 바라는 죽는 방법이다.

사람은 죽음에 직면하면 자신보다 타인을 생각한다. 죽고 나서 '나는 어떻게 될 것인가, 영혼은 불멸인가, 그 영혼은 천국으로 갈 것인가, 지옥으로 갈 것인가, 나는 무엇이 되어 다시 태어날 것인가' 라는 것도 이미 생각하지 않는 것이다. 사후 내 자신의 존재에만 신경을 써서 "영혼이 돌아왔을 때 몸이 없으면 곤란하니 미이라로 만들어 보전해 달라"는 유언을 남기는 사람은 없다. 그보다는 자신이 죽은 후의 가족이나 친한 사람이나 자신과 관계가 있었던 사람들을 생각하고 이 사람들을 위해 자신이 무엇을 하고 죽으면 좋을 것인가에 대해 생각한다. 죽을 때까지 시간이나 체력이 남아 있는 경우에는 그 해야 할 것을 될 수 있는 한 실행하려고 한다. 이렇게 하여 죽음에 임했을 때 사람은 비로소 이타적이 되는데, 그것은 곧 자신이 죽는다는 것, 죽으면 자신은 없어진다는 것을 깨닫고 있기 때문이다.

무서운 것은 마음 쓸 사람이 주위에 아무도 없다는 것이다. 결혼하지 않은 사람은 남편 또는 아내가 없고 자신의 자식도 없다. 자신을 병 구완해 주는 사람이 없다는 불안도 있겠지만 그것보다는 자신이 작별을 고해야 할 사람이 없다는 허무감 쪽이 무서운 것이 아닐까. 그리고 그 허무감을 메우기 위해 종교에 의존하게 되는데, 이쪽이 꽤나 자기 중심적이다.

생각해 보면 대부분의 종교는 가족이나 친구나 의지할 사람들이 없는 '고독한 사람'을 위한 것들이다. 사람을 종교로 이끌어가기 위해서 종교에서는 종종 '부모, 형제, 처자도 버려라'라고 요구한다. 얼마나 이상한 요구인가. 보통 사람은 이런 종교에 의지하지 않고 무엇보다도 가족이나 친구를 생각하면서 죽어간다.

어떤 종교학자의 경우

 여기서 참고가 되는 것은 유명한 종교학자였던 기시모토 히데오 박사(1903~1964년)의 죽는 방법이다.

종교학자는 각종 종교를 연구하는 사람이며, 신앙을 가진 사람은 아니다. 각종 종교를 비교 연구하고 있는 사이에 어떤 종교를 편애하여 신앙에 가까운 입장을 취하는 일이 있을지 모르지만, 그 종교에 구원을 구하게 되면 연구 같은 것은 할 수 없게 된다. 종교학자이기 때문에 신앙의 전문가, 해탈이나 성불의 달인이라는 것은 아니다. 또한 자신의 죽음에 대해서도 문제를 전부 해결하고

있다는 것이 아니다. 기시모토 박사의 경우도 그런 점에서는 보통 사람과 같았다. 기시모토 박사는 학자이었을 뿐 종교가도 신자도 아니었기 때문에 '마음속의 과학적 지성의 강인성에 오히려 은밀한 긍지를 느끼면서 천국이나 내세의 신앙에 의한 구원을 거부했다' 는 것이다.

기시모토 박사가 도전한 죽음을 둘러싼 문제란 다음 세 가지이다.

첫째, 죽음에 이르기까지의 육체적 고통

둘째, 자신의 죽음에 대한 공포, 요컨대 의식을 가지고 존재하고 있는 자신이 소멸한다는 공포

셋째, 자신이 죽은 후에 가족의 생활에 대한 걱정

기시모토 박사는 암에 걸려서 죽었지만 병고라는 문제에 관해서는 당시의 최고 수준의 대수술을 받아 최후까지 '암과 싸운다' 는 자세로 임했다. 그리고 연명을 꾀하기는커녕 자신이 해야 할 일을 하며, 보다 잘 사는 세상과 이어진다는 사고방식을 가졌다.

가장 고령이고 현역에서 은퇴하여 이미 해야 할 일도 없는 사람은 다른 사고방식을 가질지도 모른다.

죽는다는 공포에 대해서 기시모토 박사는 이렇게 생각했다. '실체로서의 죽음이 있는 것은 아니다. 있는 것은 삶뿐이다. 이렇게 생각하면 도전해야 할 상대는 죽음이 아니라 삶이라는 것이 된다'

그래서 우선 주어진 현재의 삶을 '보다 잘 산다' 는 일에 집중할 것, 그리고 목숨이 다한 죽음을 '하직할 때' 라고 보고 그것을 받아들일 준비를 한다. 이 태도는 그리스의 철학자들 특히 에피쿠로

스(Epicouros)의 태도와 비슷하다. "당신이 살아 있을 때는 죽음이 존재하지 않고 죽음이 존재할 때는 당신은 존재하지 않는다. 그러 므로 죽음을 두려워할 이유는 없다"라는 것이 에피쿠로스의 태도 였다.

자신이 죽은 후의 가족생활에 대해서는 기시모토 박사는 보험 을 활용하는 등 합리적인 대응을 궁리하고 있는데, 이에 대해서는 생략한다. 이렇게 하여 가족이나 주위 사람들에 대해서도 충분한 배려를 한 후에 죽는다는 태도도 에피쿠로스의 경우와 똑같다.

이상과 같은 기시모토 박사의 죽는 방식은 특별히 종교와 관계 를 갖지 않은 사람이 생각할 수 없는 최선의 방법처럼 생각된다. 이와 같은 태도로 죽음에 임하는 사람이라면 종교, 특히 일신교형 의 종교에 의지해야 하는 필요성을 느낄 수 없을 것이다.

신변 정리

나이가 들어감에 따라 사람에 따라서는 돈도 모으게 되는데, 그 밖에 잡다한 것이 신변에 쌓이게 된다. 책 을 읽는 습관이 있는 사람이라면 책이 쌓이게 되고 취미로 사진을 찍는 사람이라면 앨범이나 필름 같은 것들이 쌓이게 된다(디지털 카메라를 사용하면 쌓이는 것을 줄일 수 있다). 풍족한 생활이라는 것 은 많은 것을 사는 것과 관계 있기 때문에 물건만은 쌓이게 되어 있다. 이윽고 신변을 정리할 수 없게 된다. 필요 없는 것을 버리기 위해서는 우선 필요 있는 것과 없는 것으로 선별해야 하는데, 그것을 하는데 쏟아야 할 에너지는 나이가 들면 동시에 없어진다. 때문에 생활을 정리할 수 없는 무질서 상태가 확대되어 간다.

그런 상태에서 당신이 갑자기 죽게 되면 어떻게 되겠는가. 뒤에 남겨진 사람이 무질서한 잡동사니를 선별하여 유물을 가리는 것도 어찌할 도리가 없다면 모든 것은 필요 없는 것으로서 폐기처분 된다. 당신이 심혈을 기울여서 모은 것도, 애착을 가지고 버릴 수 없었던 취미의 산물도 당신이 이 세상에서 없어지면 버리는 것밖에는 어찌할 도리가 없는 쓰레기가 된다.

죽을 때까지 신변을 깨끗이 정리하여 필요 없게 되는 것을 스스로 버려서 가족에게 폐가 되지 않도록 해두는 것은 훌륭한 배려이지만 대개의 사람은 여기까지는 할 수 없다.

작가, 학자 등의 경우, 이들이 죽은 후에는 특별한 쓰레기가 남게 된다.

미완성 작품이나 논문, 노트, 메모, 자료, 일기 등은 종이에 쓰인 상태로 되어 있는 것도 있는가 하면 컴퓨터에 저장되어 있는 것도 있다. 누군가가 이것을 정리하여 필요할 경우 가필 수정한 후에 편집하면 하나의 작품이나 논문이 될지도 모른다. 또한 책으로서 출판할 수 있을지도 모른다. 고인도 많은 것을 미완성 상태로 남겨둔 채 떠나는 것이 필시 유감스러울 것이다. 그래서 고인의 유지를 받든다고 하여 가족이나 제자나 편집자 등이 '유고의 정리'를 하는 경우가 있다. 사회 또는 시장이 그 유고의 공개 및 출판을 원하고 거기에 이용 가치를 발견하게 된다면 그것도 부득이한 일이겠지만 고인으로서는 쓸데없는 뒤처리일지도 모른다.

카프카는 자신의 사후에 유고가 일체 남지 않기를 원했다. 그러나 그의 부탁을 받았던 친구는 카프카의 의사를 무시하고 원고를 출판했다. 덕분에 우리들이 카프카의 많은 작품을 읽을 수 있게 된 것은 '공공의 이익'을 증진한 셈이 될지도 모르지만 이와 같은 '공공의 이익'을 말하는 사고방식은 사회가 사체의 장기를 유효하게 이용하는 것이 좋다고 주장하는 사고방식과 같은 것이다.

죽는 사람이 사후 공공의 이익을 위해 공헌하여야 할 이유는 없다. 미완성 원고 같은 것은 필경 작품 이전의 물건이며 공개되면 수치 이외의 아무것도 아니다. 그런 것은 당연히 자신의 죽음과 함께 사라져야 한다고 하는 카프카의 입장을 취한다면 원고의 소각은 가족이나 친구 또는 다른 사람에게 부탁할 것이 아니라 스스로 소각해야 할 것이다.

최후의 말

에드가 알란 포의 "주여, 나 가련한 영혼을 구원하소서" 같은 것은 너무 틀에 박혀서 기독교 신자가 아닌 우리들은 아무런 느낌도 느끼지 못한다.

가츠 가이슈(1823~1899년. 에도 말기의 정치가)의 최후의 말은 "이것으로 마지막"이었다고 한다. 이것이야말로 '인간 최후의 말 중의 최대 걸작'이라고 해야 할 것이다.

사람들은 법률상의 효력이나 유족이 되는 사람들의 것을 배려

한 유언이란 말로 임종 때 말해야 할 '최후의 말'에 대해서도 마음을 쓰는 것이 좋다고 생각한다. 그러나 실제로는 갑자기 의식이 없어져서 그대로 죽는 경우도 있기 때문에 "이것으로 마지막"이라는 명문구도 말할 기회가 있을지 없을지 모른다.

쇼쿠산진의 교카도 최후의 말로서는 훌륭하다.

"이 세상을 그럼 하직할까, 향 연기와 함께 자, 안녕"

사자 공양의 경제학

"결국 장례는 살아 있는 자를 위해 행해지는 것으로 죽은 자를 위한 것은 아닌 것이다."

– 패트리샤 하이스미스 『미국의 친구』

장례식을 하고 사체를 매장하는 데에는 많은 이유들이 있어서 단 한 가지로 좁힐 수는 없다.

① 죽은 사람은 무섭다, 앙화를 입는다, 기분 나쁘다, 더럽다, 비위생적이라는 이유에서 사자를 격리하여 사체를 완전히 소멸시키거나 죽은 사람이 돌아오지 못하도록 봉해 버릴 필요가 있다.

② 죽은 자의 불멸, 사후 생활의 행복 등을 바라고 사체를 정중하게 다루고 경우에 따라서는 영구 보전하려고 한다(미이라 제작 등).

③ 죽은 자의 추억을 소중히 하여 선조, 가족의 유대를 강화하

기 위해 일련의 의식을 행하여 묘, 위패 등을 준비한다.

④ 장례식은 사회의 관행이며 살아 있는 사람의 형편으로 행해진다.

일본에서는 ④가 주된 이유인데, 좀더 내용이 있는 이유를 원할 경우에는 ③의 이유가 나온다.

대다수의 사람들은 가족이 죽었을 때 일체의 장례식을 치르지 않는다는 이상한 행동을 취할 수는 없다고 생각한다. '고인의 유지를 받들어 공식적인 장례는 하지 않는다' 라는 경우는 있을 수 있고 향료, 공물 등을 사절하는 특별한 조치를 취하게 될 경우도 있다. 그래도 가족, 친척만의 '밀장'은 행하는 것이 보통이고 ① 에 관계된 사체의 처리, 즉 오늘의 일본이라면 사체의 소각만은 생략할 수 없다.

대다수의 사람들은 장례식을 행한다. 그렇다면 어떤 스타일의 장례식으로 행할 것인가는 사회의 통례의 관행에 따라, 또한 자신들이 믿는 종교나 종파를 택해서(물론 '무종교' 스타일의 장례식도 있을 수 있다) 장례의 규모, 호화성의 등급, 비용 등에 대해서도 결정해야 한다. 장례식이란 돈을 지불해서 일련의 서비스를 구입하는 행동이기 때문에 상대가 장의사, 절 또는 교회인 점을 제외하면 통상의 소비 행동과 다를 바 없다. 다만, 이 장례식 서비스에 대해서는 소비자도 싸면 쌀수록 좋다고 반드시 생각하는 것은 아니다. 고인의 사회적 지위, 집안, 체면 등을 고려해서 자신들에게 어울리는 장례식을 행해야 한다고 생각한다. 이 '어울리는' 이라는 것이 무엇보다도 중요하며 분수에 맞지 않게 호화로워도, 또 빈약해서도 안 될 것이다. 참석하는 사람들도 조의금의 액수를 어느 정도로 하는 것이 타당할까 등 모두 '분수에 맞는 선'에서 벗어나지 않도록 마음을 쓴다. 결국 장례식은 사회적 의식의 하나이며 '그에 알맞도록' 지켜져서 아무 일 없이 집행되는 것이 제일인 것이다.

이렇게 모든 것이 서비스 구입의 형식으로 행해지는 장례식에 대해서 비판하는 소리도 있다. 그러나 장례식은 적어도 일본에서는 필요 불가결한 사회적 이벤트이며, 유족이나 관계자들의 개인적 비탄이나 상실감을 달래주기 위한 것이 아니다.

옛날의 시골 장례식처럼 마을 사람들이 전부 나와서 행하는 경우도 그 사정은 마찬가지였다. 지금이라면 시장에서 조달하는 서비스를 인근 사람들이 제공하고 있었던 것이다. '따돌림'을 받고 있는 집도 사람이 죽었을 때와 화재가 난 경우만은 그 범위에 들지 않고, 마을 사람들이 돕는 것이 원칙이었다. 장례식은 이렇게 '공동체 주최 이벤트'였던 것이며, 유족들은 말하자면 이 이벤트에 주역으로서 출연하는 입장에 있었다. 이 점은 장의사가 '연출' 하는 현재의 장례식도 마찬가지다.

연예인 등 유명인의 장례식이 되면 조문객도 유명인이며, 그들은 유족들과 함께 텔레비전에 비춰진다. 눈물을 흘리고 비탄에 빠져 있는 얼굴이 잇따라 화면에 크게 비친다. 와이드쇼를 하고 있는 텔레비전 방송국으로서는 유명인의 장례식만큼 고마운 것은 없다. 아무튼 장례식장에 카메라를 가지고 가면 많은 유명인들의 슬픔을 찍고 슬픔의 말을 시킴으로써 수십 분의 영상을 흘릴 수 있는 것이다.

장례식이란 원래 그런 것으로, 유족으로서는 평범하게 그것을 행하는 데 의미가 있고, 조문하러 온 사람은 상복을 입고 거기에 참석하는 데 의미가 있다. 참석자의 대부분은 비탄에 빠지는 유족을 위로하러 오는 것은 아니며 스스로 비탄에 찬 마음을 안고 고인에게 작별을 고하러 오는 것도 아니다. 그러나 누구나 '그런 것인 양' 행동하는데 장례식이라는 이벤트의 의미가 있다. '……인 양'의 철학에 대해 말하고 있던 모리 오가이도, "의식을 행하고 신불이나 조상의 영혼 또는 사자의 영혼을 위로하는 데 있는 것처럼 한다"라고 말한 공자도 아마 같은 입장이었던 것 같다.

실제로는 유족은 몸과 마음 모두 큰 부담을 갖는 장례식을 무사히 치르는데 가장 우선을 두며 슬픔을 맛보고 있을 여유도 없는 경우가 많다. 진짜 슬픔이 솟구치는 때는 장례가 끝나고 가족만 남았을 때, 혼자 되었을 때일 것이다.

오늘날처럼 사람의 수명이 연장되고 있는 시대에는 천수를 다하거나 충분한 치료를 받아서 오래 산 후에 죽는 사람이 압도적으로 많다. 그와 같은 죽음은 이미 유족을 망연자실하게 하거나 비탄 속으로 밀어 떨어뜨리는 성질의 사건이 아니다. 그것은 작별이라 해도 이른바 인생에서 너무 충분하다고 여길 정도로 오래 산 손님이 겨우 떠난 것 같은 작별이며, 유족은 무사히 장례식을 마치면 피로와 더불어 안도감을 느끼게 되는 것이다.

묘와 묘지는 어떻게 되는가

옛날과 같은 '집'의 실체도 관념도 없어져서 가족 형태가 핵가족이 되어 다음 세대에 가족을 이루어야 할 아이의 수도 줄게 되면 가족이 조상의 묘를 지키고, 가족이 함께 성묘하는 문화도 쇠퇴하게 될지도 모른다. 도시로 나와서 몇 세대가 지나간 사람들에게는 시골에 자신의 부모의 집이 있고 친척이 있고, 묘도 거기에 있어서 명절에 고향으로 돌아간다는 것도 이미 없다. 그리고 '선산'의 실체도 관념도 없는 것이다.

핵가족에서도 예를 들면, 아내가 '부부가 서로 다른 성'을 주장할 것 같으면 죽은 후에도 시댁의 '선산'에 묻히는 것을 환영하지 않을 테니까 이 부부는 자신들이 들어갈 전용 묘나 묘지를 새로 준비해야 한다. 아내가 '부부 동성'으로 좋다는 경우에도 남편이 장남이 아니면 역시 자신들이 새로 '○○가의 묘'를 만들어야 한다. 그러나 이렇게 만들어진 묘에 참배하는 것은 그 부부의 자식에서 끝나게 될지도 모른다. 그 자식들도 장남을 제외한 자손들은 결혼하면 또 자신들의 묘를 만들게 된다. 이런 까닭에 핵가족에서는 '선산'은 없어지고 자식이 관심을 가지고 참배하는 것은 그 부모의 묘까지 될 가능성이 크다. 그리고 결국은 참배객이 없어진 묘가 마구 늘어갈 우려가 있다. 도쿄 주변에 이런 묘지 수요의 증대가 어디까지 계속 되겠는가.

큰돈을 들여서 훌륭한 묘를 만들려고 하는 것도 장례식의 경우와 마찬가지로 간단히 말해서 세상체면 때문이며, 허세다. 묘지에 대한 수요가 계속 늘어나서 가격이 올라가면 사람들은 비싼 묘지를 사서 비싼 묘와 납골당을 세우는 의미를 재고하여 수요를 줄게 하는 경우도 생각할 수 있다. 실제로 지금까지의 묘를 대신하는 '신제품, 새로운 서비스'가 속속 등장하고 있다.

① '묘지'로서 절 또는 공공, 민영의 묘지(영원)의 일정 구획을 구입하여 거기에 묘와 납골당을 세운다. 그리고 피안(춘분, 추분의 전후 각 3일간을 합한 7일간에 행하는 불교 행사), 명절, 기일 등에 성묘하러 간다. 지금도 이렇게 하는 것이 일반적이다.

② 건물 안의 로커상의 공간을 사용할 수 있는 권리를 얻어 그 곳에 유골, 위패 등을 모셔 놓고 참배하는 것이다. 이것은 건물 안의 입체식 주차장을 이용하는 것과 비슷하다.

③ 최근에는 ②보다 더욱 간략화된 도서관식이라고 할 수 있는 방식이 등장하고 있다. 참배하러 온 사람은 어딘가에 안치되어 있는 'OO가'의 유골, 위패 또는 제단에 해당되는 것을 그때마다 불러내서 자동장치로 그것이 등장하면 참배한다. 도서관의 서고에서 책을 열람하는 것과 같은 방식이다.

④ 인터넷으로 참배하는 것이다. 모니터에 띄워진 묘지, 불단, 예배당과 같은 화상을 향해 참배한다.

여기까지는 종교적인 의식을 수반하는 사자 공양이다. 만약 고인에 대한 기록을 반영구적으로 자손에게 전하고 싶은 경우에는 위패를 대신할 수 있는 금속판에 고인의 경력, 업적, 남긴 말, 기타 사항을 새겨서 자택에 보존할 수도 있다. 유골도 자택에 보존하든가 바다, 또는 산에 뿌릴 수 있다. 하지만 유골을 바다나 산에 뿌리는 경우는 어떤 방식으로 하든 묘를 만들 수는 없다.

이상의 방식은 모두 화장을 전제로 하고 있다. ①의 경우도 매장이 아닌 화장하여 유골을 매장하거나 납골당에 안치시키는 것을 가정하고 있다. 이것이 옛날의 매장법으로 되돌아간다는 것은 생각할 수 없다. 왜냐하면 화장이 훨씬 청결하고 또 국토의 묘지화를 방지할 수 있으며 합리적인 사체 처리 방법이기 때문이다.

중국의 송나라 시대에는 화장이 금지되어 있었다. 하지만 사대부 계급만 그 법을 지켰고 일반 서민은 화장을 선호했다. 유교의 예에 구애받는 사대부 계급과는 달리 건전하고 실제적인 판단력을 갖춘 서민은 사체의 부란이라는 문제를 피해서 화장을 택한 것이다.

청나라 시대에 화장이 엄격하게 금지되고 매장법이 정착되었는데 불경기로 묘지의 입수가 곤란해지자 악습인 '정장(停葬)'이 발생했다.

정장이란 관에 넣은 사체를 길가나 기타 장소에 방치하는 것이다.

장례식이나 매장, 묘의 건립 등은 경제적인 행위이기도 하다. 그 방법도 종교에 의해서 완전히 지배된다는 것은 아니다. '○○가 가족 묘'의 실체도 관념도 상실되어가자 종래와 같은 '묘지에 묘(납골당)를 쓴다'는 형식에 구애되어 상당한 비용을 들일 이유는 없어진다.

일본인의 경우 유골을 산야에 뿌리는 방식보다는 바다에 뿌리는 방식을 좋아하게 될 것이다. 비행기 또는 배로 해상에 나가 '유회(遺灰) 살포식'을 하기 위해서 장의사와 여행사가 제휴하여 '유회(遺灰) 살포 투어'를 제공하게 될지도 모른다. 승려를 대동한 '1주기 투어', '3주기 투어' 등도 기획하게 될지도 모른다.

Q 오늘은 귀한 손님을 모셨습니다. 일반적으로 '죽음의 신'이라고 불리는 분입니다. 정식으로는 어떻게 부르면 되겠습니까?

A '죽음의 신'이면 됩니다. 명계 쪽에서는 '귀적 관리부 집행관'이라는 직명이지만 낯설 테니까. 신이라는 것은 약간 과장된 표현인지도 모르지만…….

Q 사자의 세계를 관리하는 분이라면 신의 일종입니다. 그런데 세상에는 일신교의 'God'에서 안산의 신까지 무수히 많은데 나는 당신만을 신용하고 있습니다. 당신은 제물도 새전도 원하지 않아요. 그러면서도 해야 할 일은 정확히 하고 계십니다.

A 말씀대로 나는 뇌물을 받지 않습니다. 아무리 호화로운 제물을 바쳐도 죽은 사람을 명계로 데리고 가는 일을 게을리 할 수는 없습니다. 이 일은 쓰레기를 수거하여 처리하는 것처럼 게을리하거나 방치하면 내가 곤란해집니다. 그러나 내게 새전이나 뇌물을 주는 사람이 한 사람도 없다는 것도 사실이고요.

Q 솔직히 말하면 사람들은 당신을 싫어하고 무서워하고 오로지 당신을 피하려고 하기 때문입니다. 일반적으로 죽음의 신에게 새전을 주어서 소원을 비는 사람은 없습니다. 아니, 대단히 실례되는 말을 했습니다. 화가 나서 나를 저 세상으로 끌고 가시면 곤란합니다.

A 아직 죽지 않은 사람에게 어떻게 그런 짓을 합니까?

Q 지금 뭐라고 하셨습니까? 당신이 나타나서 명계로 연행하기 때

문에 사람은 죽는 것입니다.

A 내가 데리고 가기 때문에 죽는 것이 아닙니다. 나는 직무상 죽는 사람에게 가서 입회하고 죽으면 그쪽으로 적을 옮기는 수속을 합니다. 단지 그것뿐입니다. 그런데 인간은 그 점을 착각하고 있습니다. 이렇게 이해를 못 하니 구제불능입니다.

Q 하지만 옛날부터 죽어가고 있는 사람의 머리맡에는 당신이 와서 기다리고 있다고 전해져 오지 않습니까?

A 명계 쪽에서도 일처리에서 가끔 착오가 발생합니다. 요컨대 정보가 정확하지 않은 경우가 있어서 내가 와 보면 아직 죽지 않은 경우가 있습니다. 그 경우는 어쩔 수 없으니까 죽을 때까지 기다리는 것입니다.

Q 그래도 죽지 않을 경우에는?

A 갔다가 다시 옵니다. 그러면 내가 없어졌기 때문에 죽는 것을 면했다, 수명이 약간 연장되었다고 인간들은 기뻐합니다. 내 입장에서는 사람이 죽지 않으면 어쩔 수 없기 때문에 돌아갈 수밖에 없지만 말입니다.

Q 이 기회에 물어보고 싶은 것이 있는데 뇌사 상태에 있는 사람은 어떻게 합니까? 죽은 사람이라고 간주해서 데리고 갑니까?

A 그건 곤란하죠. 옛날에는 뇌사 같은 것은 없었습니다. 뇌의 기능이 정지했는데 인공적으로 심장을 움직여서 호흡시키는 일은 불가능했습니다. 그러나 지금은 인간이 그렇게 하고 있습니다. 그런 혼동되기 쉬운 경우에는 일일이 붙어 있을 수 없어서 우리는 뇌사 상태의 인간에게는 가지 않습니

다. 완전히 죽고 나서 갑니다.

Q 이것은 중대한 말씀이군요. 뇌사를 사람의 죽음으로 인정하지 않는다는 거군요.

A 그러나 살아 있다고 보고 있는 것도 아닙니다. 단순히 혼동되기 쉬우니까 집행을 정지하고 있을 뿐입니다. 뇌사라면 언젠가는 완전히 죽게 되니까요. 우리도 그것을 기다려서 집행합니다. 그러나 사실은 귀찮은 일입니다. 지금은 의사들이 뇌사라고 판정하면 뇌사자의 몸을 해부해서 장기를 어딘가로 가지고 갑니다. 이렇게 되는 것이 우리에게는 제일 곤란한 문제입니다. 당신네들은 아무것도 생각하지 않고 있는 모양이지만 우리들은 죽은 사람을 오체만족한 상태에서 데리고 가는 것을 원칙으로 하고 있습니다. 때문에 목과 몸이 떨어져서 한쪽이 행방불명된 것이나 토막 살해당한 사체 등은 딱 질색입니다. 이식용으로 장기가 제거된 사체도 토막 살인 사체와 마찬가지입니다. 우리가 이식하는 데까지 가서 장기를 되찾아 완전한 사체로 복원한 후에 데리고 간다는 것은 불가능하죠. 아무튼 뇌사나 장기 이식은 성가시기 짝이 없습니다.

Q 분명히 중대한 문제입니다. 그래서 장기를 이식용으로 제공한 사자에게는 결국 어떻게 대응하게 됩니까?

A 어떻게 할 수 없기 때문에 그대로 내버려둡니다. 집행 정지가 무기한으로 계속됩니다. 다만, 장기 이식을 받은 사람은 그렇게 오래 살 수 없기 때문에 그 사람이 죽었을 때는 정확히 집행합니다. 이전에 명계 쪽에서는 이식된 장기는 본래

의 사자(死者)에게 되돌려주어야 한다고 해서 그 조치를 취하고 있었지만 번잡하기 때문에 최근에는 그만두었습니다. 따라서 A라는 사람의 장기를 받은 B라는 사람이 죽으면 서류상 B의 사체로 간주하여 처리하는 것입니다.

Q   뜻하지 않은 폐를 끼치고 있는 셈이 되는군요.

A   이런 문제에 대해서는 양쪽 세계에서 서로 의논하여 조정하는 것이 좋겠지만 정식 국교 관계가 없기 때문에.

Q   국교라 하시지만…….

A   그렇습니다. 원래 명계와 생자의 세계와는 변칙적인 관계로 되어 있어서 우리는 사람들이 하고 있는 것은 전부 알 수 있지만 사람들은 우리에 대해서 아무것도 모릅니다. 아무것도 보이지 않고, 존재하는 것조차 모릅니다. 때문에 우리에게 교섭을 요구할 방법이 없습니다.

Q   그럴지도 모릅니다. 모처럼의 기회이니 명계의 사정을 좀더 상세하게 설명해 주십시오. 도대체 그 명계라는 것은 어디에 있는 것입니까?

A   어디에 있느냐고 물어도……, 이차원의 세계니까요. 어떤 의미에서는 살아 있는 자의 세계와 도처에서 겹쳐져 있다고도 말할 수 있지만 당신들은 깨닫지 못할 뿐입니다. 여기서는 편의상 당신네 세계의 아래, 지하나 어딘가에 있다고 상상해 두십시오.

Q   죽은 사람을 거기로 데리고 가서 어떻게 하는 것입니까?

A   보통 때처럼 생활하고 있습니다. 명계가 제일 발달해 있는 것은 중국의 경우인데 그것을 예로 들어 설명하면 중국의

명계에는 위의 세계와 같은 관료 기구가 완비되어 있습니다. 신분의 차이나 빈부의 차이도 있습니다. 다시 말해서 사람은 기본적으로는 위의 세계에서 가지고 있던 것을 그대로 아래 세계에도 가지고 가기 때문에 개인의 독자성은 아래 세계로 옮겨도 계속되고 있습니다. 다만, 명계에서의 빈부라는 것은 죽은 사람의 유족이 잘 공양해 주고, 돈이나 물질을 윤택하게 제공해 주는 정도에 따라서도 결정됩니다. 유족이 공양도 제대로 안 해주면 죽은 사람은 명계에서 가난에 괴로워합니다. 그런 때는 유족 앞에 모습을 나타내서 원망하는 말을 하기도 하고 재앙을 주는 경우도 있습니다.

Q 요컨대 유령이 되어 나타난다는 거군요.

A 중국에서는 '귀신'이라고 하지만······.

Q 요컨대 명계는 우리 세계가 부양하고 있는 관계가 되겠군요.

A 그렇습니다. 명계는 어디까지나 위의 세계의 그림자 같은 것이어서 위에 있는 인간이 죽은 사람이나 명계를 걱정해서 열심히 돌봐주기 때문에 존재하고 있는 것입니다. 인간이 죽은 부모나 조상에게 무관심해지고 죽은 자를 돌볼 마음이 없어지면 죽은 자의 세계도 존속할 수 없게 됩니다. 실제로 그렇게 되고 있습니다. 좀더 열심히 원조해 주지 않으면······.

Q 뭔가 가련한 얘기가 됐군요.

A 옛날에는 좋았습니다. 명계가 한창 번성했던 시기에는 관리도 정확히 행해져 있었습니다. 그 무렵에는 내 동료 집행관도 많이 있어서 사람이 죽는다고 결정나면 이쪽에서 일부러

데리러 가곤 했었습니다. 최고 수준의 서비스였습니다. 지금은 명계의 관공서도 완전히 의욕이 없어졌고, 일손도 돈도 부족하기 때문에 사람이 죽어도 입회하러 가지 않고 모니터로 확인할 뿐입니다. 가봤자 명계에 데리고 올 수 없게 되어 있으니까요.

Q 하지만 사람은 누구나 죽으면 그 쪽에 신세를 지게 될 것이 아닙니까? 그 쪽으로 가지 않는다면 죽은 사람은 어디로 갑니까?

A 모르겠습니다. 명계는 지금은 일체 관여하지 않습니다. 일본에서는 죽은 사람을 화장해서 재를 묻고 있죠. 그렇게 하면 죽은 사람은 소멸됩니다. 영혼이 존재하는 것은 아니므로 죽은 자를 태워버리면 없어집니다. 정말로 아무것도 남지 않게 됩니다.

Q 최근 일본에서는 당신을 만나보고 싶다는 얘기도 듣지 못하게 되었는데 그건 화장이 보급된 탓일까요?

A 유감이지만 그렇습니다. 이제 우리가 나설 자리는 없어졌습니다. 전 세계가 화장하게 되면 명계는 멸망합니다. 데리고 갈 사자가 없어지니까요.

Q 사자의 세계가 멸망한다……. 어쩐지 이상한 얘기군요.

A 아무것도 이상할 것 없습니다. 우리가 있는 곳은 필경 쓰레기장 같은 곳이어서 죽은 후의 인간을 회수하고 관리하고 있습니다. 장래에 위의 세계에서 인구가 줄기 시작하고 결국 인간이 없어졌다고 한다면 위의 세계의 그림자에 불과한 명계도 당연히 멸망합니다.

Q 씁쓸한 얘기가 됐군요.

 그래도 명계에는 돌발적인 호경기가 찾아올 때가 있습니다.

 죽은 자가 급증한다든가…….

 그렇습니다. 전쟁이나 기근으로 사람들이 대량으로 죽어서 사체를 화장할 여유도 없는 상태가 되면 데리고 올 죽은 자가 늘어서 명계도 경기가 좋아집니다. 지금은 유일하게 그것을 기대하고 있지만…….

 글쎄 그게 어떨까요? 오늘 대단히 흥미 있는 얘기를 들려 주셔서 정말 감사합니다. 인간이 현역의 죽음의 신, 아니 명계의 집행관과 이렇게 접촉할 수 있는 기회는 금후에도 없을 것이라고 생각합니다. 감사합니다. 사소하지만 오늘의 사례를……. 이제 돌아가도 되겠습니까?

 아니, 사실은 내 일은 이제부터입니다. 당신과 함께 명계까지 가기로 되어 있습니다. 그것을 기다리고 있는 동안에 심심풀이로 얘기했을 뿐이고……. 그럼, 슬슬 가볼까요.

1) 제논(Zenon) : B.C. 335~263. 그리스의 스토아학파의 철학자

2) 클레안테스(Kleanthes) : B.C. 331~232. 그리스의 철학자. 제논의 제자

3) 제러미 벤담(Jeremy Bentham) : 1748~1832년. 그리스의 법학자이자 사상가. 공리주의의 창시자로서 '최대 다수의 최대 행복'을 모토로 했다.

4) 쇼쿠산진 : 오다 난포(大田南畝). 1749~1823년. 에도시대 중·후기의 교카 작가

5) 교카(狂歌) : 풍자와 익살을 수로 한 단가. 에도 시대 후기에 유행하였다.

10

자살학 입문

자살의 종교사회학

프랑스의 사회학자 뒤르켐(Durkheim : 1858~1917년)은 유명한 『자살론』에서 카톨릭계의 사회에서는 자살률이 낮고 프로테스탄트계의 사회에서는 자살률이 높다는 사실을 지적했다. 현재는 이것이 별로 적용되지 않게 되어 있다.

옛날부터 크리스트교에서는 자살을 죄악시하여 자살자를 교회의 묘지에 매장하는 것을 거부하는 등 여러 가지 방법으로 제재를 가해왔다. 그러나 성서에는 자살을 억압해야 한다고는 씌어 있지 않다. 같은 『구약성서』에 의지하고 있는 유대교에서는 크리스트교보다 자살률이 낮다. 자살이 많은 것은 크리스트교 사회의 특징이다.

이슬람교, 그리스 정교, 힌두교, 불교, 도교, 유교 등 대부분의 종교들도 크리스트교보다 자살률을 낮게 억제하는 데 성공하고 있다고 본다. 그러나 이것이 종교 덕분인지 아닌지는 분명치 않다. 크리스트교(카톨릭과 프로테스탄트) 이외의 종교를 받들고 있는 곳은 유럽보다 경제적으로 뒤져 있는 지역이 많다. 이들 지역에서도 경제적으로 풍족하게 됨과 동시에 자살률이 상승할 경향이 있다.

자살은 최종적으로는 개인의 문제이며 그 사회의 지배적인 종교도 개인이 개인 사정으로 자살하는 것에 대해서 결정적인 영향력을 미칠 만한 힘이 있는지 없는지는 의문이다.

자살의 경제학

 그것보다 최근에 각 나라의 자살률을 보면 다음과 같은 경향이 명백하게 나타난다.

● 1인당 소득이 높은 선진국들의 자살률은 높다. 일본도 거기에 속한다.

● 풍족하면 할수록 자살률은 높아지는 경향이 있다. 일본도 예외는 아니다.

● 저개발국의 자살률은 낮다. 유럽에서도 스페인, 포르투갈, 그리스 등의 비교적 국민소득이 낮은 나라의 자살률은 낮다.

● 아시아 국가들의 자살률은 낮다.

● 옛 사회주의 국가들의 자살률은 옛날부터 높았고 지금도 두드러지게 높다. 러시아, 헝가리 등의 자살률은 세계 최고이다. 게다가 이들 나라는 대국이기는 하지만 다른 유럽의 선진국에 비해

서 저소득 국가이다. 그럼에도 불구하고 자살률이 이상하게 높은 것은 혼란이 극심하고 살기 어려운 사회이기 때문일까.

● 세계 최고의 복지 국가들인 북유럽 국가들에서도 자살률은 낮지 않다. 나라가 배급해 주는 복지만으로는 사람은 살아갈 수 없는 모양이다.

● 미국, 영국의 자살률은 선진국 중에서는 낮은 편이다.

표 1. 세계 각 나라의 자살률(인구 10만 명당)

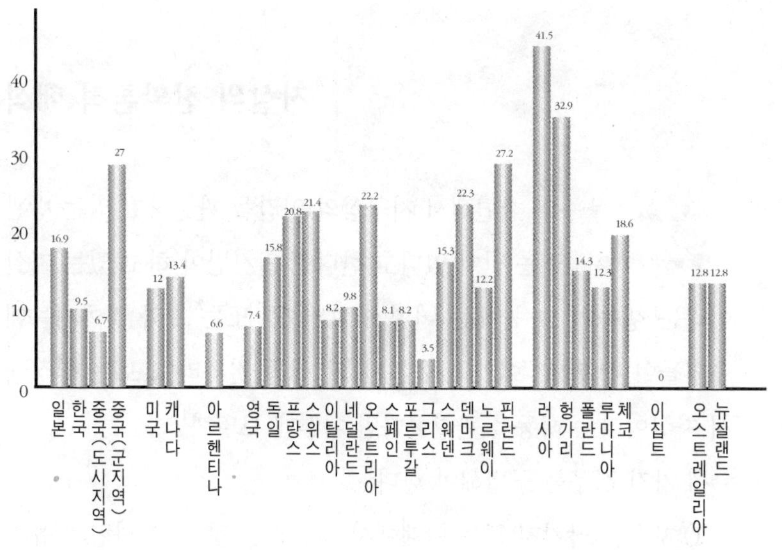

※총무청 통계국 편 『세계의 통계 2000』에서 발췌, 수록.

1인당 국민소득이 높은 것과 자살률이 높은 것이 서로 관계 있는 것처럼 보이는 것을 잘 설명하는 경제이론은 현재로서는 없다. 단 한 가지 생각할 수 있는 것은 선진국들은 고도로 발전한 시장

사회이며, 사람들은 시장에서 돈을 벌고 필요한 것은 무엇이든지 시장에서 살 수 있다. 다시 말해서 고도의 시장 사회에서는 가족, 기타 집단이 취약해도 시장을 상대로 혼자서 살아갈 수 있는 반면, 실패의 책임도 자기 혼자서 지게 된다. 경제적으로 풍요한 사회에서는 뒤르켐이 프로테스탄트계의 사회에서 본 것처럼 인간이 개인주의적이고 뿔뿔이 흩어져 있는 상태가 일단 진행되고 있는 것이다.

자살의 진화론적 해석

우주의 한편에서 지구상의 인간을 관찰하고 있는 방관자, 또는 신이 있다고 한다면 인간만이 하고 있는 자살이라는 행동이 그 눈에는 어떻게 보일까? 또는 그와 같아지는데 우리들이 전부를 '이기적 유전자'의 행동 결과라고 보는 입장에서 자살이라는 행동을 관찰한다면 어떻게 보일까?

세 가지 경우를 구별해야 한다.

① 자손을 남기지 않는 단계에서 자살하는 것은 그 사람의 유전자가 경쟁(스스로를 복제하여 보다 많이, 보다 멀리 미래까지 남기는 경쟁)에서 스스로 탈락하는 것을 의미한다. 그것은 이기적 유전자의 근본적인 성격에 배치되는 자멸적인 행동이다. 이 경우의 자살은 자살자의 개인적인 사정이나 이유야 어떻든 단순히 패퇴와 소멸이다.

② 자녀를 둔 단계에서의 자살은 자식이 어린 경우에는 그 후 자손의 확실한 생존에 불리한 영향을 미치는 경우도 있는데 이기적 유전자의 행동으로서는 패배라고는 할 수 없다.

③ 자식이 성인이 된 후의 자살은 반대로 자식에 대한 부담을 줄이는 데 있을 뿐만 아니라 사회의 한정된 자원을 더 이상 소비하지 않게 되므로 유전자에 대해서도 씨앗 전체의 존속에 대해서도 이익을 가져오게 된다.

일반적으로 자손을 남긴다고 하는 일이 끝난 후의 인간의 생사는 유전자로서 어떻게 되든 상관없는 일일 것이다. 이기적 유전자로서는 자살을 억제해야 할 이유는 없는 것이다. 고령자의 자살률이 높은 것은 그런 의미에서 자연적인 것이라고 말할 수 있다. 옛날의 가난한 사회에서는 '노인을 버리는' 관행을 볼 수 있었는데, 풍족한 사회에서 늘고 있는 고령자의 자살은 개인주의적인 차원인 것이다.

그러나 ①과 같은 자살은 이기적 유전자의 원칙에 반대되는 부자연스러운 행동이다. 자살하는 사람은 원래 '준 치사 유전자'와 같은 것을 가지고 있을지도 모른다. 그 유전자가 현재화하여 작용한 경우에 사람은 자살하게 될지도 모른다. 같은 처지에 놓여졌을 때 대부분의 사람들은 자살하지 않고 예외적인 몇몇 사람들만이 자살한다는 것은 그 사람의 유전자가 존속하는 것을 불가능하게 하는 프로그램이 유전자 속에 '실수로' 기록되어 있다고 생각하지 않으면 설명할 수 없다. 그러나 그 사람이 자살한다고 해도 이 '준 치사 유전자'가 인간 전체의 유전자 풀에서 완전히 도태되는 일은 없을 것이다.

이렇게 하여 인류는 인구를 증가시키는 동시에 자살자의 수도 증가시켜 왔는데, 현재로서는 자살이 인류 전체를 멸망(유전자 그 자체의 절멸)으로 이끌어 가는 잘못된 진화를 하고 있다고는 생각하지 않는다.

자살의 행동심리학

자살하는 사람은 살아서 고통을 견디기보다는 죽는 것이 낫다(고통이 적다)고 생각하기 때문에 자살한다. 이에 대해서는 고대 그리스의 에피쿠로스의 견해가 그대로 적용된다. 사람은 자신이 조금이라도 싫어하는 것은 피해서 편하려고만 한다. 그렇다면 물질적으로 풍요로운 선진국에서 자살이 증가하는 것은 사소한 일에 대해서도 사람은 보다 큰 고통을 느끼기 때문이라고 생각한다. 고통에 민감해지고 괴롭힘만 당해도 사람은 쉽게 자살하게 된다. 옛날의 가난했던 시절의 사람들은 아주 극한 상황에 이르지 않는 한 자살은 하지 않았다.

어엿한 남성이 실연 때문에 자살한다는 것은 괴테가 『젊은 베르테르의 슬픔』이라는 소설을 쓰고 '발명' 한 것이며, 그 이후 '실연자살' 이 유행했고 지금은 그다지 이상할 것이 없는 자살로 되어 버렸다.

이와 같이 자살의 동기는 시대와 더불어 새로운 것이 등장하고 생활이 복잡하게 되면 될수록 자살의 이유도 늘어나게 된다.

대부분의 자살은 고통에 찬 상황에서 도망치려는 목적으로 이루어지고 있는데, 동시에 그 상황으로 몰아넣은 사람에 대한 항의의 의미도 담고 있다.

궁지에 몰려서 한 자살의 경우, 타인이나 사회에 대한 '분풀이'적 요소가 다소나마 내포되어 있는 것이 많다. 괴롭힘을 당하다 자살한 피해자가 가해자의 이름을 쓴 유서를 남기는 경우 같은 것이 그 예이다.

일반적으로 사람이 자살하면 유족은 슬퍼한다. 그래서 누군가를 슬프게 하거나 누군가에게 폐를 끼칠 것을 예정하고서 자살하는 사람도 있다. 뇌물 사건 등에 연루된 사람에게서 흔히 있는 '딜레마 자살' 같은 것은 자신을 죽음으로 몰아넣는 회사나 관공서, 조직의 책임자 등에 대한 항의의 의미가 내포되어 있다. 만약 자신이 희생양이 되는데 대한 분노의 에너지가 좀더 강하다면 이 항의는 내부 고발, 밀고, 재판에서의 진술 등의 다른 형태를 취하게 될 것이다.

부모 자식 관계가 악화되어 있거나 단절되어 있는 경우의 아이의 자살에도 자신을 걱정해 주지 않았던 부모에 대한 항의의 의미가 내포되어 있다. 반대로 부모 자식 관계가 정상적이고 부모를 원망하거나 원망할 이유가 없고 자신만의 사정으로 자살하는 경우에는 "먼저 가는 불효를 용서해 주십시오"라는 유서를 남기는 경우가 많다.

자살의 윤리학

흄이나 쇼펜하우어는 크리스트교의 자살 죄악론을 비판하고 있다. 크리스트교가 자살을 죄악시하여 자살자를 교회 묘지에 매장하는 것을 거부하거나 장례식을 인정하지 않은 것은 크리스트교의 입장에서 보면 당연한 것이며, 신에 의해서 만들어진 인간이 멋대로 자신의 생명을 처분해버리는 것은 신에 대한 용서할 수 없는 죄가 되기 때문이다. 물론 이것은 크리스트교의 주장이므로 크리스트교와 관계 없는 사람이 이와 같은 사고방식을 가져야 할 이유는 없다. 에피쿠로스의 사고방식에 의하면 살아 있는 것이 훨씬 고통스럽다면 죽는 편이 낫다고 하므로 그와 같은 상황에서는 자살도 부득이 하다는 것이다.

자살은 그 사람만의 이기적인 행동이다. 카톨릭 신자인 G. K. 체스탄트 같은 사람은 자살이 이기적이라는 점에서 비난하지만, 일반적으로는 이 순연한 이기적 행동이 타인에게 조금도 폐를 끼치는 일이 없다면 그 행동은 부득이 하다고 하여 묵인할 수밖에 없을 것이다. 그런 관점에서 보면 자살은 가족이나 친구, 기타 많은 사람들에게 충격이나 슬픔을 줄 뿐만 아니라 여러 가지 폐를 끼치고 금전적인 손해를 주는 경우도 적지 않다.

그런데 주위 사람들에게 폐를 끼친다는 사실을 일체 무시했기 때문에 자살을 실행할 수 있었던 것이다. 여기에는 자살자가 가지고 있는 죽음에 대한 대전제가 있다. 요컨대 '죽으면 자신은 없어진다' 는 것이다. 그래서 '타인에게 아무리 폐를 끼치고, 아무리 비난받아도 전혀 아무렇지도 않은 것이다. 아무튼 비난받아도 나는 없으니까' 라는 것이다.

이런 범위에서는 대부분의 자살은 윤리적으로 인정되는 행동이라고는 할 수 없다. 윤리적으로 인정되는 자살을 하려면 누구에게도 폐를 끼치지 않는 자살 방법을 생각해야 하는데 그런 것은 거의 불가능할 것이다.

실제로 자살 중에는 탄복할 수 없는 것이 적지 않다. '나무랄 데 없는 자살' 이라는 것이 있다면 그것은 다음과 같은 것이어야 한다.

① 내가 자살해도 가족, 기타 슬퍼하는 사람은 한 사람도 없다.

② 어느 누구에게도 폐를 끼치지 않는다. 온갖 의미에서 그 자살은 사회에 불이익을 주지 않는다.

친척도 없고 아는 사람도 없고, 누구하고도 어울리지 않고 독신 생활을 하고 있는 사람이라면 ①의 조건이 충족된다. 그러나 개와 같이 살기를 희망한 디오게네스도 이런 생활 태도는 바라지 않았을 것이다. 떠돌이 개도 때로는 마을 사람들에게 귀여움을 받아 밥을 얻어먹는다. 그 떠돌이 개 이하의 존재가 되어 산다는 것은 실제 문제로서 불가능하다.

그래서 자살자가 주위 사람들을 슬프게 하는 것은 어쩔 수 없다고 하자. 문제는 타인에게 폐를 끼치지 않도록 자살할 수 있는가 하는 것이다.

예를 들면, 철도나 높은 건물을 이용하여 자살해 무참한 사체를 공중 앞에 드러내고 경찰이나 관계자들이 사체를 처리하게 하는 것은 가장 보기 흉한 자살이지만 자살자 자신에게는 간편하고 안

이한 방법을 취하는 것으로밖에 생각지 않는다.

②의 조건을 충족시키는 최상의 자살이란 자신의 사체를 완전히 소실시켜서 그 어떤 흔적도 남기지 않은 채 이 세상에서 없어지는 것이다. 이에 대해서는 미스터리 사건이나 소설 등을 참고로 하여 사전에 충분히 연구할 필요가 있다. 미스터리 사건의 범인들은 완전 범죄를 노리고 사체를 숨기거나, 사체를 소멸시키려고 많은 노력을 한다. 그래도 대부분은 실패하여 범행이 발각된다. 그러나 사람은 자살하는데까지 완벽을 기하려고 하지 않는다. 타인에게 폐를 끼치는 것 따위는 상관없다는 심경에 달했을 때 사람은 자살을 결행한다.

1990년에 미국에서 한 여성이 '자살 방조기'를 사용하여 자살했다. 이것은 한 의사가 개발한 것으로 점적 바늘을 자살 희망자의 정맥에 꽂고 처음에는 생리 식염수를 주입하다가 자살 희망자가 버튼을 누르면 생리 식염수가 벤졸로 변한다. 20초 정도 지나면 자살 희망자는 잠에 빠진다. 60초 후에는 벤졸이 자동적으로 염화칼슘으로 변한다.

자살 방조기는 심장이 정지해서 죽는다는 원리를 이용한 간단한 장치이다. 비용은 30달러 정도라고 한다. 이 값이라면 수요는 상당히 있겠지만 이런 서비스를 제공하면 자살 방조 및 살인죄로 추궁당할 우려가 있다. 이탈리아 주변에는 빚쟁이에게서 도망치려고 자살한 것처럼 꾸며서 도망을 하고 싶은 사람을 위해 '자살 사체'를 준비해 주는 장사가 있다고 하는데 이것은 '위장 자살'을 돕는 서비스이다.(마루탄 모네스티에 : 『자살 전서』)

안락사는 권할 수 없다

최근 많은 화제가 되고 있는 안락사란 타인의 손을 빌려서 하는 자살이다. 안락사를 자력으로 행하는 보통의 자살에 비해 뭔가 특별한 의미가 있는 죽는 방법처럼 생각하는 것은 착각에 불과하다. 그것은 의사나 기타 타인을 끌어들이는 만큼 타인에게 폐를 끼치는 성질의 자살인 것이다.

안락사에 동조하여 협력한 것이 자살 방조나 살인이라는 범죄가 되지 않기 위한 요건은 일본에서도 지금까지의 재판에 의해서 거의 확고해져 있다고 할 수 있다. 안락사 희망자 A, 협력해서 안락사를 성취시키는 사람(보통은 의사)을 B라고 하면 그것은 다음과 같은 것이다.

① A의 죽음은 불가피하며 회복 가능성은 없다.

② A의 고통이 극심한 것을 B나 제3자도 명백하게 알 수 있다.

③ A가 죽고 싶다고 하는 의사가 표명되어 객관적으로 인지되어 있다.

④ 가족도 ①, ②, ③을 인정하고 A의 의사에 찬성하고 있다.

⑤ B가 안락사의 조치를 취하는 데 동의한다.

⑥ 이상의 요건이 충족되어 있는 것을 제3자도 확인할 수 있다.

①과 ②는 A가 처해 있는 상황에 관한 기준이며, ③~⑤는 관계자의 의사에 관한 조건이다.

A가 안락사에 관한 의사를 표명할 수 없는 채 의식 불명에 빠진 경우에 가족의 희망만으로 안락사를 시켜도 될 것인가라는 문제가 있다. 이것은 '절대로 안 됨'을 원칙으로 해야 할 것이다.

다만, 가족은 의료비를 부담하므로 무의미한 연명 치료를 거절할 자유가 있다. 따라서 뇌사 상태에 빠진 A의 치료 중단을 요청하는 것은 타당성이 있다. 단, A 본인이 아무리 고통스럽게 보여도 죽을 의사를 표명하지 않은 상태에서는 가족이 '차마 볼 수 없어서 죽게 해주고 싶다'라고 하여도 B는 그 의견에 동조할 수 없다. 하물며 ③, ④의 조건도 충족되지 않았는데 의사가 멋대로 환자나 가족의 '의견을 존중하여' 안락사시켜 준다는 것은 논할 바가 못 되며 그것은 살인이다.

철학자의 자살과 죽은 방식

그리스의 철학자들은 자살을 죄악이라 생각하지 않았고 비참하게 죽는 방법이라고 보고 특별히 동정하는 일도 없었다. 동정은커녕 그들 중에는 자살이라는 형태로 자신의 목숨을 스스로 종지부를 찍은 사람이 적지 않다. 그들의 자살은 인생에 실패하여 궁지에 몰려 한 것도 아니고 어떤 철학상의 문제로 고민하다가 머리가 이상해져서 한 것도 아니다. 대부분은 늙어서 병들어 죽을 때가 임박했음을 깨달았을 때 스스로 생을 마치는 처치를 취했다는 성질의 자살이다. 남의 손을 빌리지 않고 한 안락사라 해도 좋다. 병고와 싸워서 하루라도 오래 살려고 하는 '분투형'의 생활태도와는 다른 생활태도를 그들은 택한 것이다. 그것은 예를 들면, 죽을 때를 깨달은 코끼리 등의 동물이 무리에서 떨어져 나와 죽을 장소를 찾아간다(사실은 아니겠지만)고 하는 방식과 비슷하다. 철학자라고 하는 사람은 평소부터 죽음에 대해서는 충분히 생각하고 자신의 죽는 방식을 정해두었다고 추측된다. 사기(死期)를 맞았을 때 그대로 스스로 목숨을 끊은 것이다. 이와 같은 자살은 오늘날 되돌아보아도 훌륭한 죽는 방식의 부류로 분류할 수 있다. 그렇다고는 하지만 철학자에게 어울리는 죽는 방식이 자살밖에 없다는 것은 아니다. 철학자 중에서도 보통 사람처럼 살다가 갑자기 병으로 죽은 사람도 있으며 늙어 죽은 사람도 있다.

자살 방법에는 여러 가지가 있는데 『그리스 철학자 열전』에 의하면 디오게네스는 스스로 숨을 멈추어 죽었다고 한다(생문어를 먹고 콜레라에 걸려 죽었다고도 한다). 아무튼 90살을 넘기고 죽었다. 자발적 호흡 정지에 의한 자살의 예는 그 밖에도 있지만 가장 많은 것은 노령에 달해서 사기(死期)를 깨달았을 때 끼니를 끊고 죽는다고 하는 '단식사' 이다.

그러나 철학자다운 죽는 방식은 적극적인 자살이라기보다 노쇠하여 죽는 것이다. 철학자라고 하는 사람들의 특징은 당시로서는 이례적으로 오래 살았다는 데 있다. 우리가 배워야 할 점은 거기에 있으며 철학자는 죽는 방식의 달인이라기에 앞서 오래 사는 달인이었다. 결국 오래 살지 않는 사람은 철학자가 될 수 없다는 것이 된다. 다만, 철학자가 되면 오래 살 수 있다는 설은 성립되지 않는다.

〈참고 도서〉 디오게네스 라에르티오스 : 『그리스 철학자 열전』 상·중·하. 이와나미문고, 1999년

자살의 예방학

자살을 야기하는 원인으로서 뇌내 신경 전달 물질인 세로토닌[1]의 흐름이 저하되는 것이 유력시되어 있다. 거기서 세로토닌의 '다시 거둬들이는 것'이 너무 강력한 것을 방해하는 약(SSRI)이 자살을 예방하는 데 효과적이라고 볼 수 있다.

괴롭힘(왕따)을 당해 아이가 자살하면 괴롭힘을 도덕적으로 비난하고 그러한 괴롭힘을 컨트롤할 수 없었던 학교, 교사의 책임을 시종 일관 추궁하는 논의를 하는 일이 많은데 자살한 아이의 뇌 생리학적 원인을 무시하는 것은 어리석은 일이다.

분명히 괴롭힘이 없었다. 이 아이는 자살하지 않았을지도 모른다. 그러나 괴롭힘을 당한 아이가 모두 자살하는 것은 아니고 약간의 괴롭힘으로는 자살하지 않는 아이들이 압도적으로 많다. 자살하는 아이는 소수에 지나지 않는다. 괴롭힘을 당해서 자살하는 아이는 괴롭힘을 당하지 않았다 해도 가까운 장래에 가혹한 상황에 몰렸을 때는 결국 자살할지도 모른다. 왜냐하면 세로토닌의 흐름이 저하되는 체질의 사람은 보통 사람이라면 아무렇지도 않게 여기는 타격을 받기만 해도 쉽게 자살해버리기 때문이다.

미래에는 DNA를 분석하여 세로토닌을 다시 거둬들이는 기능에 이상이 있는 사람에게는 SSRI의 복용을 권유함으로써 자살을 방지할 것을 생각해야 할 것이다.

가까이서 누군가가 재채기만 해도 심장이 멎는다는 심장질환자가 있다고 하자. 주위 사람들이 이해하고 이 사람의 곁에서는 절대로 재채기를 하지 않도록 하는 것도 좋지만 만약 수술이나 기타 방법으로 치료할 수 있다면 이 사람의 심장질환을 고치는 것이 올바른 대처법이다.

약간만 충격이 가해져도 깨져버리는 날계란과 같은 사람은 주위 사람들이 그 사람을 그야말로 깨지기 쉬운 유리그릇을 다루듯이 대해야 하고, 대단히 귀찮아 한다. 보통 사람처럼 '강한 사람'이 되지 않으면 곤란한 것이다.

죽음을 회피하는 능력을 강화하기 위해서는 어떤 것을 생각할 수 있을까?

'생명의 고귀함을 가르친다' 라는 겉치레는 자살을 억제시키는 데에는 거의 의미가 없다. 그보다는 죽음의 공포, 죽음의 고통, 사체의 무참한 모습 등을 직시시켜 죽음을 회피하는 능력을 강화시키는 것이 효과적이다. 오늘의 사회에서는 죽음은 사회의 표면에서 적극적으로 감춘다고 하는 것이 약속되어 있고 사람의 죽음에 입회하는 일도 적어졌다. 또 사체를 목격할 기회도 거의 없다. 죽음에 관계된 것은 사람들 시야에서 차단하여 존재하지 않은 양 취급해야 한다고 하는 통념이 강력히 지배하고 있다. 죽음의 실상은 예를 들면, 사체의 부패에 나타나 있다. 부패된 사체를 한 번이라도 본 사람이라면 또는 교통사고로 손괴된 사체나 참살된 사체를 본 적이 있는 사람이라면 자신도 빨리 죽어서 저처럼 되고 싶다고는 생각하지 않을 것이다.

〈참고 도서〉 후세 히데토시 :『금지된 사체의 세계』. 청춘 출판사, 1995년

부록

- 65세 이상의 사람을 위한 치매도 테스트
- 당신의 성숙도와 MQ(성숙 지수)를 측정하는
  테스트

1. 타인의 이야기를 정확히 이해할 수 있는가.

2. 타인의 이야기를 듣기보다 자신이 일방적으로 말하지 않고서는 배길 수 없다고 생각하는가.

3. 당신의 이야기에는 과거의 자신에 대한 자랑거리가 많다고 생각하는가.

4. 당신은 같은 사람들에게 똑같은 이야기를 몇 번이고 하고 있다고 생각하는가.

5. 당신은 아랫사람이 다른 의견을 말하면 화를 내는가.

6. 자기 멋대로 믿고 매사 실수하기 쉬워졌다고 생각하는가.

7. 당신은 혼자서 전철, 버스, 택시를 타고 다닐 수 있는가.

8. 젊은 사람이 차안에서 자신에게 자리를 양보하지 않으면 화가 나는가.

9. 당신은 요즘의 젊은 사람들이 눈에 거슬리고 세상이 잘못되어 있다고 분개하는 일이 많다고 생각하는가.

10. 누가 당신을 늙은이 취급하면 화를 내는가.

11. 여러 가지 사건에 대해서 누가, 언제, 왜, 무엇을 등의 6하원칙에 의해 정확하게 머릿속에 남는가.

12. 많은 인물들이 등장하는 소설, 스토리가 복잡한 소설을 쉬지 않고 잘 읽을 수 있는가.

13. 당신은 '장' 자가 붙는 직함이나 지위가 자신에게 어울린다고 생각하고 그것을 그만두는데 대해 불만을 느끼는가.

14. 당신은 '비서, 운전기사' 가 딸려 있는 생활에서 떠나고 싶지 않다고 생각하는가

15. 당신은 '슬슬 후진에게 길을 양보하는 것이 좋다' 고 생각하는가.

16. 작은 길에서 빨간 신호를 미처 깨닫지 못하고 자기 혼자서 횡단하는 일이 있는가.

17. 사람의 이름을 착각해서 부르는 일이 많은가.

18. 세상의 여러 가지 사건에 관심이 있는가.

19. 뜻대로 안 되면 주위 사람들에게 소리를 지르는가.

20. 상대가 어떻게 생각하고 있을까 하고 상상해 보는 일이 있는가.

◇ 그렇다, 아니다의 답이 ★가 있는 부분과 일치한 경우에는 Q란의 수를 득점란에 쓴다. 일치하지 않은 경우에는 0을 쓴다.

◇ 대답할 수 없는 질문은 그대로 두고 다음으로 넘어간다.

◇ 당신을 잘 아는 사람에게 그런지, 아닌지의 판단을 부탁해 본다. 그 사람의 판단이 당신의 답과 어긋나고 당신은 ★가 없는 쪽, 그 사람은 ★가 붙은 쪽이 된 경우는 0을 쓴 것을 지우고 Q란의 수에 다시 10을 더한 것을 득점으로 한다. 예를 들면, 질문 1에서 당신은 그렇다고 대답하고 득점을 0으로 했을 때 다른 사람이 ★가 붙은 아니라고 판단한 경우에는 질문1의 득점은 10+10=20이 된다.

◇ 득점을 합계한 것을 X로 하고, 답한 질문 수를 Y로 나누어서 평균득점을 낸다.

평균득점	치매도 진단
0〜10	치매도는 비교적 경미하지만 주위 사람들은 서서히 은퇴하는 것이 좋다고 생각하고 있을 것이다.
11〜20	주위 사람들은 당신이 빨리 은퇴해 주었으면 하고 오로지 바라고 있다.
21〜	주위 사람들은 당신이 완전히 치매에 걸렸다고 보고 즉시 은퇴시키려 할 것이다.

1. 곤충이나 개, 고양이, 토끼 등을 죽이는 일이 있는가.

2. 화가 나면 물건을 집어던지거나 부수거나 하는가.

3. 이웃 사람에게 "안녕하십니까?" 하는 인사를 할 수 있는가.

4. 혼자서 열차 또는 비행기를 타고 친척집에 놀러갈 수 있는가.

5. (텔레비전 화면에 등장하는 사람으로) 당신이 좋아하는 타입의 이성이 정해져 있는가.

6. 유령은 없다고 생각하는가.

7. 자신의 방을 깨끗이 정돈할 수 있는가.

8. 주위에 있는 이성 중에 몰래 좋아한다고 생각하는 사람이 있는가.

9. 나쁜 사건이 일어나면 '세상이 나쁘다, 어른이 나쁘다' 라고 생각하는가.

10. 무엇이든 남의 탓으로 돌리는가.

11. 무엇인가에 부딪쳤을 때 '이런 데 놓아두는 것이 나쁘다' 라고 말하는가.

12. '네가 나쁘다' 라는 말을 들었을 때 울컥해서 상대를 죽이고 싶어지거나, 침울해져서 죽고 싶어지거나 하는 상태에 빠지는 일이 있는가.

13. 아침에 기상 시간에 혼자서 일어날 수 있는가.

14. 좋지 않은 일에 직면했어도 '끝난 일은 어쩔 수 없다' 고 마음을 고쳐먹고 보통의 상태로 돌아갈 수 있는가.

15. 자신을 무시하거나 비난하거나 공격하는 상대를 '그 놈이 어리석은 것이다' 하고 무시할 수 있는가.

16. 자신이 왕따당하기 쉬운 인간이라고 생각하는가(괴롭힘을 당한 경험이 있는 경우는 반드시 그렇다고 한다).

17. 초등학생 10~20명을 인솔하여 하이킹을 갈 수 있는가.

18. 편의점, 패밀리 레스토랑에서 아르바이트를 할 수 있는가.

19. 당신은 들어가고 싶은 대학을 스스로 정했는가.

20. 필요한 정보에 의거해서 대학을 선택하고 시험을 치고 합격한 후에는 입학 수속, 하숙 구하기 등을 혼자서 할 수 있는가.

21. (여성의 경우) 전철 안에서 태연히 화장을 하는가.

22. 가끔 선심을 쓸 때가 있는가.

23. 사람들이 담배를 피우고 있지 않은 데서도 자신이 피우고 싶으면 거리낌없이 담배를 피우는가.

24. 술 취하면 사람이 달라진 것처럼 되는가. 특히 화를 잘 내며 남에게 시비를 걸거나 하는 일이 있는가.

25. 가까운 장래에 일정한 직장을 가지고 결혼하여 아이를 두어야 한다고 생각하고 있는가.

26. 스스로 필요한 정보를 모아서 국내 여행 계획을 세워서 열차, 비행기나 호텔, 여관 예약을 하고 여행을 실행에 옮길 수 있는가.

27. 중학생 반에서 교육 실습 수업을 할 수 있는가.

28. UFO나 우주인이 존재한다고 생각하는가.

29. 대학의 서클 부장, 여행의 간사를 맡아 할 수 있는가.

30. (남성의 경우) 선생님이나 처음으로 만나는 사람과 '내가……' 라는 말투로 말을 하는가.

31. '세상은 잘못 되어 있다, 언젠가 혁명을 일으킬 필요가 있다' 고 생각하는가.

32. 사후에 당신의 영혼은 존재한다고 생각하는가.

33. 당신은 일정한 직장을 가지고 있는가(재학중인 경우는 그렇다고 한다).

34. 회사에서 영업 같은 외부와의 접촉이 있는 일을 할 수 있는가.

35. 회사 간에 문제가 있을 때 상대 회사에 가서 사과할 수 있는가.

36. (당신이 대학원생인 경우) 혼자서 해외 학회에 참석하여 보고할 수 있는가.

37. 과거에 특정한 이성과 교제한 적이 있는가(교제 방법은 불문).

38. (당신이 남성인 경우) 주위 여성들에게 호감을 사고 있다고 생각하는가.

39. (당신이 남성인 경우) 주위 여성들이 나를 어떻게 생각하고 있을까 하고 생각한 적도 없고, 그런 것은 전혀 개의치 않는다고 하는 타입인가.

40. (당신이 여성인 경우) 윗사람(남자)으로부터 '착실하다' 라는 말

을 듣고 신용을 얻고 있는 편인가.

41. (당신이 여성인 경우) 주위 여성들로부터 미움을 사고 남성들에게는 인기있는 타입인가.

42. (당신이 남성인 경우) 여자친구, 아내, 기타 여성과 함께 있을 때 상대를 즐겁게 해주려고 마음 쓰는가.

43. 윗사람과 정치, 경제, 국제 문제 등을 화제로 하여 대화를 할 수 있는가.

44. 윗사람에게 축하 선물을 받았을 때 감사의 편지를 보내는가.

45. 설이나 추석에 선물을 보낼 때 편지를 써서 넣거나 사전에 연락을 하는가.

46. 해외 거래처, 해외 자회사에 파견되어 교섭, 기타 일을 수행할 수 있는가.

47. 부하끼리 의견충돌이 있을 때 중재 역할을 할 수 있는가.

48. 벤처 기업을 만들어서 궤도에 올려놓는 일을 할 수 있다고 생각하는가. 또 실제로 하고 있는가.

49. 당신은 상대가 거짓말하고 있다(예를 들면, 상대가 거절하는 진짜 이유는 다르다)는 것을 꿰뚫어 본 후에 적당히 대응할 수 있는가.

50. (당신이 국가 공무원시험에 합격한 관료라 하고) 경찰서장, 세무서장 같은 직책을 맡아서 할 수 있다고 생각하는가.

51. 자신과 같은 부류의 사람이 모이는 각종 회합이나 회의의 사회를 볼 수 있는가.

52. 친구의 피로연에서 사회를 볼 수 있다고 생각하는가.

53. 이제 결혼하고 싶다고 생각하고 있는가.

54. 아는 사람의 가족이 사망했을 때 문상의 말을 할 수 있는가.

55. 부모님께서 돌아가셨을 때 상주로서 스스로 도맡아서 장례를 치를 수 있다고 생각하는가.

56. 세계는 유대인의 음모에 의해 움직이고 있다는 설을 타당하다고 생각하는가.

57. (당신이 결혼했다고 가정하고) 부하직원의 결혼식, 피로연에서 중매인 역할을 할 수 있는가.

58. 여러 가지 회합, 식전 등에서 인사를 할 수 있는가.

59. (당신이 독신인 경우) 결혼 상대자로서 생각하고 있는 사람이 있는가.

60. 당신은 현재 결혼했는가.

61. 당신은 아이가 있는가.

62. (결혼하여 아이가 없는 사람만 대답한다) 당신은 아이를 갖지 않기로 결정했는가.

63. 대기업의 최고 경영자로서 일을 할 수 있다고 생각하는가.

64. 당신이 국회의원이었다면 장관직을 맡아 할 수 있다고 생각하고 있는가.

65. 당신이 학자였다면 주된 저서라고 할 수 있는 것을 지금의 연령까지 쓸 수 있다고 생각하는가.

66. 당신이 대학 관계자라면 학장직을 맡아 일할 수 있다고 생각하는가.

67. 당신이 그 분야에서 상당한 거물이라고 가정한다면 전국 규모의 각종 단체의 회장직을 맡아 일할 수 있다고 생각하는가.

68. 당신이 정계에 몸담고 있다면 국무총리직을 맡아 일할 수 있다고 생각하는가.

자기 채점의 방법

◇ 질문에는 그렇다, 아니다로 대답한다.

◇ 사정이 달라서 대답할 수 없다, 모르는 경우에는 그대로 두고 다음 질문으로 넘어간다.

◇ 당신의 연령을 A라고 한다. 이 A를 각 질문의 M란의 수와 비교한다.

◇ 우선 A > M이 되는 질문에 대답한다.

◇ 그렇다, 아니다의 난 하나만 ★가 붙어 있다. 당신의 대답이 ★가 붙어 있는 것과 일치한 경우에는 점수란에 0을 쓴다. 당신의 대답이 ★가 붙어 있지 않은 것과 일치한 경우에는 M−A(음의 수치가 된다)를 예를 들면, −3이라는 식으로 점수란에 쓴다.

◇ 다음에 A=M이 되는 경우에는 대답이 ★가 붙어 있는 것과 일치한 경우에는 0을, ★가 붙어 있지 않은 것과 일치한 경우에는 −2를 해답린에 쓴다.

◇ 다음에 A〈M이 되는 질문에 대답한다.

◇ 그렇다, 아니다의 난 하나에 ★가 붙어 있다. 당신의 대답이 ★가 붙어 있는 것과 일치한 경우에는 M−A(정의 수치가 된다)를 예를 들면, +5라는 식으로 해답란에 쓴다. 당신의 대답이 ★가 붙어 있지 않은 것과 일치한 경우에는 해답란에 0을 쓴다.

◇ 점수란의 수를 (+, −를 고려하여) 모두 더한다. 그것을 X라고 한다. X=0이라면 당신의 성숙도는 연령에 맞는다. X〉0면 당신의 성숙도는 연령 이상, X〈0면 당신의 성숙도는 연령 이하이다.

◇ 마지막으로 성숙 지수 MQ는 다음 식에서 산출할 수 있다. 당신이 대답한 질문의 수를 Y라고 하여,

$$MQ=(A+X/Y)/A \times 100$$

예를 들면, 당신이 30살이라 하고 MQ=0이라면 당신은 연령에 맞는 성숙도, MQ=120이라면 당신은 36살 정도의 성숙도, MQ=80이라면 당신은 24살 정도의 성숙도라는 셈이 된다.

---

1) **세로토닌(serotonin)** : 시상하부, 대뇌변연계에 많이 함유되는 화학 전달 물질. 혈액, 뇌 속에 있는 혈관 수축 물질.

가림출판사 · 가림M&B · 가림Let's에서 나온 책들

바늘구멍
켄 폴리트 지음 · 홍영의 옮김

미국 추리작가 협회의 최우수 장편상을 받은 초유의 베스트 셀러로 전쟁을 통한 두뇌싸움을 치밀하고 밀도 있게 그려낸 추리소설. 신국판 / 342쪽 / 5,300원

레베카의 열쇠
켄 폴리트 지음 · 손연숙 옮김

최고의 모험, 폭력, 음모 그리고 미국적인 열정 속에 담긴 두 남녀의 사랑이야기를 독자들의 상상을 뒤엎는 확실한 긴장감으로 마지막까지 흥미진진한 켄 폴리트의 장편 추리소설.
신국판 / 492쪽 / 6,800원

암병선
니시무라 쥬코 지음 · 홍영의 옮김

금세기 최대의 난적인 암을 퇴치하기 위해 7대양을 누빌 암병선을 무대로 인간생명의 존엄성을 지키기 위해 불의와 맞서는 시라도리 선장의 꿋꿋한 의지와 애절한 암환자들의 심리가 생생하게 묘사된 근래 보기드문 걸작. 신국판 / 300쪽 / 4,800원

첫키스한 얘기 말해도 될까
김정미 외 7명 지음

이 시대의 젊은 작가 8명이 가슴속 깊이 간직했던 나만의 소중한 이야기를 살짝 털어놓은 상큼한 비밀 이야기.
신국판 / 228쪽 / 4,000원

사미인곡 上·中·下
김충호 지음

파란만장한 일생을 보낸 정철의 생애를 통해 난세를 살아가는 우리에게 삶의 지혜와 기쁨을 선사하는 대하 역사 소설.
신국판 / 각 권 5,000원

이내의 끝자리
박수완 스님 지음

앞만 보고 살아가는 우리에게 자신을 뒤돌아볼 수 있는 여유를 갖게 해주는 승려시인의 가슴을 울리는 주옥 같은 시집.
국판변형 / 132쪽 / 3,000원

너는 왜 나에게 다가서야 했는지
김충호 지음

세상에 대한 사랑의 아픔, 그리움, 영혼에 대한 고뇌를 달래야 했던 시인이 살아 있는 영혼을 지닌 이들에게 전하는 사랑의 메시지. 국판변형 / 124쪽 / 3,000원

세계의 명언
편집부 엮음

위인이나 유명인들의 글, 연설문 혹은 각 나라에서 전해져 오는 속담을 통하여 지난날을 되새겨보는 백과전서로서, 오늘을 반성하는 교과서로서, 그리고 미래를 설계하는 참고서로서 역할을 해줄 것이다. 신국판 / 322쪽 / 5,000원

여자가 알아야 할 101가지 지혜
제인 아서 엮음 · 지창국 옮김

남녀가 함께 살면서 경험으로 터득한 의미심장하면서도 재미있는 조언들을 발췌한 내용으로 독신의 삶을 청산하려는 이들이 알아야 할 유용하고 상상력 풍부한 힌트로 가득찬 감동의 메시지이다. 4·6판 / 132쪽 / 5,000원

현명한 사람이 읽는 지혜로운 이야기
이정민 엮음

현대를 살아가는 우리들에게 삶의 가치를 부여해주고 자기 성찰의 기회를 갖게 해준다. 신국판 / 236쪽 / 6,500원

성공적인 표정이 당신을 바꾼다
마츠오 도오루 지음 · 홍영의 옮김

고통스러울 때, 괴로울 때, '그럼에도 불구하고'의 스마일을 통해 자신뿐만 아니라 주위 사람들의 마이너스 사고를 플러스 사고로 바꾸어서 사람의 마음을 움직이며, 그리고 사람의 마음에 남는 최고의 웃는 얼굴을 만드는 비법 총망라!
신국판 / 240쪽 / 7,500원

태양의 법
오오카와 류우호오 지음 · 민병수 옮김

불법 진리 사상의 윤곽과 그 목적 · 사명을 명백히 함으로써 한 사람 한사람의 인간이 깨달음을 추구하고 영적으로 깨우치기 위한 명확한 방향을 제시하였다. 신국판 / 246쪽 / 8,500원

영원의 법
오오카와 류우호오 지음 · 민병수 옮김

일찍이 설해졌던 적도 없고 앞으로도 설해지지 않을 구원의 진리를 한 권의 책에 이론적 형태로 응축한 기본 삼법의 완결편.
신국판 / 240쪽 / 8,000원

옛 사람들의 재치와 웃음
강형중 · 김경익 편저

옛 사람들의 재치와 해학을 통해 한문의 묘미를 터득하고 한자를 재미있게 배우며 유머감각까지 높일 수 있는 일석삼조의 효과 만점. 신국판 / 316쪽 / 8,000원

지혜의 쉼터
쇼펜하우어 지음 · 김충호 엮음

쇼펜하우어의 철학체계를 통하여 풍요로운 삶의 지혜를 얻고 기쁨을 얻을 수 있도록 꾸며 놓은 철학이야기.
4·6판 양장본 / 160쪽 / 4,300원

헤세가 너에게
헤르만 헤세 지음 · 홍영의 엮음

순수한 애정과 자유를 갈구하는 헤세의 아름다운 세상을 통한 깨끗한 정신세계를 공유할 수 있는 기회를 제공.
4·6판 양장본 / 144쪽 / 4,500원

사랑보다 소중한 삶의 의미
크리슈나무르티 지음 · 최윤영 엮음

금세기 최고의 사상가이자 철학자인 크리슈나무르티가 인간의 정신적 사고의 구조와 본질을 규명하여 인간의 삶에 대한 가장 완벽한 해답을 제시. 신국판 / 180쪽 / 4,000원

장자-어찌하여 알 속에 털이 있다 하는가
홍영의 엮음

동양 사상의 저변에 흐르고 있는 자연에의 경외감을 유감없이 표현한 장자를 통하여 인간 본연의 자세로 돌아가 나를 돌아보는 계기를 만들어 주는 책. 4 · 6판 / 180쪽 / 4,000원

논어-배우고 때로 익히면 즐겁지 아니한가
신도희 엮음

인간에게 필요불가결한 윤리와 도덕생활의 교훈들을 평이한 문체로 광범위하게 집약한 논어의 모든 것!!
4 · 6판 / 180쪽 / 4,000원

맹자-가까이 있는데 어찌 먼 데서 구하려 하는가
홍영의 엮음

반성과 자책을 통해 잃어버린 양심을 수습하고 선으로 복귀할 것을 천명하는 맹자 사상의 집대성!! 4 · 6판 / 180쪽 / 4,000원

건 강

식초건강요법
건강식품연구회 엮음 · 신재용(해성한의원 원장) 감수

가장 쉽게 구할 수 있고 경제적인 식품이면서 상상할 수 없을 정도로 뛰어난 약효를 지닌 식초의 모든 것을 담은 건강지침서! 신국판 / 224쪽 / 6,000원

아름다운 피부미용법
이순희(한독피부미용학원 원장) 지음

피부조직에 대한 기초 이론과 우리 몸의 생리를 알려줌으로써 아름다운 피부, 젊은 피부를 오래 유지할 수 있는 비결 제시!
신국판 / 296쪽 / 6,000원

버섯건강요법
김병각 외 6명 지음

종양 억제율 100%에 가까운 96.7%를 나타내는 기적의 약용버섯 등 신비의 버섯을 통하여 암을 치료하고 비만, 당뇨, 고혈압, 동맥경화 등 각종 성인병 예방을 위한 생활 건강 지침서!
신국판 / 286쪽 / 8,000원

성인병과 암을 정복하는 유기게르마늄
이상현 편저 · 민형기 감수

최근 들어 각광을 받고 있는 새로운 치료제인 유기게르마늄을 통한 성인병, 각종 암의 치료에 대해 상세히 소개.
신국판 / 304쪽 / 7,000원

난치성 피부병
생약효소연구원 지음
현대의학으로도 치유불가능했던 난치성 피부병인 건선 · 아토

피(태열)의 완치요법이 수록된 건강 지침서.
신국판 / 232쪽 / 7,500원

新 방약합편
정도명 편역

약물의 성질과 효능을 쉽게 꾸며 놓아 자신의 병을 알고 증세에 맞춰 스스로 처방을 할 수 있는 가정 한방 주치의 역할을 해준다. 증상과 처방에 따라 가정에서 조제할 수 있는 보약 506가지 수록. 신국판 / 416쪽 / 15,000원

자연치료의학
오홍근(신경정신과 의학박사 · 자연의학박사) 지음

대한민국 최초의 자연의학박사가 밝힌 신비의 자연치료의학으로 자연산물을 이용하여 부작용 없이 치료하는 건강 생활 비법 공개!! 신국판 / 472쪽 / 15,000원

약초의 활용과 가정한방
이인성 지음

현대과학이 밝혀낸 약초의 신비와 활용방법을 수록하여 가정에서도 주변의 흔한 식물과 약초를 활용하여 각종 질병을 간편하게 예방 · 치료할 수 있는 비법제시. 신국판 / 384쪽 / 8,500원

역전의학
이시하라 유미 지음 · 유태종 감수

일반상식으로 알고 있는 건강상식에 대해 전혀 새로운 관점에서 비판하고 아울러 새로운 방법들을 제시한 건강 혁명 서적!!
신국판 / 286쪽 / 8,500원

이순희식 순수피부미용법
이순희(한독피부미용학원 원장) 지음

자신의 피부에 맞는 관리법으로 스스로 피부관리를 할 수 있는 방법을 제시하고 책 속 부록으로 천연팩 재료 사전과 피부 타입별 팩 고르기. 신국판 / 304쪽 / 7,000원

21세기 당뇨병 예방과 치료법
이현철(연세대 의대 내과 교수) 지음

세계 최초 유전자 치료법을 개발한 저자가 당뇨병과 대항하여 가장 확실하게 이길 수 있는 당뇨병에 대한 올바른 이론과 발병시 대처 방법을 알기 쉽게 상세히 수록!
신국판 / 360쪽 / 9,500원

신재용의 민의학 동의보감
신재용(해성한의원 원장) 지음

주변의 흔한 먹거리를 이용하여 신비의 명약이나 보약으로 활용할 수 있는 건강 지침서로서 저자가 TV나 라디오에서 다 밝히지 못한 한방 및 민간요법까지 상세히 수록!!
신국판 / 476쪽 / 10,000원

치매 알면 치매 이긴다
배오성(백상한방병원 원장) 지음

자연의 생기를 빨아들이면서 마음을 다스리는 B.O.S.요법으로 뇌세포의 기능을 활성화시키고 엔돌핀의 분비효과를 극대화시켜 증상에 맞는 한약 처방을 병행하여 치매를 치유하는 획기적인 치유법 제시. 신국판 / 312쪽 / 10,000원

21세기 건강혁명 밥상 위의 보약 생식
최경순 지음

항암식품으로, 아름다운 몸매를 유지하면서 할 수 있는 다이어트식으로, 젊고 탄력적인 피부를 유지할 수 있게 해주는 자연식으로의 생식을 소개하여 현대인들의 건강 길라잡이가 되도록 하였다. 신국판 / 348쪽 / 9,800원

기치유와 기공수련

윤한홍(기치유 연구회 회장) 지음

기 수련을 통해 길러지는 기치유는 누구나 노력만 하면 개발할 수 있고 활용할 수 있는 능력임을 강조하는 저자가 기 수련 방법과 기치유 개발 방법을 자세하게 소개하고 있다.
신국판 / 340쪽 / 12,000원

만병의 근원 스트레스 원인과 퇴치

김지혁(김지혁한의원 원장) 지음

현대를 살아가는 사람들에게 스트레스는 피할 수 없는 존재. 만병의 근원인 스트레스를 속속들이 파헤치고 예방법까지 속 시원하게 제시!! 신국판 / 324쪽 / 9,500원

김종성 박사의 뇌졸중 119

김종성 지음

우리나라 사망원인 1위. 뇌졸중 분야의 최고 권위자인 저자가 일상생활에서의 건강관리부터 환자간호에 이르기까지 뇌졸중의 예방, 치료법 등 모든 것 수록. 신국판 / 356쪽 / 12,000원

탈모 예방과 모발 클리닉

장정훈 · 전재홍 지음

미용적인 측면과 우리가 일상적으로 고민하고 궁금해 하는 털에 관한 내용들을 피부과 전문의인 저자들의 치료 경험을 토대로 다양하고 재미있게 예들을 들어가면서 흥미롭게 구성. 저자들의 글을 풀어가는 입담을 느낄 수 있는 편집도 이 책의 또다른 특징. 신국판 / 290쪽 / 8,000원

구태규의 100% 성공 다이어트

구태규 지음

하이틴 영화배우의 다이어트 체험서.
저자만의 다이어트법을 제시하면서 바람직한 다이어트에 대해서도 알려준다. 건강하게 날씬해지고 싶은 사람들을 위한 필독서! 4 · 6배판 변형 / 240쪽 / 9,900원

암 예방과 치료법

이춘기 지음

현재 미국 암센터에서 활동하고 있는 저자가 암환자와 가족들을 위해서 암의 치료방법에서부터 합병증의 예방 및 암이 생기기 전에 알 수 있는 방법에 이르기까지 상세하게 해설해 놓은 책. 신국판 / 296쪽 / 11,000원

알기 쉬운 위장병 예방과 치료법

민영일 지음

소화기관인 위와 관련 기관들의 여러 질환을 발병 원인, 증상, 치료법을 중심으로 알기 쉽게 해설해 놓은 건강서.
속이 쓰리거나 음식을 삼킬 때 가슴이 막히는 증상 때문에 걱정이 되는 독자들은 이 책으로 근심을 한 방에 날려버릴 수 있다. 신국판 / 328쪽 / 9,900원

이온 체내혁명

노보루 야마노이 지음 · 김병관 옮김

음이온의 생성, 음이온이 많은 환경, 음이온이 건강에 미치는 영향 등을 구체적인 실험사례를 들어가면서 설명한 신개념의 건강서. 새로운 건강관리 이론으로 주목을 받고 있는 음이온을 통해 건강을 돌볼 수 있는 방법 제시. 신국판 / 272쪽 / 9,500원

사혈요법 (가제)

정지천 지음

침과 부항요법 등을 사용하여 피를 맑게 함으로써 모든 질병을 다스릴   방법을 알려 준다. 특히 우리 주변에서 흔하게 접할 수 있는 각 질병의 상황별 처치를 혈자리 그림과 함께 상세하고 쉽게 해설. 신국판

성장클리닉 (배오성)
항암식품 (신재용)
카이로프랙틱 (이승원)
녹차와 건강 (석자연스님)
생활인의 선체조 (혜원스님)
심장병 (박승정)

홍채학 (김성훈)
발건강학 (최미희)
간클리닉 (전재웅)
자연피부미용 (이순희)
고혈압 (이정균)
여성질환(차선희)

우리 교육의 창조적 백색혁명

원상기 지음

자라나는 새싹들이 기본적인 지식과 사고를 종합적 · 창조적으로 발전시켜 창조적인 사고능력을 배양할 수 있도록 한 교육지침서. 신국판 / 206쪽 / 6,000원

육아아이디어 263

생활컨설턴트그룹 엮음 · 한양심 옮김

세상에서 가장 예쁘고 소중한 우리 아기에게 언제나 여유로우면서도 무슨 일이든 척척 처리하는 현명한 신세대 엄마가 되기 위한 최신 육아 정보 수록! 신국판 / 318쪽 / 6,000원

현대생활과 체육

조창남 외 5명 공저

현 체육대학 체육과 교수들이 저술한 생활체육의 모든 것으로 건강의 개념 및 체력의 개요를 비롯한 각종 현대병의 원인과 예방 및 운동요법에 대한 이론과 요즘 각광받는 골프 · 스키 · 볼링 등의 레저스포츠 분야로 나눠 체육학을 전공하는 학생들 및 일반인들이 관심 있는 부분까지 총망라!!
신국판 / 340쪽 / 10,000원

퍼펙트 MBA

IAE유학네트 지음

기존의 관련 도서들과는 달리 Top MBA로 가는 길을 상세하고 완벽하게 수록하였으며, 또 톱 비즈니스 스쿨 지원자들에게 있어 가장 큰 애로사항 가운데 하나인 에세이를 쉽게 작성할 수 있는 작성법과, 톱 비즈니스 스쿨에 합격한 학생들의 원문도 수록하여 톱 MBA를 꿈꾸는 지원자들에게 가장 완벽하고 충실한 최신의 정보를 제공해 줄 것이다. 신국판 / 400쪽 / 12,000원

유학길라잡이 Ⅰ -미국편

IAE유학네트 지음

미국으로의 유학 · 연수준비생을 위한 알짜배기 최신정보서!! 미국의 교육제도 및 유학을 가기 위해서 준비해야 할 절차, 미국 현지 생활 정보, 최신 비자정보 등을 한눈에 볼 수 있는 유학길잡이. 4 · 6배판 / 372쪽 / 13,900원

유학길라잡이 Ⅱ - 4개국편

IAE유학네트 지음

영어권 국가로의 유학 · 연수준비생을 위한 알짜배기 최신정보 수록!! 영국 · 캐나다 · 호주 · 뉴질랜드의 현지 정보 · 교육제도 및 각 국가별 학교의 특화된 교육내용 완전 수록!!
4 · 6배판 / 348쪽 / 13,900원

적으로 소개한 21세기의 현자(賢者)가 되기 위한 지침서이다.
신국판 / 356쪽 / 12,000원

성공하는 사람들의 마케팅 바이블
채수명 지음

마케팅의 A에서 Z까지 마케팅 박사가 최근의 이론을 보완하여 내놓은 마케팅 관련 실무서. 마케팅의 정보전략, 핵심요소, 컨설팅실무까지 저자의 노하우와 창의적인 이론이 결합된 마케팅서.　신국판 / 328쪽 / 12,000원

느린 비즈니스로 돌아가라
사카모토 게이이치 지음 · 정성호 옮김

미국식 스피드 경영에 익숙해져 현실의 오류를 간과하고 있는 대기업, 중소기업, 조그맣게 자기 가게를 하고 있는 사람들을 위한 어떻게 팔 것인가보다 무엇을 팔 것인가를 차분히 설명하는 마케팅 컨설턴트의 대안 제시서!　신국판 / 276쪽 / 9,000원

적은 돈으로 큰돈 벌 수 있는 부동산 재테크
이원재 지음

700만 원으로 부동산 재테크에 뛰어들어 100배 불린 저자가 부동산 재테크를 계획하고 있는 사람들이 반드시 알아두어야 할 내용을 경험담을 담아 해설해 놓은 경제서.
신국판 / 340쪽 / 12,000원

바이오혁명
이주영 지음

21세기 국가간 경쟁부문으로 새로이 떠오르고 있는 바이오혁명에 관한 기초지식을 언론사에 몸담고 있는 현직 기자가 아주 쉽게 해설해 놓은 바이오 가이드서. 바이오에 관심은 있지만 쉽게 접근하기 어려워하던 독자들이 바이오에 금방 친숙해질 수 있고, 관련 용어 해설을 수록해 놓았다는 것이 이 책의 최대 장점!!　신국판 / 328쪽 / 12,000원

재테크 경제학 (박근수)　　　　　창업 (김종결)

주　식

개미군단 대박맞이 주식투자
홍성걸 (한양증권 투자분석팀 팀장) 지음

초보에서 인터넷을 활용한 주식투자까지 필자의 현장에서의 경험을 바탕으로 한 주식 성공전략의 모든 정보 수록.
신국판 / 310쪽 / 9,500원

미국 · 일본 · 한국시장의 정공법@주식투자분석
이길영 외 2명 공저

일본과 미국의 주식시장을 철저한 분석과 데이터화를 통해 한국 주식시장의 투자의 흐름을 파악함으로써 한국 주식시장에서의 확실한 성공전략 제시!!　신국판 / 384쪽 / 11,500원

항상 당하기만 하는 개미들의 매도 · 매수타이밍 999% 적중 노하우
강경무 지음

승부사를 꿈꾸며 와신상담하는 모든 이들에게 희망의 등불이 될 것을 확신하는 Jusicman이 주식시장에서 돈벌고 성공할 수 있는 비결 전격공개!!　신국판 / 336쪽 / 12,000원

부자 만들기 주식성공클리닉
이창희 지음

주식투자에 성공하기 위해서는 자신만의 투자철학을 가지고 적기투자를 해야만 한다. 저자의 경험담을 섞어서 주식이란 무엇인가를 풀어서 써놓은 주식입문서. 초보자와 자신을 성찰해 볼 기회를 가지려는 기존의 투자자를 위해 태어났다.
신국판 / 372쪽 / 11,500원

선물 · 옵션 이론과 실전매매
이창희 지음

철저한 정글의 법칙이 적용되는 선물과 옵션시장에서 일반인들이 실패하는 원인을 분석하고, 반드시 지켜야 할 투자원칙에 따라 유형별로 실전 매매 테크닉을 터득함으로써 투자를 성공적으로 할 수 있게 한 지침서!!
실패를 딛고 일어선 저자의 생생한 실전 노하우를 수록.
신국판 / 372쪽 / 12,000원

주가차트 (홍성무)

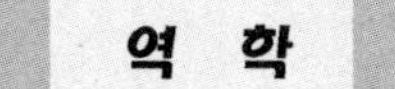

역　학

역리종합 만세력
정도명 편저

피흉취길해 나갈 수 있는 생활의 지침서!!
현존하는 만세력 중 최장 기간을 수록하였으며 누구나 이 책을 보고 자신의 사주를 쉽게 찾아보고 맞춰 볼 수 있게 하였다.
신국판 / 532쪽 / 10,500원

작명대전
정보국 지음

좋은 이름 짓는 원리를 체계적으로 공식화한 "쉽게 짓는 작명법"으로 독자들 스스로 작명할 수 있도록 한글 소리 발음에 입각한 작명의 원리를 밝힌 길라잡이이다.　신국판 / 460쪽 / 12,000원

하락이수 해설
이천교 편저

점서학인 하락이수를 직역으로 풀어 놓아 원작자의 깊은 뜻을 원형 그대로 전달하고 원문을 공부하려는 사람들에게 도움이 되는 해설서이다.　신국판 / 620쪽 / 27,000원

현대인의 창조적 관상과 수상
백운산 지음

관상에는 그 사람의 평생 운명이 담겨져 있다. 관상을 보면 그 사람의 성격 및 운세, 미래의 성공 여부도 예측할 수 있다.
관상학을 터득하여 적절히 운명에 대처해 나감으로써 어느 분야에서든지 성공적인 삶을 누릴 수 있는 비법을 전해줄 것이다.　신국판 / 344쪽 / 9,000원

대운용신영부적
정재원 지음

운명을 새롭게 변화시켜주는 신비의 영부적!!
수많은 역사와 신비로운 경험을 지닌 1,000여 종의 부적과 저자가 수십 년간 연구 · 개발한 200여 종의 부적들을 집대성한 국내 최대의 영부적이다.　신국판 양장본 / 750쪽 / 39,000원

사주비결활용법
이세진 지음

컴퓨터와 역학의 만남!! 왕초보자도 한글만 알면 신녹현사주
방정식을 실전에 응용할 수 있다. 운명의 숨겨진 비밀을 꿰뚫
어 보는 신녹현사주 방정식의 모든 것을 수록하였다.
신국판 / 392쪽 / 12,000원

컴퓨터세대를 위한 新 성명학대전
박용찬 지음

이름 속에 운명을 바꾸는 비결이 있다. 태어난 아기 이름은 물
론 개명·상호·아호 짓는 법까지 사람이 살아가면서 필요한
모든 이름 짓기가 총망라되어 각자의 개성과 사주에 맞게 이름
을 지음으로써 본인의 삶에 이름값을 할 수 있도록 누구나 쉽
게 짓는 작명비법을 수록하였다. 신국판 / 388쪽 / 11,000원

길흉화복 꿈풀이 비법
백운산 지음

김일성 사망과 올림픽 유치, 월드컵 공동 개최를 예언하는 등
국내의 큰 예언을 꿈풀이를 통해서 정확히 맞춰온, 30년이 넘
는 세월을 역학에 몸담으면서 터득한 꿈과 관련된 해몽들이 상
세하게 수록되어 있고 길몽과 흉몽을 구분하여 그림과 함께 보
기 쉽게 엮었으며, 특히 요즘 신세대 엄마들에게 관심이 많은
태몽이 여러 가지로 자세하게 풀이되어 있다.
신국판 / 410쪽 / 12,000원

새천년 작명컨설팅
정재원 지음

오랜 세월 철학원을 운영한 저자의 경험을 바탕으로 일반인들
도 '참 쉽다'라는 표현이 저절로 나올 수 있도록 쓰여졌다. 독
학으로 풍수지리학, 사주추명학 및 성명학을 섭렵한 저자의 경
험을 되살려, 혼자 배워야 하는 독자들도 정말 이해하기 쉽도
록 구성된 신세대 부모를 위한 쉽고 좋은 아기 이름만들기의
결정판이다. 더불어 개명·상호명·회사명·상품명까지 체계
적으로 원리화하여 손쉽게 지을 수 있는 작명비법을 제시한다.
신국판 / 470쪽 / 13,000원

백운산의 신세대 궁합
백운산 지음

인간의 운명을 예언하는 역리학의 대가이며, 매스컴을 통하여
잘 알려진 백운산 선생이 남녀궁합 보는 법뿐만 아니라 인간관
계, 출세, 재물, 자손문제, 건강문제, 성격, 길흉관계 등을 미리
규명할 수 있도록 쉽게 풀어놓았다. 신국판 / 304쪽 / 9,500원

동자삼 작명학
남시모 지음

한글 성명만으로 사람의 운세를 예측할 수 있다. 최초의 한글
성명학으로 한글의 독창성·우수성·과학성을 운명철학 차원
에서 검증한, 한국사람에게 알맞은 건물명·상호·물건명 등
의 이름을 자신에게 맞는 한글이름으로 지을 수 있는 작명비법
을 제시한다. 신국판 / 496쪽 / 15,000원

구성학의 기초
문길여 지음

좋지 않은 운(運)을 길운(吉運)으로 바꾸어 운명을 새롭게 변화
시키는 방위학의 모든 것을 통하여 개인의 일생운·결혼운·
사고운·가정운·부부운·자식운·출세운을 성공적으로 이끄
는 비법 공개. 신국판 / 412쪽 / 12,000원

제조물책임배상
강동근(변호사)·윤종성(검사) 공저

2002년에 새로 제정되는 제조물책임배상법에 관한 모든 것 수
록. 제품의 설계·제조·표시상의 결함 등으로 소비자가 생명,
신체, 재산상의 피해를 입었을 때 제조업자가 책임져야 할 법
적 한계 등이 자세히 설명되어 있다. 신국판 / 304쪽 / 9,800원

여성을 위한 성범죄 법률상식
조명원(변호사) 지음

성희롱에서 성폭력범죄까지 여성이었기 때문에 특히 말 못하
고 당해야만 했던 이 땅의 여성들을 위한 성범죄 법률상식서.
사례별 법적 대응방법 제시. 신국판 / 248쪽 / 8,000원

아파트 난방비 75% 절감방법
고영근 지음

예비역 공군소장이 잘못 부과된 아파트 난방비를 최고 75%까
지 줄일 수 있는 방법을 구체적인 법적 근거를 토대로 작성한
아파트 난방비 절감방법 제시. 신국판 / 238쪽 / 8,000원

일반인이 꼭 알아야 할 절세전략 173선
최성호(공인회계사) 지음

세법을 제대로 알면 돈이 보인다.
현직 공인중계사가 알려주는 합법적으로 세금을 덜 내고 돈을
버는 절세전략의 모든 것!
신국판 / 392쪽 / 12,000원

변호사와 함께하는 부동산 경매 닷컴
최환주(변호사) 지음

경매재테크의 성공을 위한 입찰준비에서 낙찰까지의 경매 입
찰 테크닉을 경매 전문 변호사가 명쾌하게 해설한 실전 경매
완벽 가이드서. 신국판 / 364쪽 / 11,000원

혼자서 쉽고 빠르게 할 수 있는 소액재판
김재용·김종철 공저

소액재판·지급명령·민사조정제도는 변호사의 도움 없이도
나 혼자서 간단하고 빠르게 해결할 수 있는 법정분쟁해결방법
이다. 나홀로 소액재판을 할 수 있도록 소장작성에서 판결까지
의 실제 재판과정을 상세하게 수록하여 이 책 한 권이면 모든
것을 완벽하게 해결할 수 있다. 신국판 / 312쪽 / 9,500원

"술 한 잔 사겠다"는 말에서 찾아보는 채권·채무
변환철 지음

현대인들의 삶은 채권·채무라는 법률영역으로부터 벗어나서
살 수 없기 때문에 채권·채무 관련 분쟁이 끊임없이 발생하고
있다. 이러한 사실에 착안하여 전문 변호사가 속시원하게 구수
한 문장력으로 해설해주는 일반인들이 꼭 알아야 할 채권·채
무에 관한 법률 사항을 빠짐없이 수록했다.
신국판 / 408쪽 / 13,000원

알기쉬운 부동산 세무 길라잡이
이건우 지음

부동산을 사거나 팔 경우, 상속을 받을 경우, 또는 부동산을 소
유하고 있을 경우에 세금을 내야 한다는 사실을 모르는 사람은
없을 것이다. 이 책에서는 부동산에 관련된 모든 세금을 알기

쉽게 단계별로 해설하고 있다. 합리적이고 탈세가 아닌 적법한 절세법 제시. 신국판 / 400쪽 / 13,000원

알기쉬운 **어음, 수표 길라잡이**
변환철(변호사) 지음

어음, 수표의 발행에서부터 추심과 지급, 사고 어음, 수표의 처리방법, 도난 또는 분실한 경우의 공시최고와 제권판결에 이르기까지 어음, 수표 관련 법률사항을 쉽고도 상세하게 설명, 한 권으로 압축해 놓은 생활법률서.
신국판 / 328쪽 / 11,000원

생활법률

부동산 생활법률의 기본지식
대한법률연구회 지음 · 김원중 감수

부동산관련 기초지식과 분쟁해결을 위한 노하우, 테크닉을 제시하고 권두 특집으로 주택건설종합계획과 부동산 관련 정부 주요 시책을 소개하였다. 신국판 / 480쪽 / 12,000원

고소장 · 내용증명 생활법률의 기본지식
하태웅 지음

독자들이 고소 · 고발의 법적 의미를 정확히 이해하고 스스로 고소 · 고발장을 작성할 수 있도록 예문과 서식을 함께 소개하여 문제 해결에 대응할 수 있도록 하였다. 또 민사소송에 대해서도 자세하게 설명하였으며 부록에는 형법과 형사소송법의 원문을 게재하여 법전 역할까지 할 수 있도록 하였다.
신국판 / 440쪽 / 12,000원

노동 관련 생활법률의 기본지식
남동희 지음

인터넷 노무 상담실을 운영하며 4만 여 건 이상의 무료 상담을 계속하고 있는 저자의 상담 사례를 통해 문답식으로 속시원하게 풀어나가는 노동 관련 생활법률 해설의 최신 결정판이다. 아울러 취업규칙 · 단체협약 · 고용보험 관련 여러 가지 서류 및 직장 내 성희롱 예방 지도 지침 등과 같은 노동 관련 양식도 곁들였다. 신국판 / 528쪽 / 14,000원

외국인 근로자 생활법률의 기본지식
남동희 지음

외국인 연수협력단의 자문위원으로 오랜 시간 실무를 접했던 저자의 경험을 바탕으로 외국인 근로자의 체류자격 및 취업자격 등 법적 문제와 법률적 지위를 상세하게 다루었다.
신국판 / 400쪽 / 12,000원

계약작성 생활법률의 기본지식
이상도 지음

법을 전공하지 않은 사람이라도 국민생활과 직결된 계약법의 기초를 이루는 핵심 기본지식을 체계적으로 쉽게 이해할 수 있도록 했으며, 간단명료한 해설과 더불어 이와 관련된 계약서 작성 예문을 상세하게 예시함으로써 실제 상황에 활용가능하게 하였다. 신국판 / 560쪽 / 14,500원

지적재산 생활법률의 기본지식
이상도 · 조의제 공저

현대 산업사회에서 중요시되고 있는 특허, 실용신안, 의장, 상표, 저작권, 컴퓨터프로그램저작권 등 지적재산의 모든 것을 체계화하여 한 권으로 요약하였다. 아울러 지적재산 전체를 통틀어 다루되 상호 연관적으로 해설하여 실무에 직접 활용할 수 있도록 하였다. 신국판 / 496쪽 / 14,000원

부당노동행위와 부당해고 생활법률의 기본지식
박영수 지음

노사관계 이슈 중에서 주요 핵심사항인 부당노동행위와 정리해고 · 징계해고를 중심으로 간단 명료한 해설과 더불어 대법원 판례, 노동위원회에 의한 구제절차, 소송절차 및 노동부 업무처리지침을 소개하여 실질적인 도움이 되도록 하였다.
신국판 / 432쪽 / 14,000원

주택 · 상가임대차 생활법률의 기본지식
김운용 지음

전세업자들이 보증금 반환소송이나 민사소송, 경매절차까지의 모든 기본적인 흐름을 알 수 있도록 인터넷을 통한 실제 법률상담을 전격 수록하였다. 이 책을 통하여 사전 분쟁을 막고 많은 시간과 비용 및 정신적 고통까지 당하는 소송이나 강제집행의 단계에 이르지 않고 문제 해결을 할 수 있도록 하였다.
신국판 / 480쪽 / 14,000원

하도급거래 생활법률의 기본지식
김진홍 지음

경제적 약자인 하도급업자를 위하여 하도급거래 관련 필수적인 법률사안들을 쉽게 해설함과 동시에 실무에 필요한 12가지 하도급표준계약서를 소개하여 공정한 하도급거래의 법률자문 역할을 할 수 있도록 하였다. 신국판 / 440쪽 / 14,000원

이혼소송과 재산분할 생활법률의 기본지식
박동섭 지음

이혼과 관련하여 해결해야 할 법률문제들을 저자의 실무경험을 바탕으로 명쾌하게 해설하였다. 아울러 약혼이나 사실혼파기로 인한 위자료문제도 함께 다루어 가정문제로 고민하는 사람들에게 길잡이가 되도록 하였다. 신국판 / 460쪽 / 14,000원

부동산등기 생활법률의 기본지식
정상태 지음

등기를 하지 않으면 어떤 위험이 따르고, 등기를 하면 어떤 효력이 생기는가! 등기신청은 어떻게 하며, 필요한 서류는 무엇이고, 등기종류에는 어떤 것들이 있는가 등 부동산등기 전반에 걸쳐 일반인이 꼭 알아야 할 법률상식을 간추려 간단, 명료하게 해설하였다. 신국판 / 456쪽 / 14,000원

기업경영 생활법률의 기본지식
안동섭 지음

사업을 구상하고 있는 사람이나 현재 경영하고 있는 사람 및 관리실무자에게 필요한 법률을 체계적으로 알려줌으로써 성공적인 기업 경영자의 비전을 제시해준다. 또한 관련 법률서식과 서식작성 예문도 함께 소개하였다. 신국판 / 466쪽 / 14,000원

교통사고 생활법률의 기본지식
박정무 · 전병찬 공저

교통사고 관련 법률문제를 몰라 당황한 나머지 억울하게 피해를 보는 사람들이 많은 점을 고려하여 사고당사자가 쉽게 응용할 수 있도록 단계별 해결책을 제시함과 동시에 사고유형별 Q&A를 통하여 상세한 법률자문 역할을 하였다.
신국판 / 480쪽 / 14,000원

소송서식 생활법률의 기본지식
김대환 지음

일상생활과 밀접한 소송서식을 중심으로 소장작성부터 판결을
받을 때까지 그 절차마다 법원에 제출하는 순위에 따라 그 서
식작성요령을 서식마다 항목별로 자세하게 설명하였다. 실제
"소장 작성례"를 예시하고 주요 항목마다 번호를 붙여 그에 따
른 작성요령을 소장말미에 기재함으로써 독자 스스로 소송을
하는 데 실질적인 도움이 되도록 하였다.
신국판 / 480쪽 / 14,000원

호적 · 가사소송 생활법률의 기본지식
정주수 지음

모든 국민은 호적신고에 따라 그 신분관계의 발생 · 변경 · 소
멸의 효력이 발생한다. 이 책은 개명, 성 · 본 창설, 취적절차
및 법원의 허가 및 판결에 의한 호적정정절차, 친권 · 후견절
차, 실종선고 · 부재선고절차에 이르기까지 상세한 해설과 함
께 신고서식 작성요령과 구비할 서류 및 재판절차에 대하여 자
세히 설명하였다. 신국판 / 516쪽 / 14,000원

상속과 세금 생활법률의 기본지식
박동섭 지음

지금 우리 주위에 상속을 둘러싸고 형제간, 부모자식간에 다툼
이 갈등이 있는 경우를 심심치 않게 본다. 이럴 때 상속재산분
할, 상속회복청구, 유류분반환청구, 상속세부과처분취소 등 상
속관련 사건들을 해결하는 데 도움이 되도록 상속법과 상속세
법을 상세하게 함께 수록. 신국판 / 480쪽 / 14,000원

성공적인 삶을 추구하는 여성들에게 우먼파워
조안 커너 · 모이라 레이너 공저, 지창영 옮김

사회의 여성을 향한 냉대와 편견의 벽을 깨뜨리고 성공적인 삶
을 이루려는 여성들이 갖추어야 할 자세 및 삶의 이정표 제시!!
신국판 / 352쪽 / 8,800원

聽 이익이 되는 말 話 손해가 되는 말
우메시마 미요 지음 · 정성호 옮김

상호 교류감이 있는 대화가 인생과 비즈니스를 성공으로 이끈
다. 직장이나 집안에서 언제나 주고받는 일상의 화제를 모아
실음으로써 대화의 참의미를 깨닫고 비즈니스를 성공적으로
이끌기 위한 대화술을 키우는 방법 제시!!
신국판 / 304쪽 / 9,000원

성공하는 사람들의 화술테크닉
민영욱 지음

개인간의 사적인 대화에서부터 대중을 위한 공적인 강연에 이
르기까지 어떻게 말하고 어떻게 스피치를 할 것인가에 관한 지
침서. 자신의 경험을 바탕으로 한 이론을 통해 화술이 부족해
서 사회에 적응하지 못하는 사람들에게 길라잡이가 된다.
신국판 / 320쪽 / 9,500원

부자들의 생활습관 가난한 사람들의 생활습관
다케우치 야스오 지음 · 홍영의 옮김

경제학의 발상을 기본으로 하여 사람들이 살아가면서 생활에

서 생각해 볼 수 있는 이익을 보는 생활습관과 손해를 보는 생
활습관을 수록, 독자 자신에게 맞는 생활습관의 기본 전략을
설계할 수 있도록 제시. 신국판 / 320쪽 / 9,800원

명상으로 얻는 깨달음
달라이 라마 지음 · 지창영 옮김

티베트의 정신적 지도자이자 실질적 지도자인 달라이 라마의
수많은 가르침 가운데 현대인에게 필요해지고 있는 인내에 대
해 문답형으로 풀어놓았다. 달라이 라마와 함께 풀어보는 인내
에 대한 이야기. 국판 / 320쪽 / 9,000원

2진법 영어
이상도 지음

영어학습의 대혁명!!
2진법 영어의 비결을 통해서 기존 영어학습 방법의 단점을 말
끔히 해소시켜 주는 최초로 공개되는 고효율 영어학습 방법.
적은 시간을 투자하여 영어의 모든 것을 획기적으로 향상시킬
수 있는 비법을 제시한다. 4 · 6배판 변형 / 328쪽 / 13,000원

한 방으로 끝내는 영어
고제윤 지음

일상생활에서의 이야기를 바탕으로 하는 영어강의로 영어문법
은 재미없고 지루하다고 생각하는 이 땅의 모든 사람들의 상식
을 깨면서 학습 효과를 높이기 위한 공부방법을 제시하는 새로
운 영어학습서.
이 책으로 영어문법을 마스터하여 영어의 벽을 뛰어넘도록 하
자. 신국판 / 316쪽 / 9,800원

한 방으로 끝내는 영단어
김승엽 지음 / 김수경 · 카렌다 감수

일상생활에서 우리가 무심코 던지는 영어 한마디가 당신의 영
어수준을 드러낸다는 사실을 깨닫게 하는 영어 실용서. 풍부한
예문을 통해 참영어를 배우겠다는 사람, 무역업이나 관광 안내
업에 종사하는 사람, 영어권 나라로 이민을 가려는 사람들에게
많은 도움을 줄 것이다. 4 · 6배판 변형 / 236쪽 / 9,800원

테마별 고사성어로 익히는 한자
김경익 지음

세글자, 네글자로 이루어진 고사성어를 통해 실용한자를 익히
고 성어 속에 담긴 의미도 오늘에 맞게 재해석 해보는 한자 학
습서 4 · 6배판 변형 / 248쪽 / 9,800원

스포츠

수열이의 브라질 축구 탐방 삼바 축구, 그들은 강하다
이수열 지음

축구에 대한 관심만으로 각 나라의 축구팀, 특히 브라질 축구
팀에 애정을 가지고 브라질 축구팀의 전력 및 각 선수들의 장
단점을 나름대로 분석하고 연구하여 자신의 의견을 피력하고
있는 축구 길라잡이서.　신국판 / 280쪽 / 8,500원

부자들의 생활습관
가난한 사람들의 생활습관

2002년 4월 15일 제1판 1쇄 발행
2002년 7월 15일 제1판 2쇄 발행

지은이/다케우치 야스오
옮긴이/홍영의
펴낸이/강선희
펴낸곳/가림출판사

등록/1992. 10. 6. 제4-191호
주소/서울시 광진구 구의동 57-71 부원빌딩 4층
대표전화/458-6451   팩스/458-6450
홈페이지 http://www.galim.co.kr
e-mail   galim@galim.co.kr

ⓒ GALIM, 2002

값 9,800원

ISBN 89-7895-097-3 13320